JN273015

現代アメリカ経済分析

理念・歴史・政策

中本 悟・宮﨑礼二［編］

日本評論社

はしがき

　私たちが共同研究の成果として、『現代アメリカ経済——アメリカン・グローバリゼーションの構造』を出版したのは2005年のことであった。この前書では、「ニューエコノミー」と称された1990年代の長期景気拡大を実現した条件を、まずは産業構造と労使関係・労働市場、および企業行動の側面から明らかにした。IT関連の設備やサービスへの投資拡大が、IT産業主導の景気拡大を引き起こすとともに、アウトソーシング、オフショアリング、リエンジニアリングといった企業行動と労働組合組織率の低下や非正規雇用の増加は、実質賃金の低下を招いた。こうして、好景気・高雇用にもかかわらず低インフレという、従来にはなかったパターンの長期景気拡大が到来したのであった。

　低インフレ下の景気拡大はまた低金利政策を可能にし、アラン・グリーンスパン議長が率いた連邦準備制度理事会（FRB）は1990年代後半期に安定的な低金利政策を実施した。その結果、IT企業やハイテク企業関連株を中心に株価は上昇、とくにハイテク新興企業銘柄を多く含むNASDAQ（ナスダック）総合株価指数は1990年からの10年間で9倍にも騰貴したのだった。活況のアメリカの株式市場には、1990年代の後半以降、外国からキャピタルゲイン目的の投資資金の流入が急増、それがまた低金利と株価上昇の条件となった。

これらの諸条件は、1990年代初頭のインターネット商用化をきっかけとするIT関連の財やサービスに対する実需を超えた過度な投資とIT関連株の騰貴、すなわちITバブルを引き起こした。このITバブルもほかのバブルと同じように、株価上昇が多様な金融資産（株式の直接的保有や投資信託、企業年金・個人退職貯蓄、保険資産など）の価格上昇をもたらし、これがまた資産効果を通じて消費、生産、雇用の拡大といった実体経済の拡大をもたらした。かくして実体経済は、「バブル経済循環」のなかに組み込まれたのであった。
　しかし、崩れないバブルはない。ITバブルは2001年に崩れ、2002年にはNASDAQの株価は2000年の水準から60％も減価した。バブルではひとたび株価低下が始まると、投資家はキャピタルロスをなるべく最小限に抑えようとして先を競って株を売却する。そしてバブル価格は、利益実体に対して過大評価だっただけに、その価格低下の幅は大きく、またそのスピードは速い。その結果、今度は逆資産効果により消費、生産、雇用は急縮し、実体経済の不況におちいる。
　前書はこのITバブルの破綻あたりまでを分析したが、周知のようにアメリカ経済は2003年以降、ITバブルに替わって今度は住宅バブルを不可欠の環として循環するようになった。FRBは超低金利政策を続けることによって、またSEC（証券取引委員会）は投資銀行のレバレッジ上限規制の大幅緩和によって、このバブル実現の条件を提供したのであった。住宅バブルのメカニズムはITバブルと基本的には同じであるが、住宅ローンの重層的証券化とグローバリゼーションの進展により、バブルと2008年のバブル破綻は、戦後未曽有の規模になったのであった。
　2008年の住宅バブル崩壊以降、FRBは深刻な不況への対策として事実上のゼロ金利を維持してきた。しかもマネーサプライを増やすにはゼロ金利だけでは不十分だということで、期間と金額を掲げて市中銀行から積極的に証券を購入する量的緩和策を3度にわたって実施してきた。これは、不動産や金融資産の資産価格の反転上昇を誘発し、資産効果をテコに実体経済の好転を図ろうとするものであり、その成長パターンは1990年代以降これまで2度も破綻した「バブル経済循環」にほかならない。
　戦後アメリカの経済成長パターンは、もともとバブルと資産効果を不可欠

の環とする「バブル経済循環」であったわけではない。1930年代のニューディール期に成立した金融規制は、むしろバブルをその温床から断つものであった。したがって、戦後の経済成長は給与・付加給付の増大とそれに裏付けされた消費拡大が、生産拡大、雇用拡大を誘発する経済循環であり、そこではバブルは不可避ではない。このような経済循環から「バブル経済循環」による成長パターンへの転換には、社会の理念やイデオロギーの転換が大きく作用した。社会理念やイデオロギーは、社会や政策を動かす巨大なエネルギーである。アメリカの経済制度や政策の展開を理解するためには、それらを形作ってきた社会の理念や政策思潮の歴史的流れにまで踏み込まなければならない。本書の書名『現代アメリカ経済分析——理念・歴史・政策』には、こうした意図を込めたつもりである。

本書第Ⅰ部の「アメリカ建国の理念と資本主義の発展」は、「理念国家」アメリカの支配的理念と資本主義発展との相克を論じ、またアメリカの経済政策のバックボーンを形作った政策思潮の歴史的変遷をトレースしている。他の諸章でも濃淡の差はあれ、それぞれの経済問題と政策をめぐる理念やイデオロギーの変遷に論及している。アメリカの支配的な理念やイデオロギー、政策の構想と仕組みは日本にも伝播して、日本の経済政策にも大きな影響を及ぼしてきた。本書が、アメリカ経済のより深い理解のための一助となるとともに、日本の経済と政策を考えるうえでも有益であることを願いたい。

本書の執筆者は、佐藤定幸一橋大学名誉教授を中心に1985年に発足した「アメリカ経済研究会」の参加者である。本研究会では、故平井規之一橋大学教授が *Economic Report of the President* を『米国経済白書』として監訳・出版された直後に、それを検討することが毎年の恒例となっていた。2002年からは萩原伸次郎横浜国立大学教授が監訳者の任を引き継がれ、現在に至っている。萩原教授は歴史と理論の両面から縦横に現代アメリカ経済を論じ、研究会参加者に対して大きな刺激を与えてこられた。本書においても、財政政策と日米関係というふたつの章を担当していただいたが、日米関係については萩原教授の歴史研究の成果をもとに広い視野で論じられている。なお萩原教授は本年3月末に横浜国立大学を定年退職されたが、教授がこれまで以上に旺盛な研究活動や社会活動で活躍されることを願いたい。本

書の執筆者は、本書を敬愛する萩原教授に捧げることを一同の喜びとするところである。

　なお、本書の各章の原稿に対して、別の章の執筆者と編者とがコメントするというダブルチェックを行っている。編者と各執筆者との協力関係により、各章の内容改善が図られたことはたしかである。とはいえ、その出来上がり具合については読者の批判に委ねたい。そして本書の編集では前書に続いて日本評論社の武藤誠氏にお世話になった。本書の最終段階の編集作業は、今夏の記録的な猛暑のなかで行われた。にもかかわらず、長年培った編集者の眼で、執筆者のケアレスミスにもクールに対応していただいたことに対して心から感謝申し上げるものである。

　2013年8月

編者を代表して
中本　悟

目次

はしがき　　*i*

第Ⅰ部　アメリカ建国の理念と資本主義の発展

第1章　資本主義発展と遠ざかる建国の理念　　瀬戸岡 紘　　*3*

- Ⅰ　大航海と宗教改革が作り出したアメリカ　　*3*
- Ⅱ　アメリカを統合する建国の理念　　*5*
- Ⅲ　建国の理念の実現をはばんできた二様の事情　　*7*
- Ⅳ　個人主義の大地に巨大資本主義が開花した　　*10*
- Ⅴ　巨大政府を形成していったアメリカ資本主義　　*12*
- Ⅵ　グローバル化がアメリカ建国の理念実現の土台を掘りくずしてきた　　*13*
- Ⅶ　資本主義発展がアメリカ建国の理念をかなたに追いやる　　*15*

　　コラム❶　アメリカ市民と宗教（瀬戸岡 紘）　　*18*

第2章　マクロ経済の展開と政策思想の変遷　　宮﨑 礼二　　*21*

はじめに　　*21*

- Ⅰ　ニューディールから戦後ケインズ主義へ　　*22*
  - 1　経済政策の胎動――ニューディール政策　　*22*
  - 2　戦後ケインズ主義の確立と展開　　*24*
  - 3　「黄金の60年代」　　*25*
- Ⅱ　反ケインズ経済学の興隆　　*26*

1 スタグフレーションの時代　*26*
    2 インフレ退治——金利からマネーサプライへ　*28*
    3 反福祉国家の経済政策　*30*
  Ⅲ 新自由主義の時代の「大いなる不安定」　*31*
    1 ニューエコノミーと労働予備軍効果　*31*
    2 個人消費増の実態　*33*
    3 「大いなる安定」から「大いなる不安定」へ　*36*
  おわりに　*38*

    コラム
    ❷ アメリカの中央銀行組織の独自性（大橋　陽）　*41*

第Ⅱ部　産業と労働のダイナミズムと社会保障

第3章　産業構造の再編とその現段階
平野　健　*45*

はじめに　*45*
  Ⅰ 戦後アメリカ経済のふたつの時期　*46*
    1 ケインズ主義期の基本的枠組み　*46*
    2 新自由主義期への転換　*48*
  Ⅱ 産業構造再編の内実　*49*
    1 製造業の苦闘　*49*
    2 サービス業の成長　*53*
    3 自由貿易と国内保護の両方を追求する農業　*56*
  Ⅲ 産業構造再編がもたらしたアメリカ経済の現況　*58*
    1 労働と報酬の劣化、中産階層の崩壊　*58*
    2 バブル経済と2008年金融恐慌　*59*
    3 グローバリゼーションと通商政策　*61*

    コラム
    ❸ アメリカの農産物は本当に安いのか？（本田浩邦）　*65*

第4章　科学技術政策と教育政策　　朝比奈（近藤）剛　　*67*

はじめに——現代における科学技術、教育、スキル　*67*

Ⅰ　研究開発・科学技術・教育　*69*
  1　研究開発・技術力の強さ　*69*
  2　学生の学力の実態　*69*

Ⅱ　経済の変遷と科学技術政策・教育政策の変遷　*72*
  1　戦後から1970年代前半までの科学技術政策・教育政策　*72*
  2　激化するグローバル競争のもとでの科学技術政策・教育政策　*75*

Ⅲ　移民による科学技術・イノベーションへの貢献と人種間の教育格差　*83*

おわりに　*85*

❹ コラム　アメリカ軍需産業と「オーガスティンの法則」（本田 浩邦）　*89*

第5章　社会保障制度——年金・医療・貧困対策プログラム　　本田 浩邦　　*91*

はじめに　*91*

Ⅰ　企業福祉優位の構造——社会保障のアメリカ的特殊性　*92*
  1　ウェルフェア・キャピタリズムへの回帰現象　*92*
  2　雇用創出機能の劣化——社会保障制度との相互的な危機　*96*

Ⅱ　年金制度　*99*
  1　公的年金制度　*99*
  2　企業年金制度　*101*
  3　企業年金制度からの撤退——ウェルフェア・キャピタリズムの行詰まり　*102*

Ⅲ　医療保険制度　*105*
  1　ニューディールの「孤児」　*105*
  2　オバマ・ケア——普遍的医療保険制度へのアメリカ的アプローチ　*107*

Ⅳ　アメリカの貧困対策——AFDC から TANF へ　*109*
  1　貧困対策プログラム　*109*

2　新自由主義的福祉制度改革はどうなったか？　*111*
おわりに　*112*

第Ⅲ部
財政・金融・バブル経済

第6章　　　　　　　　　　　　　　　　　　　　　　　　萩原　伸次郎
オバマ政権と自由裁量的財政政策の復権
――「小さな政府論」と「賢明な政府論」との対抗関係　*119*

はじめに　*119*

Ⅰ　ブッシュ減税政策とアメリカ経済 ────── *120*
　1　経済成長を目的とした減税政策　*120*
　2　ブッシュ減税はアメリカ経済に何をもたらしたか　*122*

Ⅱ　2008～09年世界経済危機と危機救済策 ────── *126*
　1　ブッシュ政権の危機救済策　*126*
　2　オバマ政権の危機救済策　*128*

Ⅲ　オバマ政権の財政政策は何を目指すのか ────── *132*
　1　「財政の崖」（fiscal cliff）と「歳出自動削減」（sequestration）を乗り越えて　*132*
　2　「賢明な政府」による財政支出政策　*134*
　3　「バフェット・ルール」による租税政策　*138*

おわりに――オバマ政権の財政政策はなぜ困難に遭遇するのか　*139*

　　❺　コラム　「大統領経済報告」と「経済諮問委員会報告」
　　　　　　　　　　　　　　　　　　　　　　　──（宮﨑　礼二）　*142*

第7章　　　　　　　　　　　　　　　　　　　　　　　　西川　純子
金融規制の政治経済学
――ニューディールからリーマンショックまで　*145*

はじめに　*145*

Ⅰ　ニューディールの金融改革 ────── *146*

1　ふたつの銀行改革法　　*146*
　　2　証券3法と投資銀行　　*148*
　　3　全国住宅法と貯蓄銀行・貯蓄貸付組合　　*150*
Ⅱ　規制緩和 ———————————————————————————— *152*
　　1　銀行持株会社　　*152*
　　2　証券化　　*154*
　　3　貯蓄金融機関の破綻　　*155*
　　4　グラム＝リーチ＝ブライリー法　　*156*
Ⅲ　リーマンショック ———————————————————————— *157*
　　1　証券化の落し穴　　*157*
　　2　2008年金融恐慌　　*158*
おわりに　　*161*

　　　　コラム
　　　❻　フリードマンのマネタリズムと制度主義（西川純子）
　　　　　　　　　　　　　　　　　　　　　　　　　　　　164

第8章　　　　　　　　　　　　　　　　　　　　　　　中本　悟
低所得コミュニティの開発と金融　　*167*

はじめに　　*167*
Ⅰ　「もう一つのアメリカ」の発見と低所得コミュニティの開発 …… *168*
Ⅱ　コミュニティ開発法人の発展 ———————————————— *170*
　　1　コミュニティ開発法人の特徴　　*170*
　　2　コミュニティ開発法人に対する優遇税制　　*171*
　　3　コミュニティ開発法人の事業資金の調達　　*172*
Ⅲ　低所得コミュニティ開発のための民間資金の動員
　　——コミュニティ再投資法（1977年）、CDFIファンド（1994年）、新市場
　　税額控除（2000年）を中心に ———————————————— *178*
　　1　1977年コミュニティ再投資法（CRA）　　*178*
　　2　CDFIファンド（1994年）による低所得コミュニティ開発金融の支
　　　　援　　*184*
　　3　新市場税額控除（NMTC：New Markets Tax Credit）　　*187*
おわりに　　*190*

　　　　コラム
　　　❼　グローバル企業とグローバル・シティ（中本　悟）…………… *195*

第9章　金融システムとアンバンクト　　大橋 陽
197

はじめに　*197*

I　アメリカ型金融システム　*198*

II　金融政策と所得不平等　*200*
1. 金融政策と連邦準備制度　*200*
2. 金融政策と世界金融危機　*202*
3. 金融政策と「与信の民主化」　*203*

III　アンバンクト、アンダーバンクトとその金融行動　*205*
1. アンバンクトとアンダーバンクト　*205*
2. 代替的金融サービス機関の興隆　*207*
3. ペイデイローン　*208*

IV　銀行と周縁的銀行業　*209*

おわりに　*211*

コラム❽ グラスルーツから生まれたクレジットユニオン（大橋 陽）
213

第IV部　グローバル経済のなかのアメリカ

第10章　多極化のなかの通商政策　　増田正人
217

はじめに　*217*

I　アメリカの貿易収支の変化とグローバル経済　*218*
1. アメリカの貿易構造とその変化　*218*
2. 多国籍企業による在外調達の拡大と製造業の縮小　*221*
3. 世界貿易の不均衡とアメリカ　*223*

II　アメリカ経済の再生戦略とWTO体制　*225*
1. 自由貿易と「公正な貿易」　*225*
2. 通商政策の実施と連邦議会の権限　*226*
3. クリントン政権下の通商政策　*227*

4　WTO体制の形成・確立とアメリカ経済　　229
Ⅲ　金融危機とオバマ政権の通商政策　　231
　　1　グローバル化の再評価と地域主義　　231
　　2　リーマンショックと世界経済危機への対応　　234
　　3　危機対応としての通商政策とその限界　　235
　おわりに　　237

　　コラム
　　❾　「国際競争力」のレトリック（中本 悟）　　239

第11章　　　　　　　　　　　　　　　　　　　　　　　　　田島 陽一
NAFTA と対ラテンアメリカ FTA 戦略　　241
　はじめに　　241
　Ⅰ　NAFTA──自由貿易協定を超えた包括的 FTA　　242
　Ⅱ　FTAA──米州全体への NAFTA 拡大の頓挫　　243
　Ⅲ　CAFTA-DR、PTPA──小国との非対称 FTA　　247
　おわりに　　252

　　コラム
　　❿　「投資家対国家の紛争解決」（ISDS）と国民主権（中本 悟）　　256

第12章　　　　　　　　　　　　　　　　　　　　　　　　　飯島 寛之
グローバルな資金循環とドル体制の行方　　257
　はじめに　　257
　Ⅰ　ドル体制下の国際資金循環　　258
　　1　3つの国際資金循環　　258
　　2　アメリカの国際収支赤字の拡大とドル残高の累積　　259
　　3　「弱いドル」を支えるメカニズム　　261
　Ⅱ　アメリカを中心とする国際資金循環の「復活」　　262
　　1　国際資金移動の急増と浮動性・投機性の高まり　　262
　　2　国際金融仲介論とその陥穽　　264
　Ⅲ　国際不均衡の拡大　　266
　　1　経常収支赤字をかかえた成長　　266

2　政策当局による経常収支赤字観の変化　　268
　　3　グローバル・インバランス　　269
Ⅳ　世界金融危機とドル体制 ───────────── 271
　　1　国際的な信用収縮　　271
　　2　ドル体制の行方　　274

　　　　コラム
　　⓫　アメリカの住宅市場の特徴とブーム（増田正人）────── 277

終　章　　　　　　　　　　　　　　　　　　　　　　　萩原　伸次郎
戦後日米経済関係── 日本の高度成長はなぜ可能だったのか　*279*
はじめに　　279
Ⅰ　戦後復興と日米経済 ───────────────── 280
Ⅱ　日本の高度成長と経済大国化 ─────────────── 283
Ⅲ　戦後米国の世界経済戦略構想
　　── どのような世界経済システムを創ろうと考えたか ─── 288
Ⅳ　米国のケインズ政策の特質 ── 軍事ケインズ主義の確立 ──── 292
おわりに　　295

索　引　　299

第Ⅰ部
アメリカ建国の理念と資本主義の発展

第1章 資本主義発展と遠ざかる建国の理念

瀬戸岡 紘　Hiroshi Setooka

I　大航海と宗教改革が作り出したアメリカ

　アメリカは、近代ヨーロッパの初期（1500年前後）の二大変化が作り出した国である。二大変化のひとつは、ヨーロッパ人によるいわゆる「大航海」だ。アメリカに関していうならば、コロンブスがアメリカ大陸付近（ハイチ島）に到達した1492年がアメリカを語る際のひとつの起点である。ヨーロッパ人が、当時、なぜ「大航海」に出たのか？　それは一方では、ヨーロッパに生まれてきた新興市民（商人たち）がユーラシア大陸をモンゴル人とその同盟者イスラム商人に制覇されてしまったため他の活動の場を求めたからであり、他方では、新興市民たちがカトリックや封建勢力の支配から逃れる逃げ場と考えたからだった[1]。ほどなくそこに移住してきたヨーロッパ人は、先住民を撲滅し、その大地は白紙化され、その後いかようにもデザイン可能な大地となった。
　しかし、今日見るようなアメリカは、大航海と白紙化された大地さえ用意されれば生まれえたのかというと、そうではない。アメリカを作り出すにあたってヨーロッパに起こっていた、もうひとつの変化は、宗教改革だった。それは、ルターが贖罪符を売るカトリック教会に対して批判の烽火をあげた1517年を起点とするものである。宗教改革については、キリスト教と縁の少

ない日本では、多くの場合、腐敗したカトリック教会に対する反発の事件といった程度に理解されるむきも多いようだが、じつは三十年戦争をも含む百数十年間にわたりヨーロッパ全域に及んだ一大革命運動だったといわなければならない[2]。それほど大きな革命運動になった理由は、宗教改革がカトリック教会の築きあげてきた上下関係の社会秩序に対して、個々の自由な市民がゆるやかに結合すべきとする考え方（個人主義プラス友愛のイデオロギー、のちにフランスで「自由・平等・友愛」の精神として定式化）を正当化させる闘争だったからである。宗教改革の理念は、やがて啓蒙思想として体系化され、市民革命を支える思想へと発展していった。アメリカは、そのような宗教改革運動のなかで弾圧を受け、新天地に逃れてきた人たちや、宗教改革の理念を新天地で一層完全な形で実現してみたいと考える人たちによって、まず、その基礎が築かれたのだった。

アメリカは、大航海時代がもたらした新大陸のうえに、宗教改革がもたらしたイデオロギーに基づいて、近代ヨーロッパの植民地として建設された新世界（大航海と宗教改革という近代初期ヨーロッパを象徴する両親から生まれ出てきた子）だったのである。アメリカが、一方では新しい息吹に燃えながら、他方ではいまもって宗教色が強く、社会の随所にプロテスタントの影響が感じられる国である理由は、プロテスタントが旧弊に拘束されることなく、プロテスタント以外の人たちをリードする形で建設され形成されてきた

1）この点は、アメリカと中南米諸国とが大きく異なる点である。中南米諸国への植民者たちは、植民先で鉱物資源であれ農産物であれ、可能なかぎり収奪したうえ獲得物は現地ではなく本国やヨーロッパで販売して富を築き、本国に錦を飾った。したがって、植民地に理想の社会を建設しようなどという意欲は小さかった。それゆえ、妻子は同伴せず単身で現地に渡り、現地妻に子を産ませ、老後は単身帰国することが多かった。中南米に純粋な白人とその子孫（クリオーリョ）が少なく、人口の多くが混血（メスティーソ）であるのはそのためだ。それに対してアメリカ合衆国では、植民者の多くが本国に見切りをつけて渡来したため、家族もろとも植民し、植民先に本国以上の理想社会を建設しようと奮闘した。アメリカが、人口の7割を白人が占め、近代世界史において政治的にも経済的にも非常に大きな影響力を持つ国になったのは、そのためである。アメリカ合衆国と中南米諸国との違いは、たんに旧宗主国がイギリスだったかイベリア諸国だったかといった違いによるものではない。

2）宗教改革は、のちの市民革命、さらにそれに続く産業革命とともに、ヨーロッパの近代化過程に起こった三大革命（それぞれ思想的／政治的／経済的な革命）のひとつだったのである。

国だからである。

II アメリカを統合する建国の理念

　アメリカは、その建国の経緯からして明らかなように、世界中の大半の国々に見られるような民族単位で構成される民族国家ではなく、理念の共有で成り立つ国家、理念国家である[3]。ではアメリカ建国の理念とは、いかなるものか？　それそのものが文章として記されているわけではない。アメリカ市民は、独立宣言書や憲法のなかに込められた精神にそれを読みとっている。一言にして、「自立した自由な市民（自分で考え、自分で行動し、自分で責任をとる個人）が作るゆるやかな共同社会（リパブリック＝共和的社会）」を建設する、ということである。それは、まさに宗教改革の精神そのものである。建国の父たちによると、市民一人ひとりは自立した自由な人間であるが、それは同時に不完全で弱い存在だから何らか共通に信じられる力で結ばれていることが必要だと考え、その力を、宗教改革の精神にしたがって、絶対的で揺るぎない神秘の力（すなわち神）に見出したのだった。なるほどアメリカでは現在でも、個々人のなかには、自立を徹底しようとするその対極で、強い信仰心で自立を支えようとする傾向が強い。そのことは、アメリカ社会が、一方では、科学技術と医学と合理主義精神と資本蓄積の実績に関して世界最高の水準を自負しながら、他方で、先進諸国のなかでは信じがたいほど強力な宗教国家として存在していることにも現れている。

　アメリカの独立も、アメリカ民主政治の展開も、アメリカ資本主義の発展も、すべて、宗教改革の精神を基礎としながら、一つひとつ具体化していったものにほかならないのであり、その過程の全体がアメリカの歴史そのものなのである。したがってアメリカでは、個人主義とそれを前提とした共同社会の建設というプロテスタンティズム（アメリカではカトリックも深いとこ

3）理念国家は、民族単位で構成される民族国家と異なって、理念の共有で成り立つ国家であるから、国民にとって理念が信じられないものになることは国家の崩壊につながることを意味する。もうひとつの代表的な理念国家ソ連の崩壊はその実例である。アメリカでは、理念の風化を防止するために、つねに理念の再確認、国旗の掲揚、国歌の斉唱などが大事なこととされている。

ろではかぎりなくプロテスタンティズムと同一化しており、両者あわせればアメリカ市民の9割の心をとらえている）の精神がもっとも基本的な思想となっているのである。

　ヨーロッパ近代思想の実現としての意義を持ったアメリカ独立革命は、ひるがえってヨーロッパ各国の市民革命のための実験としての意義を持つことになり、フランス革命、その後の各国革命運動の予行演習ともなった。アメリカがそのような役割を担った背景には、先住民が撲滅され、その大地が白紙化され、自在に新しい社会を設計することが可能だったという事実があったことを忘れてはならない。そうであるがゆえに、アメリカは、市民社会や資本主義社会の諸制度の形成の実験の舞台にもなりえたのだ。アメリカ合衆国憲法が世界最初の憲法でありながらいまなお世界最古の現役憲法として効力を保持しているというだけでなく、世界に先がけた市民法体系、ドルという近代的国民的通貨制度、国民的経済政策の実行（ハミルトン）、会社法の制定（ニュージャージー、ほか各州）など、市民社会や資本主義経済のための制度的枠組みが世界でもっとも早い時期に実験的につぎつぎと実施されてきた。アメリカは、近代ヨーロッパの生んだ子でありながら、同時に、近代ヨーロッパにとって教師でもありつづけたのだった。

　さて、個人主義とプロテスタンティズムの精神を厳格に実践すべきだとする考え方を、アメリカでは保守主義という。それは現状肯定的という意味ではない。一方、個人主義とプロテスタンティズムの精神を状況に即して柔軟に運用しようという考え方を、アメリカではリベラリズムという。落ちこぼれゆく労働者や黒人たちへの救済、若い世代の意向の取込み、女性に対する配慮などがそれである。それは、ヨーロッパ人が思いうかべる自由主義のことではない。

　そのちがいを経済政策についていうならば、保守主義では、個々人や個別企業の自由な活動を最大限保障することが肝要だと考えるのであり、したがって課税は最小限とし、政府の経済介入も極小化するのがよい、ということになる。それに対してリベラリズムでは、個々人や個別企業の自立した活動のための環境を整備することが大切と考えるのであり、したがって現行の経済システムのなかで大きな利益を得た個人や企業に相応の負担をして公平な社会を回復するために貢献してもらうこと、そのために政府が率先して行動

することは望ましいことだと考えるのである。現代では、前者が共和党の、後者が民主党の路線であることはいうまでもない。共和党も民主党も建国の理念に関して疑問はない。そのちがいは、理念を政治のなかでどのように実現していくか、その方法論上のちがいだけである[4]。

III 建国の理念の実現をはばんできた二様の事情

アメリカがもし建国の理念に描かれたような社会として発展していけば、その後もずっと世界の模範となっていったかもしれない。だが現実には、以下に見るような二様の事情が立ちはだかることになった。

まず第1に、アメリカ建国の理念は、ふたつの要素、すなわち一方では自立した自由な諸個人が存在していること、他方ではそういう諸個人がゆるやかであれ相互に結びつきあっていること、この両者が同時に成立していなければならないはずのものだった。だが、それは現実には容易なことではなかった。諸個人（やがては法人化された個別諸企業）の自立と自由の原理が優先して展開し、その結果として社会が分断されていく傾向が強かったし、いまもそうだからである。

たとえば、ある個人が資本に自分の労働力を販売することは労働者自身の判断に基づくことであるから、その結果として、資本の支配に服することになり経済的に不利な待遇を受けても労働者個人の自己責任の問題とみなされる。そのようなことの積みかさねがやがて社会全体の分断を引き起こしたとしても、それは二義的なことと考えられてしまいがちだ。労働者に対する人道的配慮、ひいては社会全体の統合とか調和などの問題は、個人主義の考え方のまえでは、後方に退けられる。もし問題が生じたとしても、プロテスタンティズムに内蔵されている原理、すなわち教会による救済の仕組みで解決すればよい（資本主義の欠陥をプロテスタンティズムで補完する）、ということになる。対等な関係で統合されるべきはずの市民相互の関係が、資本家

4）アメリカには、共和党と民主党以外の政党もきわめて多数存在している。だが二大政党が政権を交代しながら政治が進行することが望ましいとの考え方から、数ある諸政党のなかでも、二大政党だけには制度上の破格の待遇がある。アメリカで二大政党だけが目立っているのはそのためである。詳しくは、瀬戸岡［2005］第9章を参照。

と労働者とのふたつの階級に分断される。

　分断の原理は、近代社会にあっては、資本家と労働者との分断に限られることなく、社会のいたるところに存在する。職場での事柄（affairs）と生活の場での事柄（affairs）、生産者と消費者、都市と農村、輸出国側の労働者の立場と輸入国側の消費者の立場などの間でも、自分の側の利益を優先して考え、相互に相手側に無関心となり、両者の間には分断が生じる。そのようなことは、ほかにもたくさん生じた。科学が各分野ごとに、医学が各科ごとに、社会の諸制度がそれぞれの事情にしたがって分立し、相互に没交渉になり、他の分野には無関心になることは近代にあっては当たりまえのこととなったのである[5]。なるほど、その結果、個人や個々の部門は突出して成長・発展できる可能性を獲得するのだが、全体としての統合や調和が損なわれがちとなる。社会の分断は、社会全体を見えなくしてしまい、問題は基本的にすべて個々人や個別の領域の問題と看做されてしまう[6]。分断は、近代の大きな特徴であると同時に悪弊である。アメリカは、分断の本場だったし、いまもそうなのである。

　第2に、アメリカ建国の理念に深く影響を与えたプロテスタンティズムも、イェルサレムを聖地とする宗教（すべてあわせると世界の宗教信者の半数をこえる）から派生したものであることから、宗教改革を経験したとはいえ、相応の特徴を継承していた。それは、一定の支払いまたは従属を条件

---

[5] そのような分断の論理の浸透は、経済学の世界にも大きな変容をもたらした。経済学は、古典学派や歴史学派など誕生した当時は国民経済全体の様相を考察する学問（political economy 政治経済学）であったが、資本主義が社会全体に深く浸透するようになってからは、個人や個別企業の利益を最大化すること（国民経済全体を検討する場合でも、目標は個人や個別企業の利益を最大化すること）を数学的に割り出す学問（economics）、すなわち性格の異なる学問が生まれ、そちらが優位に立っていった。とくにアメリカにおいては、後者の経済学が圧倒していった。社会全体、世界全体の大問題に直面して、経済学が応えきれなくなっている理由がここにある。

[6] アメリカには、必要以上にクルマを乗りまわしたり、帰宅直後に快適だからとクーラーを稼働状態にして外出したり、夕方帰宅後にすぐ入浴できるように朝からずっと風呂を沸かした状態にして出勤するような者が、ごく普通の市民の間に少なからずいる。そういう人たちに資源問題や環境問題という全社会的・全地球的問題を話しても、「オレは十分に稼いでいる。そのカネをどう使おうと、オレの自由のはずだ」といった反応を示す。この国では社会全体の利益より個人の利益が優先することが一般化している姿が読みとれる。

に、非信徒を受け入れる（非信徒には支払いや従属を求めてもよい）というものである。これによると、非プロテスタントの黒人でも奴隷労働力としてならアメリカに導入することが論理的に正当化されることになる（自由・平等の国アメリカでの奴隷制度の正当化）[7]。まして低賃金労働については当然許されることとなる（東・南ヨーロッパからの非プロテスタント系後発移民への適用）。こうしてアメリカは、富の蓄積と資本主義の発展にとって最適の大地になることが可能となったのである。

　しかし、富の蓄積と資本主義の発展にとって好都合だった奴隷制度と低賃金・使捨て労働力の使用とは、当然のことながらアメリカの経済と社会に深刻な問題をもたらすことにもなった。アメリカ市民の多くが精神的に依拠するキリスト教では、神の意思にそむくことを「原罪」（もっとも奥深い罪）といい、「原罪」を犯した者は第2の罪（不正の心をいだくこと）を犯しがちとなり、「第2の罪」を犯した者は第3の罪（目に見える犯罪行為）に走りやすくなるという。じっさいアメリカでは、奴隷制度が施行されていたことが「原罪」となって、人種差別社会（アメリカでは、いまも、かなりの程度まで肌の色と職業とが符合する）を生み（第2の罪）、その結果としてこの国を資本主義的先進諸国のなかでは異例の治安の悪い社会（刑務所被収監者の大半が黒人になるような社会）にしてしまったのだ[8]。

---

7) アメリカ市民の多くが人種問題、階級問題、非人道的な蓄積活動などへの批判がいかに深刻になっても、アメリカの現状が建国の理念と矛盾しないと解釈し平静でいられる理由は、ここにある。もしアメリカでこのような解釈が認められていなかったら、今日見るような資本主義的大国アメリカは存在していなかっただろう。このような思想に基づくアメリカの建設は、まずはイギリス系白人プロテスタント（WASP）が主人公となってはじめられ、アメリカはWASPの、WASPによる、WASPのための大地として開拓された。そこでは、先住民や、ほどなく南部に導入された黒人は、WASPでないことが根拠となって、正統な市民とは認められなかった。奴隷制廃止後も、東ヨーロッパ系、南ヨーロッパ系移民を労働力として使用する場合も、自立した市民とは実質上認められず、したがって自由な市民によるゆるやかな共和的社会（リパブリック）の正規の構成員とは看做されなかった。経済大国アメリカは、すべてこのような人々の労働の犠牲のうえに作り上げられたのである。アメリカの大地には、階級問題以前に人種問題が横たわっている理由が理解されるであろう。
8) ポール・クルーグマン、馬場宏二らは、奴隷制度をアメリカの犯した原罪であるとし、その原罪をいまもアメリカは背負いつづけていると指摘する（Krugman［2007］、馬場［2011］を参照）。

IV 個人主義の大地に巨大資本主義が開花した

　ヨーロッパの近代化の嵐は、まず第1に宗教改革という一大革命運動として開始され、その考え方が学問的に体系化された啓蒙思想に後押しされて市民革命という第2の革命の嵐を呼び、そうして実現されたものの物質的にははなはだ貧しい市民社会に豊かさ（経済的内実）を付与すべく産業革命という第3の革命の嵐を巻き起こした。アメリカの産業革命は、このヨーロッパの流れに支えられて展開した。

　すなわち、一方では、ヨーロッパ人がアメリカに移住する際、ヨーロッパの最新の技術を携えて植民した。アメリカには、当時なりに最新の建築様式で家屋がたてられ、いきなり近代的な小都市が立ち現れ、農機具製造や印刷など最新の手工業が生産を開始した。そこには、古代も中世もない近代が忽然と姿を現したのだった。他方では、アメリカに住みついた市民たちが産業革命期のイギリスなどをたびたび視察に出かけ、現地の最新鋭の技術を習得して（ときには盗んで）帰国した[9]。いずれのケースについても、アメリカ工業は、ヨーロッパ最新技術の移植としてはじまったのだった。

　しかし、アメリカがヨーロッパと異なっていたのは、いったん移植した技術をヨーロッパのそれ以上のものに展開した点であった。とくに、それは重工業段階に入ると一層明確になった。民族単位で国民経済を形成していたヨーロッパとちがって、大陸国家としてのアメリカはヨーロッパ数カ国分の需要をみたす生産を可能にすべく、手っとりばやく巨大企業体を形成しようと、トラスト方式で企業合同が進められた。たとえば、スタンダード石油は全米の需要に応えるべく、同業種間の水平的合併をとおして従前の世界史にない巨大エネルギー企業として突如現れた。USスティールは、たった1社でヨーロッパ三大工業国英仏独の鉄鋼生産の合計をしのぐ企業となった。や

9）アメリカ最初の本格的工業地帯としてのニューイングランド地方の綿工業は、とりわけイギリスの技術を導入したあと、アメリカ人によって現地で改良されて、当地に定着したものだった。マンチェスター（ニューハンプシャー州）などに残る工業地帯の跡地や博物館を見学してみると、当時の状況がよくわかる。のちに工業の主力が製鉄や機械工業など重工業に移ったあとも、アメリカにはドイツなどヨーロッパからの技術が導入されたし、理学や工学や医学などについてもドイツに負うところが大きかった。

や遅れて出現したフォードは、もともと貴族の馬のかわりの乗り物だった自動車を大衆の靴がわりの乗り物に変え、後発メーカーとしてのジェネラルモーターズとともに、垂直的合併をとおして圧倒的な自動車産業を作り上げた。

　そればかりではない。これらのトラスト形成を資金面から支えたのがモルガンとロックフェラーに代表される、ヨーロッパには見られないほど影響力の強い金融資本集団であった。なかでもモルガンは、ヨーロッパでは使いきれないロンドンの過剰資金を調達して、成長いちじるしいアメリカに持ち込み、大陸横断鉄道建設に投資して急速に成長した[10]。すべて、ヨーロッパの成果をアメリカに移植し、ヨーロッパでは考えられない規模に拡大したり新機軸を展開したりしたところにアメリカの世界史的意義があったのだ。

　こうして形成されたアメリカ資本主義は、ヨーロッパ各国の資本主義と比較してみると、長い原蓄期も経なければ、長い産業資本主義段階も経ることなく、一気に独占資本主義段階へと到達した資本主義、それも世界のなかでも突出するほど巨大な資本主義として立ち現れたことがわかる。だが、そのような資本主義が一気にアメリカに出現したことは、アメリカ社会が建国の理念に想定していた、自立した市民からなる共和的社会とは異なるものになってきていることを意味していた。幾多の労働運動のほかに、トラスト形成に反対する運動（反トラスト運動、反トラスト訴訟）が頻発したのは、その意味では当然のことであった。だがアメリカでは、前述のように、諸個人や、とりわけ法人化された諸企業の自立や自由の論理のほうがつねに優位に立つ。労働運動も反トラスト運動も、その論理のまえにはもみ消されていったのだった。それは、アメリカが、アメリカ自身を、理念に描かれたアメリカでない社会に変えてしまったひとつの現実だった。巨大法人企業群の出現は、今日の時点から見れば、アメリカが建国の理念から遊離していく第１の契機となっていた。

---

10) ヨーロッパの最新の成果が導入され、アメリカで自己展開され、強大な独占と金融資本主義を形成していった歴史については、南［1970］を参照。

V 巨大政府を形成していったアメリカ資本主義

　急速かつ大規模に独占を形成してしまうほどのアメリカ資本主義の発展は、必然的に過剰生産の危険性をも拡大していくことになる。とくに1920年代の電気、化学、自動車など新産業といわれた領域での一連の企業合同とトラスト形成は、19世紀末の素材産業やエネルギー産業の独占形成以上に消費需要との関係が密接なだけに、ひとたび過剰生産におちいると問題が表面化しやすかった。そして1929年、それは史上空前の大恐慌という形で現実のものとなった。

　この大恐慌は、対処が個人や個別企業の努力では不可能、すなわちアメリカ建国以来だれもが認めてきた了解事項（コモンセンス）に依拠していては対応しきれないほどの混乱を巻き起こしていたところに特徴がある。アメリカ社会をこれ以上破壊しないためには、了解をやぶって大胆な対策を講じるほかない。アメリカ市民が想定もしていなかった大きな政府と大きな財政が、こうしてニューディールを契機として出現することとなった。

　ニューディールにおいては、それまで政治や経済の分野で概してWASPが占めていた支配的地位を白人全般に拡大しようとしたところに意義があった。そのために、地位も賃金も低かった東・南ヨーロッパ系移民の労働者や農民に、法律をもってその経済的社会的地位を高める措置がとられた（AAA〈農業調整法〉、NIRA〈全国工業復興法〉、ワグナー法など）。農業補助金や失業対策や公共事業などへの財政支出も、大方の支持のもとに実施された（のちのケインズ主義政策の端緒）。さらに第2次世界大戦後も、恐慌の再来への不安がぬぐえないなか、政府の役割と財政の規模の拡張は続けられた。その結果、1世代も経過しないうちに、アメリカで人口の3分の2を占める白人が全体として中流化し、彼らが分厚い中間層を形成し、WASPに代わって社会の安定を支えることになった[11]。

　ところで、巨大トラストと巨大金融資本が支配し強力な蓄積をするようになった新しいアメリカ社会に以上のような安定をもたらすことは、巨大な政府と巨額の財政があってはじめて可能になったことである。もしアメリカが建国の理念どおりの社会を指向していたら、あるいは資本の運動法則にのみ

したがっていたら、アメリカ史のなかでの新しい局面に対応することはできなかっただろう。この典型的なリベラリズム政策は、その後、恐慌の再来を防止するだけでなく、ソ連との冷戦をたたかい、世界各地の紛争に介入するためにも継続され、政府と財政は大きくなることはあっても小さくなることはなかった。1970年代以降、その傾向への批判が強まるなかで、政府の役割と財政がいくぶんか縮小されてきたものの、ニューディール以前の状態にもどることはなく、オバマ政権のもとでふたたび拡大してきた。個々の勤労市民の努力でどうすることもできない、幾多の社会的経済的問題を考えると、政府と財政の役割は軽視できないとリベラル派は主張する。

　大きな政府と財政は、20世紀初頭までアメリカ市民の間では想定されていたことではなかった。また大きな政府が一定程度まで姿を表してきた20世紀半ばでも、不可逆的なものとしては映っていなかった。だが、ここに見たように、アメリカは、アメリカ自身を、いつしか理念に描かれたアメリカでない社会にしてきたのだった。大きな政府と大きな財政は、今日の時点から見れば、アメリカが建国の理念から遊離していく第2の契機だったのだ。

Ⅵ　グローバル化がアメリカ建国の理念実現の土台を掘りくずしてきた

　アメリカは、その後1970年ごろから政府と財政の肥大化に耐えきれなくなり、リベラリズム政策への批判が高まり、規制緩和と自由化が徐々に進められることになった。また、国内の高い労働力コストを避けるため企業の海外展開が進行し多国籍化が進む一方で、増大する消費需要をみたすために海外の製品の輸入が増大しアメリカ市民の消費は圧倒的な輸入品に依存するよう

---

11) 現代の資本主義的先進諸国の安定を図っている部分は中流層である。ニューディールについては、景気回復という目標が達せられなかったとのきびしい評価が一般的だが、視点をかえて、ここで論じているように、WASPにかわる分厚い中間層を形成する基礎を置き、のちのアメリカ社会の安定の前提を用意したという意味では、あながち失敗だったとの評価はあたらないだろう。このようなニューディール理解に関しては、馬場 [2011] にも同様の解釈がある。ちなみに、今日では各国で中流市民層の崩壊が進み、社会の安定を危うくしていることが問題とされている。その意味からも、あらためてニューディールの意義は再考されてよいだろう。

になった。一言にして、アメリカ経済の空洞化が進んだのであり、いわば「生産をしない消費大国」という危険な国になっていったのだった[12]。

「生産はしないが消費はする」となると、消費資金の捻出は金融活動に依存するほかなくなる。アメリカでは、1970年代以降、巨大金融機関ばかりでなく、人口の多数を占める中流市民までもが、たとえなけなしの資金でも、何らかの投資活動に手をそめる傾向が強くなっていった。規制が比較的ゆるかった証券業界がまず中流市民むけの金融商品を販売、その証券業界に対して銀行業界は規制緩和を政府に要求したうえで中流市民の顧客獲得に奔走、アメリカ金融業界は全体として競争が激化、それが金融業界をこえた運動となり、1980年代には全米が規制緩和と自由化の嵐のなかに入っていった。しかも、その嵐は、ほどなく国境をこえて海外にまで拡大し、やがてグローバル化と呼ばれる嵐となっていった[13]。

もともとアメリカは、ドルを世界の基軸通貨とすることによって、あまり輸出をしなくても容易に輸入ができる国となっていたため（基軸通貨国特権）、貿易赤字の拡大が可能であった。その結果1980年代半ば以降債務国となったが、グローバル化により金融経済への傾斜がさらに強まると、対外債務は一層大きくなり、いまや世界最大の債務国になってしまった。

このグローバル化は、国際化と同義ではない。それはアメリカ的標準にしたがった世界の一体化をいう。その決定的画期は、ソ連崩壊（とりあえずアメリカの一人勝ち）とインターネット（アメリカ発の世界一体化の道具）解

---

12) 多国籍企業の時代には、遠い国の生産者たちはアメリカの消費者のことを知らされないから、無抵抗のまま低賃金で過酷な労働を強いられる。一方アメリカの消費者たちは、遠い国の生産者のことを知ることがほとんどないから、無神経に消費（むしろ浪費）することができる。そのような経済を前提とする消費生活をアメリカ市民がするようになることは、自立した自由な市民の作る共和的社会（リパブリック）という理念のなかでは、まったく考えられていなかったことだろう。
13) スタグフレーションという苦境からの脱出策として模索されたグローバリゼーションのもっとも端緒的な契機を作ったのはアメリカ金融業界だった。証券業界と銀行業界は、一人ひとりの資金は少なくとも人口が圧倒的に多い中流市民層を顧客として獲得するための激烈な競争を展開、そのために規制緩和と自由化の論理を強力に推進した。グローバリゼーションとは、その論理が世界展開したものにほかならない。したがってグローバリゼーションは、何よりアメリカ主導で、それも金融業界主導で、かつ規制緩和と自由化の論理を軸とする形で現出したのである。詳しくは、瀬戸岡［2005］第12章を参照。

禁という、いずれも1991年の出来事にあった。グローバル化は、それらが契機となって一気に進行することになったのだった。それを支えたイデオロギーは、規制緩和と自由化と競争原理と自己責任論を説く新自由主義（今日のアメリカ型保守主義の代表的思想）だった。グローバル化は、アメリカ企業の海外転出と消費物資の大量輸入とを一層推し進め、アメリカ国内産業の空洞化は決定的となった。

　グローバル化を、何かアメリカの外から襲ってきたいかんともしようのない力と考えてはならない。それは、アメリカが、アメリカ自身を、理念に描かれたアメリカでない社会に変えてしまった、さらにもうひとつの現実である。アメリカは、リベラリズムの側からだけでなく、保守主義の側からも、建国の理念を液状化させてきたのだ。グローバル化は、今日の時点から見れば、アメリカが建国の理念から遊離していく第3の契機となっていた。

VII　資本主義発展がアメリカ建国の理念をかなたに追いやる

　巨大法人企業と巨大金融機関は、すでに100年以上の長きにわたってアメリカに鎮座し、だれも除去することのできない存在となっている。最近では不安と不満をかかえる中流市民層のなかから「われわれが99％」、「ウォール街を占拠せよ」（Occupy Wall Street !）と呼びかけるオキュパイ運動が全米に広がるなど、巨大法人企業と金融機関への反発は拡大しているし、政府も、たとえば金融制度改革に着手したりしているものの、業界からの強い抵抗にあい、遅々として進んでいない。倒産スレスレの地点にまで到達していた超巨大企業ジェネラルモーターズも、政府としては、雇用を守るという理由だけでなく、アメリカを象徴する産業をつぶすわけにはいかないという理由で救済した。巨大化した企業と金融機関に根底的な治療はできないのである。

　大きな政府と大きな財政も、もはや抑制しがたい地点にきてしまった。成長の期待できない経済、雇用と所得への不安、格差の拡大とそれにともなう治安の悪化、非白人の人口比率の増大、そして体制を維持していくうえでもっとも重要な支えであるはずの中流市民層の解体、それらアメリカを混乱に導くいくつもの難題に、たとえ急場しのぎであれ、対処するためには、いや

でも大きな政府と大きな財政が必要となる。アメリカがあるべきアメリカにもどるためにも、とりあえず大きな政府と大きな財政に頼るほかない。

グローバル化も、いまや押しとどめがたい勢いになってしまった。アメリカの産業空洞化と世界各国からのアメリカへの消費物資流入は抑えがたい。グローバル化は、アメリカをして生産のない巨大な一方的消費大国に変え、金融だけが頼みの綱となる経済に変えつつある。アメリカがアメリカたろうとしても、このグローバル化にますます依存するほかない。

どの角度から見ても、アメリカは建国の理念から程遠い地点にきてしまった。そのなかで今日懸念されていることは、アメリカのなかに現れた亀裂である。その亀裂は、所得階層間、職業間、地域間、人種間など多方面に走っている。とくに人種間の亀裂（たとえば2012年の大統領選挙では黒人の93％がオバマに投票したのに対して、白人は39％だけだった）は深刻だ。人口構成の変化が現在のまま続くと、今世紀半ばに白人と非白人の比率は逆転するという。アメリカ建国の理念の主要な担い手が白人市民であることを考えると、理念そのものが危うくなるときがくる。それは理念国家アメリカの解体を意味している[14]。

民族としては統合されえないアメリカは、建国の理念のもとに国家としての統合を追求し、その統合に経済的内実を与えようとして資本主義を発展させてきた。だがその歴史のなかで、皮肉にも、アメリカは建国の理念が実現できる基盤をつぎつぎと失ってきた。今日のアメリカのもっとも奥深い悩みがそこに横たわっている。

---

14) かつてダンコースは、理念国家ソ連の人口構成のうち理念の主要な担い手としてのロシア人の比率が50％を割りこむときがくることを予測、そのときソ連崩壊の危機が到来すると予想、そのとおりとなった。アメリカの未来を語るうえで、ないがしろにできない事実である。D'Encousse［1978］を参照。

【参考文献】

板垣文夫・岩田勝雄・瀬戸岡紘編［2003］『グローバル時代の貿易と投資』桜井書店。

瀬戸岡紘［2005］『アメリカ 理念と現実』時潮社。

馬場宏二［2011］『宇野理論とアメリカ資本主義』御茶の水書房。

南克己［1970］「アメリカ資本主義の歴史的段階」土地制度史学会『土地制度史学』第47号。

D'Encousse, Hélène Carrère [1978] *L'Empire éclaté*, Paris: Flammarion（高橋武智訳『崩壊した帝国——ソ連における諸民族の反乱』新評論、1981年）。

Falkner, Harold U. [1960] *American Economic History*, NY: Harpers & Row Publishers Inc.（小原敬士訳『アメリカ経済史』至誠堂、1971年）。

Greenberg, Edward S. [1985] *Capitalism and the American Political Ideal*, Armonk, NY: M. E. Sharpe, Inc.（瀬戸岡紘訳『資本主義とアメリカの政治理念』青木書店、1994年）。

Johnson, Paul [1997] *A History of the American People*, Harper Collins Publishers, Inc.（別宮貞徳訳『アメリカ人の歴史』Ⅰ・Ⅱ・Ⅲ、共同通信社、2001～2002年）。

Krugman, Paul [2007] *The Conscience of a Liberal*, W. W. Norton & Company, Inc.（三上義一訳『格差はつくられた』早川書房、2008年）。

Lipset, Seymour Martin [1996] *American Exceptionalism:A Double-Edged Sword*, W. W. Norton & Company, Inc.（上坂昇・金重紘訳『アメリカ例外論——日欧とも異質な超大国の論理とは』明石書店、1999年）。

Norton, Mary Beth *et al*. [1994] *A People and a Nation*, Boston: Houghton Mufflin Company（本田創造監修『アメリカの歴史』全6巻、三省堂、1996年）。

Reich, Robert B. [2007] *Supercapitalism:The Transformation of Business, Democracy, and Everyday Life*, The Sagalyn Agency（雨宮寛・今井章子訳『暴走する資本主義』東洋経済新報社、2008年）。

U. S. Department of Commerce, US Census Bureau, *Statistical Abstract of the United States*, 各年版。

U. S. Government, *Economic Report of the President*, 各年版。

Zinn, Howard [1980, 1995, 1998, 1999, 2003] *A People's History of the United States:1492-Present*, The Balkin Agency（猿谷要監修『民衆のアメリカ史——1492年から現代まで』上・下、明石書店、2005年）。

Zinn, Howard [2007] *A Young People's History of the United States*, New York: Seven Stories Press（鳥見真生訳『学校では教えてくれない本当のアメリカの歴史』上・下、あすなろ書房、2009年）。

column 1
アメリカ市民と宗教

　アメリカは、先進資本主義諸国のなかでも、きわだって宗教色の強い国だといわれる。大統領の就任式では、聖書に手をあてて誓いの言葉が述べられる。大統領の演説に"God"（神）という用語が出てくることはめずらしくない。多くの大統領就任演説の最後は、神の加護をアメリカとアメリカ市民に願う言葉で締めくくられる。また、ドル紙幣には"In God We Trust"（われら神を信じる）と記されている。アメリカには、どんな町や村にいっても、教会がある。少し大きな町になると、「チャーチ・ディストリクト」といって、各宗派の教会が教会堂をかまえている一角さえあるものだ。ヨーロッパ諸国の教会堂の多くが歴史的建造物となっているのに対して、アメリカの教会堂は住民の実質的な信仰の拠点として現役なのが特徴的だ。またアメリカでは、牧師は他のどのような職業についている人より尊敬される傾向が強いようだ。名門大学の学生たちの間にも、将来の仕事として、政治家や企業経営者になることより、牧師になったり、教会に関係する活動に従事したりすることが価値あることと考える傾向が強い。
　そして、何より毎日曜日に教会の礼拝に通う人の割合が高いのがアメリカの特徴だ。地域により多少の差はあるものの、だいたい人口の１割は非常に熱心な信徒として礼拝に通っている。さらに、そのなかでも堅実な信徒たちは、教会の聖歌隊の一員になったりして、礼拝の日以外にも教会に来てコーラスの練習に勤しむなど、教会に関連する活動を行っている。教会は、また、寄付を大胆かつ幅広く集めるとともに、多くのヴォランティアを組織して活動している。私がアメリカに留学していたときや、在外研究のために滞在していたときなど、そういう人たちが、たびたび私のところにもやってきて、寄付を求めたり、ヴォランティア

活動に誘ったりしたものだ。日本などとちがうところは、一般住民が、そのような宗教関係者による募金活動やヴォランティア活動に対して、偏見や反感を持つ比重が非常に小さい点であろう。その背景には、堅実な信徒や熱心な教会活動家たちの少なからぬ部分に、社会的地位の高い人やアメリカ社会で成功してきた人たちが多く含まれている事情もある。会社社長、大学教授、医師、弁護士などのなかには、案外熱心なクリスチャンが多いものだ。

　社会的地位の高い人を中心に人口の1割が堅実な信徒であることは、この国が暗にそれらの人々によって導かれていることを意味している。アメリカが、工業力の低下、国内生産力の空洞化、金融界の混乱、人種問題をはじめとする幾多の社会問題、対外戦争（戦後の主要なものだけでも、朝鮮戦争、ヴェトナム戦争、イラク戦争、その他多くの局地的介入戦争）、そして文化的退廃などの諸問題を、ずっと長年にわたってかかえながら、アメリカの国家と社会が全体として、ソ連のように崩壊の危機に至らない理由は、意外にも、このような1割の堅実な精神的指導部隊によって、国と社会が静かに導かれているからだといえるのかもしれない。もしアメリカが、そのような精神的指導原理を持っていない、むき出しの市場原理の支配する国だったら、この国は、とうの昔に崩壊してしまっていたかもしれない。

　アメリカでは、企業も、キリスト教の考え方に導かれて、ヴォランティアには大変協力的だ。ヴォランティア有給休暇を認めたり、活動資金を提供したり、優れた活動家に対して社内表彰をしたりするなどがそれだ。またアメリカでは、1人当たりの寄付金額が日本人の平均の200倍にも達するといわれるほど多くの寄付金が集められているが、それは教会がNPOや財団と並んで、寄付金の有力な募金活動機関になっているからでもある。その寄付金とヴォランティア活動がアメリカの矛盾の発現を抑制する。このようにアメリカは、その社会も経済も国家も、全国に無数に存在する教会とそこに集う熱心な信徒によって底辺を支えられているからこそ、全体として、大きく動揺することのない体制を維持していられるのだ。

（瀬戸岡　紘）

第2章 マクロ経済の展開と政策思想の変遷

宮﨑 礼二 *Reiji Miyazaki*

はじめに

　本章の目的は、マクロ経済の動向と時代ごとの特質を描き出し、その背後にある経済政策と政策思想の変遷を辿ることにある[1]。現代マクロ経済は、経済政策を通じた市場と政府の「対話」と「相互作用」によって展開している。本章は、とくに市場における政府の役割をめぐる政策思想のせめぎ合いに焦点をあてる。端的には、市場の自律的な機能を全面的に信頼して政府の関与を最小化するレッセフェール（自由放任主義）なのか、それとも市場の不安定性ゆえに政府の関与を不可欠とするケインズ主義なのかという大きな論争点である。19世紀にレッセフェールを理念に拡大してきたアメリカ経済[2]は、1930年代の大恐慌を転機として、このふたつの政策思想の間を揺れ動きながら展開するようになった。「経済政策は時代の産物であり、新しい時代を創ろうとする人間の歴史への主体的な働きかけ」[3]である。

　19世紀末から今日までのアメリカにおける政策思想を大づかみで描写する

---

1) 産業構造の変遷については、萩原・中本編［2005］第1章を参照。
2) しかし、すでに19世紀後半の大企業体制の確立と鉄道の広域化を背景とする州を越える経済活動の拡大によって、レッセフェールだけでは自由競争が阻害される独占の弊害が明らかになり、州際通商法（1887年）や反トラスト法（1890年）が成立し、連邦政府による産業規制と独占資本の規制の原型はすでに作られていた。
3) 田代・萩原・金澤編［2006］5頁。

なら、レッセフェール → ケインズ主義・福祉国家 → 新自由主義・反福祉国家である。この政策思想の変遷は、資本蓄積（企業利潤中心の経済システム）の危機への対応として、または資本蓄積のさらなる促進のために、既存の支配的な政策思想を掘り崩して、別の政策思想がそれに取って代わる過程である。あるいは、政策思想の転換は、時代ごとの経済の実態からの要請であり、それまでの主軸にあった産業や経済利害の基盤を掘り崩し台頭してくる新興勢力の興隆の反映でもある[4]。いずれにしても、経済利害を体現する政策が現実のものとなるには、政治過程を経ながら、基層に既存の政策思想を残しながら表層から徐々に基層へとつぎの政策思想が侵食する過程であり、歴史的に振り返る意義がここにある。

Ⅰ　ニューディールから戦後ケインズ主義へ

1　経済政策の胎動——ニューディール政策

「景気循環の消滅」や「永遠の繁栄」ともいわれてきた1920年代後半の楽観は、29年10月24日のニューヨーク株式市場の大暴落、いわゆる「暗黒の木曜日」を境に、悲観へと奈落の底へ落ちた。ハーバート・フーバー（Herbert C. Hoover）大統領は財政均衡主義に固執し、市場の自動調節を待つという姿勢であった。FRB（連邦準備制度）も暴落直後の利下げや買いオペから、金準備を維持するために利上げに転じ、買いオペも停止し、大恐慌を深化させた。

経済的破綻と社会的危機への対応を期待されて、1933年に大統領に就任したフランクリン・ローズヴェルト（Franklin D. Roosevelt）は、ニューディール政策を打ち出した。ニューディール政策は、恐慌脱出を目指す政策であると同時に、雇用や生活保障が国家の責任であるとする福祉国家の原型も作り出した。いわば「分配の政治」の時代の幕開けである。また、制度的な規制や統制、監督が経済のあらゆる領域に広げられ、連邦政府の機能を飛躍的に拡大させることになる。

4）アメリカにおける第2次世界大戦後の思潮と政策の歴史的展開、政策と産業との連関については萩原［1996］を参照。

それは連邦財政の拡大として表れ、GDPに占める連邦政府の比重の増大となった。理念的には、政権内でそれまで主流であった均衡財政論がスペンディング（財政支出）論に取って代わられたのであり、より具体的には、一時的な景気刺激にとどまる「呼び水」政策から、経済統制の恒常的な手段として位置づけられる「補整的」政策への転換であった[5]。市場の自律的な回復力を信頼した一時的な支出（＝「呼び水」政策）から、資本主義の不安定性を矯正し安定化を図るために国民所得、生産、雇用をコントロールする「補整的」な機能を財政政策に与えた質的な転換過程であり、それゆえに「財政革命」として位置づけられている[6]。均衡主義の呪縛からの財政の解放である。
　この財政支出が持続的に拡大できる制度的基盤は、すでにローズヴェルト政権の発足直後の金融立法によって整えられていた。ローズヴェルトが大統領に就任したとき、全国的な銀行危機の真っただ中であり、矢継ぎ早に金融恐慌阻止の行動がとられた。1917年「対敵通商法」（Trading-with-the-Enemy Act）の発動と33年「緊急銀行法」（Emergency Banking Act）の成立は、正金の取引に関する大統領と財務省の権限を強化し、結果、金本位制からの離脱、いわゆる管理通貨制への移行を決定的にした。さらに、「33年銀行法」（Banking Act of 1933）と「35年銀行法」（Banking Act of 1935）は、連邦準備制度（FRB）の中央銀行としての地位を確固たるものとすると同時に、「金準備の束縛」から解き放たれた通貨を財政資金として用いる制度的自由を連邦政府に与えた[7]。ここに「財政革命」の基盤あるいは制度的枠組みが整えられたのであり、その後のローズヴェルトの均衡論からスペンダーへの財政理念の転換と一体化し、連邦財政の拡大の現実化と定着化へ発展していった。
　しかもこのことは、1939年以降本格化する戦争準備の財政資金を賄い、第2次世界大戦への参戦による軍需経済を通じた経済の本格的回復を可能なら

---

5) 政権内では、ヘンリー・モーゲンソー財務長官が均衡財政論、マリナー・エクルズFRB議長がスペンディング論に立脚しており、ローズヴェルトは1937年夏まではモーゲンソー側、その後はエクルズ側へと傾いていった。
6) 平井［1988］第3章、第4章。
7) 須藤［2008］第1章、第2章。

第2章　マクロ経済の展開と政策思想の変遷　23

しめた[8]。かくて、時代はニューディールから戦時体制へと移ったのである。

2 戦後ケインズ主義の確立と展開

　第2次世界大戦への参戦は、結果としてアメリカ経済を大恐慌から脱出させた。こうして「完全雇用」が達成された事実は、人々に軍事支出という形だが財政支出の拡大を容認させ[9]、連邦政府の支出を通じて「完全雇用」が維持されるべきだという認識を広めた。連邦財政は、歳入・歳出、国債管理といった「家計」的な運営から、マクロ経済への政策手段へと転化した。そして、「財政革命」は、「1946年雇用法」（Employment Act of 1946）の成立へと帰結した[10]。さらに、その後の51年の財務省と連邦準備制度との「アコード」（Accord）は、それ以前には戦費調達のために国債価格維持を強制され、財務省への従属を余儀なくされインフレを黙認せざるをえなかった連邦準備制度の自立性を認めた。「雇用法」の目的達成のために、中央銀行が独自に金融政策を柔軟に運用できる条件も整った。かくして現代のマクロ経済政策の基盤は成立した。

　雇用法は、「雇用と生産、購買力の促進を最大限に行うことが連邦政府の責任」と定めた。この法律によって、連邦政府による経済への介入の法的裏付けが与えられたのである[11]。とはいうものの、財政政策が経済への介入手段として本格的に展開するようになるのは、1961年のケネディ政権の成立まで待たねばならなかった。

　アイゼンハワー政権は、財政政策の積極的な活用ではなく、1957年のリセッションにおいても、金融政策を重視しつつ基本的には経済運営を市場に委ねるという姿勢をとった。伝統的な共和党財政理念である均衡財政主義への回帰であり、緊縮的な「健全財政政策」が堅持された。それを正当化したのは、消費者物価指数の上昇への懸念だったのだが、対外的な制約からも積極的な拡張政策を選択することはなかった。ちょうどこのとき以降に顕在化す

8）失業率は1939年の17.2％から44年には1.2％まで減少した。
9）第2次世界大戦後の冷戦と連邦財政における軍事費の構造的定着については萩原［1996］65-73頁を参照。
10）大戦の経験が「財政革命」に果たした役割については、平井［1988］175-183頁を参照。
11）雇用法成立に至る過程については、平井［1988］第5章が詳しい。

るブレトンウッズ体制における「ドルの弱体化」を阻止し、「威信」を堅持しつづけるための「ドル防衛」のためにも、インフレ抑制に重点を置かざるをえなかったからである。

　緊縮的な財政運営の一方で、大戦終結による連邦財政に占める戦費は急減したにもかかわらず、米ソ冷戦は外交姿勢を伝統的な「孤立主義」から「国際主義」へと転換させ、恒常的な軍事安全保障費を連邦財政に定着させた。1957年のソビエトの大陸間弾道ミサイル実験成功と人工衛星打上げ成功（スプートニク・ショック）を契機に、連邦財政の基本に軍事安全保障費が位置づけられるようになり、軍産複合体（military-industrial-complex）とも呼ばれる経済の軍事化が進展した。

3 「黄金の60年代」

　1961年に誕生したケネディ民主党政権は、均衡財政の伝統と決別し、名実ともに「雇用法」を完遂させる政策へと踏み出した。大統領経済諮問委員会（CEA）委員長に、アメリカを代表するケインズ経済学者のウォルター・ヘラー（Walter W. Heller）が指名され、さらに委員として、ジェームズ・トービン（James Tobin）、カーミット・ゴードン（Kermit Gordon）が選ばれたことは、ケネディ政権がケインズ主義を標ぼうしたことの象徴であった。また、CEAの非公式顧問であったポール・サミュエルソン（Paul Samuelson）によって、政府のマクロ経済政策を通じてレッセフェールの不安定性を解消し、完全雇用時には市場メカニズムが資源配分と生産を最適化する、とした「新古典派総合」（neo-classical synthesis）が打ち立てられ、新古典派モデルのミクロ経済学とケインズ経済学のマクロ経済学が並存する「標準的」経済学の基礎理論が構成された。経済政策においても、経済理論においても、市場メカニズム一辺倒ではなく、財政政策が有効需要の創出を通じてマクロ経済運営を担うとの考え方が定着した。

　具体的には、潜在成長力を実現するための「完全雇用財政均衡」が採用された。「完全雇用財政均衡」とは、財政均衡は完全雇用時に達成されるべきものであって、GDPギャップが存在する不完全雇用の需要不足の状況では、財政による積極的な需要喚起が必要であり、景気拡張期においてもギャップが存在するかぎり財政刺激は継続されるべきだ、との考え方である。また、

失業とインフレとのトレードオフ関係を示すフィリップス曲線の安定性を拠り所とし、完全雇用水準に達するまでインフレ圧力は生じることはなく、政策目標として完全雇用と物価の安定には対立関係はない、と考えた[12]。ケネディ政権は、摩擦的失業を組み入れたフィリップス曲線の研究に基づいて、「完全雇用時の失業率」を4％とした。このようなケネディ政権の経済政策はニューエコノミクスとも呼ばれ、ケインズ主義と独立して進行してきた「財政革命」とケインズ経済学との一体化であり、アメリカにおける「ケインズ革命の完成」であった。

この概念に基づいて、ケネディ暗殺後のジョンソン政権は、個人消費刺激のための所得税減税と設備投資刺激のための投資減税を採用し、減税による需要創出を目指す財政政策を掲げた。この政策が、大量生産を基盤とする生産力と安定的な労使関係のもとでの中間層による大量消費の好循環を起動させた。この結果、「黄金の60年代」と呼ばれる繁栄がもたらされ、景気拡大は1961年2月から69年12月の106カ月間続き、90年代の120カ月の景気拡大に追い抜かれるまで、史上最長の記録を誇った。

II 反ケインズ経済学の興隆

1 スタグフレーションの時代

ケネディ暗殺後に政権を引き継いだジョンソン大統領は、ベトナム戦争を拡大させると同時に、国内では「貧困との戦い」（「偉大な社会」計画）を打ち出し、「最低の生活ニーズを満たすことのできない状態」と定義した貧困の撲滅を目標に掲げた。ベトナムと貧困との「ふたつの戦い」において、一層の拡張的な財政政策を進めた。

その背景には、公民権運動の高まりで所得分配の公正化を求める世論の高まりと、その費用を賄えるだけの安定的な高い経済成長が実現していたことがあった。しかし、失業率はすでに当時の完全雇用水準の4％を下回っており、完全雇用水準での財政支出の拡大は、インフレ促進的にならざるをえな

---

12) ヘラーをはじめとする当時のCEAとその理論的背景については、Biven [1989] chp. 4参照。

図 2-1 労働生産性と単位労働コストの変化

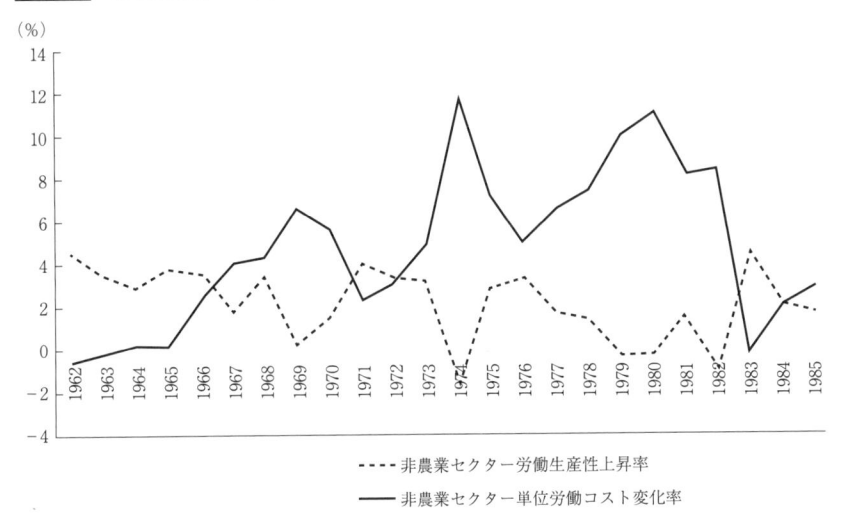

----- 非農業セクター労働生産性上昇率
―― 非農業セクター単位労働コスト変化率

出所：Economic Report of the President［2012］Table B-50より著者作成。

かった。また、単位労働コストが1960年代後半から上昇に転じ、労働生産性の伸びを上回るようになった（図2-1参照）。その結果、このコストの上昇を生産性の伸びでは吸収しきれず、製品価格への転嫁がインフレ圧力を生み出した。

1969年にジョンソンに代わって登場したリチャード・ニクソン（Richard Nixon）大統領は、インフレ鎮静化を目指して均衡財政へと回帰するのだが[13]、インフレは解消されることなくリセッションを引き起こした。レッセフェール信奉者のニクソンでさえも、ふたたび財政と金融の緩和を通じた有効需要創出へと政策の舵をきらざるをえなくなった。さらに、ブレトンウッズ体制下でアメリカに課せられた外国通貨当局との金兌換義務は、いよいよ国内政策の自律性を制約し、国内均衡のみを焦点にした政策では「ドル弱体化」の懸念を払拭できなくなっていた。

13）ニクソン政権のインフレ対策の本質的な狙いが、景気抑制によって失業の創出と労働市場の軟化を通じて、賃上げ攻勢を続ける労働側を譲歩させ、資本分配の回復を図る「隠れ蓑」の役割を果たした、との指摘もある。萩原［1996］215-216頁を参照。

前述したように、ドルは1933年の管理通貨制への移行によって国内的には「金の束縛」から解放され政策の自律性を確保したのだが、一方で対外的には「金の束縛」のもとにあり、国際収支に制約されたままであった。「ドルの弱体化」と金の流出に歯止めがかからない状態が続き、ついに、71年8月15日、ニクソン政権は賃金・物価統制と金兌換の停止を含む「新経済政策」（New Economic Policy）を発表し、インフレ抑制と対外制約からのドルの解放を打ち出した。この賃金・物価統制は74年まで継続され、失業とインフレに一時的な効果を発揮したが、オイルショックの発生がインフレ傾向に追打ちをかけた[14]。

　1960年代後半の拡張的な財政政策と単位労働コストの上昇によって点火されたインフレの「種火」に、その後のふたつのオイルショックによって「油」が注がれ、インフレが「炎上」する70年代となった。そして、景気停滞と物価上昇が同時に発生するスタグフレーションへとアメリカ経済は突入し、失業とインフレのトレードオフの関係性は消滅した。

2　インフレ退治――金利からマネーサプライへ

　スタグフレーションに対してケインズ主義者は、拡張的な政策による有効需要の創出によって失業の解消を目指そうとする。しかし、有効需要の創出はインフレ圧力を生み出す。インフレ促進的なケインズ経済政策は「政府の失敗」として、レッセフェールを信奉し、政府による市場介入に徹底した不信感を持つミルトン・フリードマン（Milton Friedman）らマネタリズムの強い批判にさらされ[15]、ケインズ主義の財政政策から、物価安定を最優先するマネタリズムの金融政策へと転換した。マネタリズムは、インフレを貨幣現象としてとらえ、マネーサプライを経済成長に応じてコントロールすれば物価安定が達成できるとした。

　インフレ率が13％まで達した1979年に、ポール・ボルカー（Paul Volker）FRB議長は、金融政策の指標をフェデラルファンド金利からマネーサプライへと切り替え、マネタリズム的手法でインフレ退治を本格化した[16]。

---

14) この時期のインフレ要因については、前掲書220-223頁が詳しい。
15) フリードマンら反ケインズ革命については、Biven [1989] chp. 5 参照

それまでの伝統的な金融調節は、フェデラルファンド金利（短期金利全体の指標）を目標に裁量的に操作されてきた。これに対してマネタリズムは、マネーサプライこそが最重要の政策変数であるとした。ケインズ主義における金融政策では、金利が外生変数でありマネーサプライは内生変数、マネタリズムでは、マネーサプライが外生変数であり、金利は内生変数だと言い換えることもできる。レッセフェールを思想的根幹に持つマネタリストにとって、市場において需要と供給が決定すべき金利（価格）を中央銀行が操作することは、「神聖なる市場」の冒涜であり、それこそが市場の自己調節力を損なわせてしまうと考えるのは当然のことでもあった。フェデラルファンド金利は、FRBのマネーサプライに対する需要サイドの反応の結果として、受動的かつ実勢的に市場で調節されるようになった。しかしその半面、引き締められたマネーサプライと、インフレ下の強い名目的な貨幣需要によって高金利が定着した。インフレ率を上回る高金利は、82年のリセッションを引き起こし、不況を通じてインフレ退治に成功した。

　これと並行して、1981年の大統領就任直後にロナルド・レーガン（Ronald Reagan）は、連邦航空管制官組合（PATCO）のストライキに対し、組合員の解雇と組合解散を通じた弾圧を強行し、労働組合の弱体化を図った。その狙いは、労働市場の機能を「歪める」労働組合の弱体化によって、賃金の下方硬直性を取り去ることにあった。また、インフレのイナーシャ（慣性）によるインフレ期待[17]が賃金に反映されないようにすることでもあった[18]。レーガンの組合潰しを契機に、労使協調型の安定的な労使関係は終焉を迎えた。労働者の権利の剥奪は82年リセッション、いわゆるレーガン不況も相まって、失業の危機にある労働者の競争関係を生み出し「失業コスト」を高

---

16) スタグフレーション発生からボルカーの新方式に至るまでのFRBの政策運営についての理論的考察については、篠原・原編［1984］第2章、Hadjimichalakis［1984］Chp. 2参照。
17) ここでいう「期待」とはexpectationあるいはexpectedの経済学における訳語だが、「望ましいこと」を含意する日本語の意味はなく、本来ならば「予想」や「予測」と訳されるべきであろう。
18) 組合は期待インフレ率を織り込んで、プレミアムを付けた賃上げ要求を掲げ、経営側は生産性上昇で吸収しきれないコストを製品価格に転嫁し、インフレがインフレを生じさせるとの考え。

め、賃金のさらなる下降圧力をもたらした[19]。

3 反福祉国家の経済政策

　レーガン大統領は、アメリカ経済の混迷の元凶に、ケインズ的総需要管理政策と福祉国家化があるとした。市場に対する政府の過度の介入が、民間の生産意欲や自助努力を衰えさせたという。そして、長期的停滞傾向を打破する政策として、需要サイドから供給サイドへ政策転換を図る経済再建計画を提唱した。サプライサイド経済学の登場である。

　サプライサイド経済学は、経済停滞の原因として、第1に投資不足による生産性上昇率の低下をあげ、投資不足も投資の源泉たる貯蓄もいずれも税制によって抑制されていると考えた。第2には、福祉国家的な施策が人々の勤労意欲と労働供給を減退させ、さらにそれを支えてきた税負担の増大が生産活動を阻害しているとした。そして第3に、インフレが企業の課税所得を膨張させ、税引き後利潤の圧迫をもたらし、資本蓄積の障害となっているとした。反インフレ、減税と福祉国家の解体が、労働と貯蓄・投資を活発化させ、経済再建の処方箋であると主張した。

　供給サイドの効率化を目指してレーガン減税が実施され、企業減税では加速償却制度、投資税額控除の範囲拡大と控除率引上げ、個人所得税については限界税率の引下げと累進性の緩和によるフラット化が目指された[20]。レーガン減税の政策目的は、可処分所得の増加を通じた需要喚起による資源の完全利用や完全雇用を狙いとしたケインズ経済政策とは異なり、勤労意欲の刺激、貯蓄の奨励、生産性上昇といった供給刺激にあった。そのため減税は、消費刺激による短期的な需要喚起にとどまる低所得者向けではなく、可処分所得の増分を消費ではなく投資資金として資本市場に投下する高所得者向けこそが重要だと考えた。「公正さ」を目指す福祉国家型の所得移転や再分配の機能をともなったケインズ主義的な減税ではなく、供給サイドの「効率化」のための減税であった。税制の目標は、「所得再分配」から「成長」へ

---

19) 実質賃金は1970年代のピークから1割低下し、労働時間も82年を底に延伸した。
20) 1981年と86年に2回の税制改革が実施され、所得税減税額のうち約70％が高所得者を対象とし、税率区分の簡素化（フラット化）の結果、最高税率は70％から28％へと42％ポイントの引下げとなった。

と変化した。

　ニューディールからケインズ革命を経た経済政策は、レッセフェールの限界を認識し、総需要管理の過程では財政・金融政策が失業者の救済に動員され、また社会保障政策によって所得分配の是正も実施してきた。しかし、レーガン政権期の政策的バックボーンのマネタリズムやサプライサイド経済学は、政府に「市場の失敗」を是正するだけの補完的な地位しか与えず、最低限の公共財の供給者にとどめた。また、政府による所得移転や再分配は、市場の自動調節機能を損なわせる「政府の失敗」領域とした。市場原理を基本とする「小さな政府」の新自由主義（Neoliberalism）[21]時代の幕開けである。

III 新自由主義の時代の「大いなる不安定」

1 ニューエコノミーと労働予備軍効果

　湾岸戦争の終結にともなって景気は底を打ち、1991年3月にはじまった景気拡大は01年3月まで続き、「黄金の60年代」（106カ月）を抜いて、120カ月の史上最長を記録した。しかし、景気回復当初は失業率の改善が遅く、「雇用なき景気回復」（Jobless Recovery）という新しい現象が見られるようになった[22]。92年の大統領選挙では、ビル・クリントン（William J. Clinton）が現職のジョージ・ブッシュ（父）（George W. H. Bush）大統領の経済政策を批判して勝利し、12年間続いた共和党政権に終止符を打った。その後、クリントン政権の8年間に、インフレと失業の同時低下、98年から連邦財政の3年連続の黒字への転換、そして株価の未曾有の高騰がアメリカ経済に訪れた。

　この長期の景気拡大は、「ニューエコノミー」と称され、アメリカ経済の

---

21) 新自由主義の「新」は、"new"ではなく"neo"であり、いわゆる「新しい」ではなく「再生」や「復活」といった意味合いを持つ。だが、政策の実行の仕方に古典的自由主義と新自由主義との間にちがいがある、との指摘もある。古典的自由主義は自由市場の教義に厳密にしたがうが、新自由主義は資本の利益が損なわれる恐れがあるときには、教義に背いて政府に大規模な救済を求める。Pollin［2003］邦訳 7-8 頁。
22) 萩原・中本編［2005］第3章参照。リセッション以前の失業率（5.3％）を下回ったのは97年になってからである。それ以降、「雇用なき景気回復」は2001年でも直近のリセッションからの回復期でも確認され、「新しい常態」（"new normal"）ともいわれる。

構造変化の結果だと指摘された。ニューエコノミーの定義は定まっていないが、広く指摘されたのは「生産性上昇率の加速化によって、失業率の低下とインフレ率の低位安定が可能になり、インフレ非加速的失業率（NAIRU）以下でもインフレは発生しない」というものであった。逆にいえば、それまでの「オールドエコノミー」では、弱い生産性上昇のもとでの経済成長がインフレを醸成させ、金融引締めが要請され、リセッションを余儀なくされてきたという。あるいは、「IT技術、ベンチャー企業、経済政策が相互に補強的に作用した結果」がニューエコノミーであるというものもある[23]。

　経済成長と低インフレの同時発生の要因として、第1に、冷戦終結による国際環境の激変と、ITという革新的な技術の発展が、政治的条件と技術的条件となってグローバリゼーションを急速に進展させたことがある。この潮流を自らの国家戦略として取り込もうとするアメリカ政府のグローバリズムの政策がこの潮流をさらに推し進めた[24]。戦後アメリカの輸出の柱であった製造品については、多国籍企業化の促進を通じてコストの安い場所でグローバルに生産を配置し、「モノ」を輸入することでインフレ抑制が持続的に可能になったのである。第2の要因としては、生産のグローバル化の進展が、低賃金国の労働者に置き換えられてしまうのではないかという国内労働者の「恐怖」を生み出し、彼らから賃金交渉力を奪ったことにある[25]。FRB議長のアラン・グリーンスパン（Alan Greenspan）も、持続的成長における賃金抑制が低インフレの鍵であり、失業率が低下する一方で、雇用不安が高まったことに賃金抑制の解を見出した。それを「労働者のトラウマ」（traumatized worker）と呼んだ[26]。グローバリゼーションは国境を超越した産業予備軍効果を作用させ、レーガン政権以降の労働組合の組織率の低下と相まって[27]、労働者の譲歩を常態化させ、賃金抑制をもたらした。

---

23) 1920年代後半にもいわれたような「景気循環の消滅」との主張もあったが、その後の01年のリセッションは、それらの主張がたんなる楽観論に過ぎなかったことを示した。ニューエコノミー論に関しては、関下・坂井編［2000］第9章が詳しい。
24) グローバリズムについては、中本編［2007］を参照。
25) Pollin［2003］邦訳13-15頁を参照。
26) Woodward［2000］p. 168.
27) 1988年に16.8％あった組織率は01年には13.5％へと低下した。

2 個人消費増の実態

　クリントン政権期のマクロ経済の特徴は、政府支出の減少と個人消費支出の増大にある。とりわけ連邦政府支出が大きく削減され、ブッシュ（父）政権最後の1992年の対 GDP の連邦支出比率が8.4％だったのに対し、クリントン政権最後の00年には5.8％まで低下した。それは、冷戦終結にともなう軍事費の大幅削減の効果であった。92年の軍事支出の対 GDP 比が4.8％から00年には3％になった。クリントン政権は、IT 化の進展が「技能志向型技術変化」（Skill biased technological change）をもたらし、労働者の技能格差が所得格差の原因であるとの認識を持っていたにもかかわらず[28]、「平和の配当」が教育、労働者の訓練・雇用促進、貧困対策のような社会プログラムの拡充に向かうことはなかった。これら教育・訓練・雇用・社会プログラムへの支出は、92年には対 GDP 比で0.7％あったのが、00年には0.58％へ縮小した。

　クリントン政権の財政収支の改善の目的は、赤字削減とその消滅によって、金利低下、投資拡大、雇用増大、生産性上昇、そして賃金増加という好循環を創出することにあった[29]。この戦略のもとで、IT 革命への未知の可能性とニューエコノミーへの過度の楽観が投機的な心理を醸成し、さらに海外からの株式市場への資金流入と相まって、株価の急騰がもたらされた[30]。株式を保有する富裕層の資産効果、そうでない層への消費者信用が個人消費の増大をけん引し、総需要の駆動力となった。家計による借入れの容易さが高まったことによって、いわゆる「流動性制約の緩和」が進み、消費増が政府支出の削減を埋め合わせ、GDP を支えた。

　また、個人消費の拡大は消費者信用に加えて、住宅モーゲージによっても支えられた。低インフレによる長期金利の低下、金融市場において利ざやの大きな個人向け業務を拡大してきた金融機関の積極的な貸出し、そして住宅モーゲージの拡大は、住宅価格を上昇させ、ホームエクイティローン[31]を通じて、個人消費を拡大させた（図2-2参照）。また、資産効果は住宅のほうが株式によるものより大きく、株価の場合には3～5％、住宅価格では5％

---

28) Council of Economic Advisers［1998］p. 241.
29) Council of Economic Advisers［2001］p. 3.
30) IT バブルについては、たとえば山口［2009］第4章参照。

図2-2　家計負債の変化と個人消費

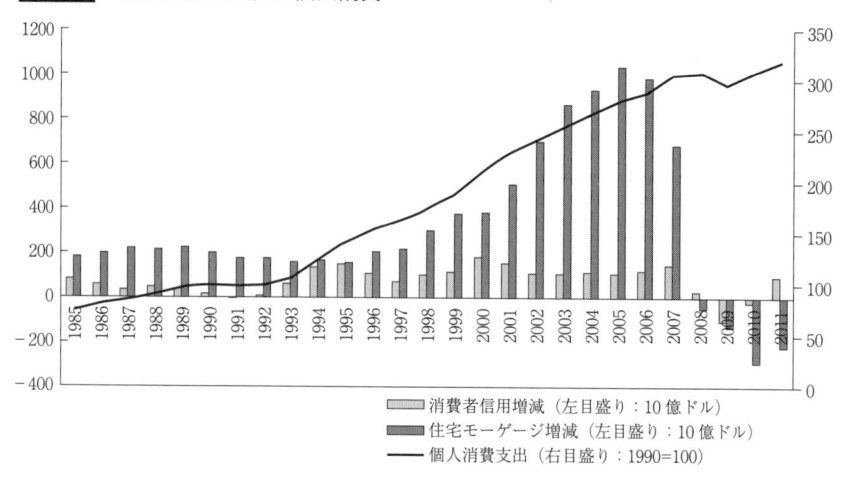

出所：FRB, *Flow of Funds Accounts of the United States, Historical Data*, F. 6, F. 218 より著者作成。

程度だと指摘される[32]。さらに、株式よりも住宅のほうが保有世帯数も大きく、所得階層においても広範であることから、より大きな消費拡大の効果を発揮した[33]。

図2-3が示すように、生産性上昇と賃金とが乖離する現代においては、個人消費の拡大は、資産価格の上昇と金融市場での負債がそれを実現させる構造になった。株式市場の活況と負債依存型の消費・投資ブームは、不平等と金融不安定性の高まりを覆い隠した。また、住宅モーゲージ市場の拡大は、ニューディール以来の公的な住宅政策の市場化、あるいは社会政策の民営化を推し進めてきた。ニューディール以来の「分配の政治」の終焉である。福祉国家による再分配から、金融市場による「再分配」への転換であった。

---

31) ホームエクイティローンとは、住宅資産価値が既存のローン残高を上回る純資産部分を担保にした住宅モーゲージ保有の家計による借入れである。住宅価格の上昇は、クレジットカード借入れよりも金利が低くなるだけでなく、住宅ローン金利の税控除対象となることから、「賢い」借入れとして奨励された。
32) Council of Economic Advisers [2012] p. 110.
33) 住宅バブルについては、藤木編 [2012] 第1章を参照。

図2-3 労働生産性と実質賃金の推移

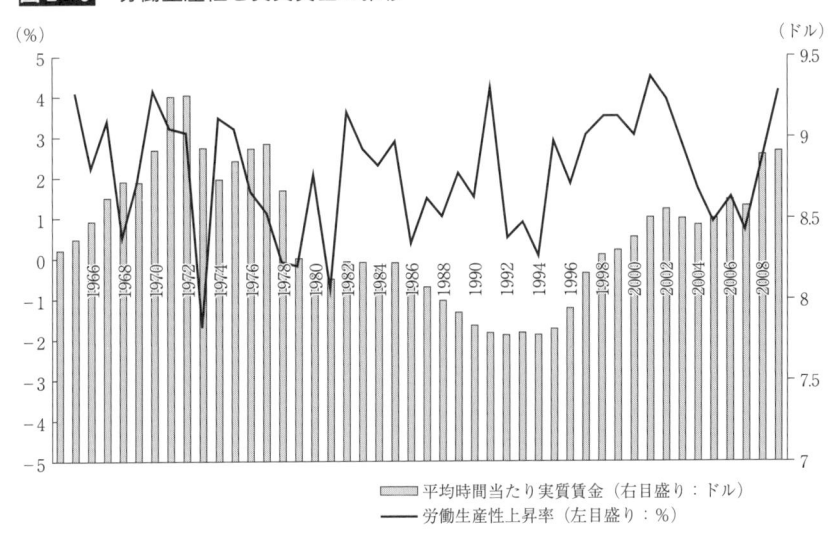

出所：Economic Report of the President［2012］Appendix B, B-47, B-50より著者作成。

　さらに、「1999年金融サービス近代化法」（Financial Service Modernization Act of 1999）の成立は、80年代以降、段階的に緩和され続けてきた金融規制の撤廃の総仕上げとなり、かろうじて残っていたニューディール立法の象徴である「33年銀行法」の残滓を取り払い、投資銀行、商業銀行そして保険会社の統合を可能にした。また、00年末に成立した「商品先物取引近代化法」（Commodity Futures Modernization Act）は、デリバティブ市場を規制の対象外にし、そのなかには、その後リーマンショックで問題となるクレディット・デフォルト・スワップ（CDS）[34]も含まれていた。経済の基軸はメインストリートからウォールストリートへと転回した[35]。
　もはや新自由主義は、政策思想の基層をとらえた。1971年にニクソン大統領は「いまや私も経済学的にケインズ主義者である」（"I am now a Keynesian in economics."）と述べた[36]が、さしずめクリントン大統領は「いまや私

---

34) CDSとは、債権の信用リスクに対して保険の役割を果たすデリバティブ契約のことである。
35) 萩原・中本編［2005］第4章を参照。

も新自由主義者である」といったところであろう[37]。あるいは、70年代後半のカーター民主党政権による規制緩和が、その後のレーガン政権の新自由主義の全面開花の前哨であったように、クリントン民主党政権は続くブッシュ（子）共和党政権の「持てる者のための社会」（Ownership Society）[38]を準備した。

3 「大いなる安定」[39]から「大いなる不安定」へ

　GDP成長率とインフレ率の変動性は、1986年を境に大きく低下し、リセッションの期間も比較的短い時代が07年まで続いた。「大いなる安定」（Great Moderation）が信じられた時代である。「安定」の要因として、経済の構造的変化、金融政策の貢献、「幸運」（"good luck"）があげられている。構造的変化については、たとえば、在庫管理の効率的管理のようなビジネス手法の改善や金融革新と金融規制の緩和である。在庫管理の効率化は、「ジャストインタイム方式」によって大量の在庫が必要なくなり、景気が鈍化しても生産調整への影響を小さくする。そして、証券化のような金融革新は、家計と企業への信用供与を潤沢かつ容易にし、景気動向にかかわらず安定的な支出を可能とし、また預金金利上限規制（Regulation Q）の撤廃は、黒字主体と赤字主体との資金の融通を促進した。これらによって、経済システムの柔軟性と適応力が高まり、景気変動を吸収できるようになったと指摘される[40]。金融政策の貢献については、インフレ容認による完全雇用政策がインフレ循環を生み出していたボルカー以前の政策から、ボルカー後の低位安定

---

36) *New York Times*, January 7, 1971.
37) Pollin [2003] は、クリントン以降の政策思想を「ネオリベラル・コンセンサス」（Neoliberal Consensus）と呼ぶ。
38)「持てる者の社会」とは、個人の資産所有を促進させ、個人が選択とその管理に責任を持つ社会であり、政府の公的責任を市場における個人と個人の自己責任へとシフトさせる反福祉国家の政策である。たとえば、株式保有の促進を通じて、人々は投資家意識を持つようになり、「分配」よりも「成長」に利害を有するようになるとの考えである。
39) 本節では、バーナンキ FRB 議長などの認識として「大いなる安定」を所与として取り上げたが、1950年代、60年代の高成長と低失業率の時代よりも86年以降が「安定」しているというのは労働者の感覚からはほど遠く、「大いなる安定」はこの期間に莫大な収益を稼ぎ出した金融利害にとっての「安定」にしか過ぎないとの見解は重要である。Quiggin [2010] pp. 23-25.
40)「大いなる安定」の要因に関する議論については、たとえば Clark [2009] を参照。

のインフレのもとでの安定的な金融政策が要因のひとつだとされる[41]。あるいは石油価格が低位で安定した「幸運」な時代であったこともあげられている。

　このような経済に対する楽観は、高いレバレッジによる負債の膨張、リスクの過小評価、CDS に対する過度の安心感をもたらし、1990年代後半に進展した金融規制緩和によって増幅されながら、金融システムの脆弱性を高めた。しかし、「大いなる安定」への過信によって、金融システムの安定化は軽視され、政策当局や市場参加者を楽観主義が覆った[42]。これがその後の一連のサブプライム危機、リーマンショック、そして金融危機から大リセッション（Great Recession）への淵源を成した。

　大リセッションに対処するために、FRB はフェデラルファンド金利をサブプライム問題が発生する前の5.25％から矢継ぎ早に引き下げ、2008年12月には金利の誘導目標を実質０％まで引き下げた。信用不安が高まる一方、金利政策は限界に達し、FRB は信用緩和のためにモーゲージ担保証券、政府機関債、長期国債などの債券の大量購入を通じて通貨供給を増加させる量的緩和（QE：Quantitative Easing）[43]政策を導入した。大リセッションの真っただ中の09年に就任したバラク・オバマ（Barack H. Obama）大統領は、ブッシュ（子）政権時からの金融政策を継承しながら、約8000億ドルにのぼる大規模な財政支出の「米国復興・再投資法」（American Recovery and Reinvestment Act of 2009）を成立させた。大恐慌の再来が予見されるなかで、オバマ政権はニューディールあるいはケインズ主義的な政策への回帰を選択した。

　「大いなる安定」が家計負債の膨張を許容してきた事実もまた、金融危機を深化させた[44]。楽観主義のまん延が、所得分配の不平等の拡大のもとにある家計に消費者信用や住宅モーゲージへのアクセスを容易化させ、抑制され

41）Bernanke［2004］を参照。
42）バーナンキ FRB 議長によるジョージ・ワシントン大学での講義録（第２回目講義）での指摘。http://www.federalreserve.gov/newsevents/lectures/about.htm
43）QE は通称であり、FRB による公式名称は大規模資産購入（LSAP：Large-Scale Asset Purchases）である。
44）ここでの議論は、Raghuram Rajan や Robert Reich の研究を整理した2012年大統領経済諮問委員会年次報告第２章を主に参照した。Council of Economic Advisers［2012］。

第２章　マクロ経済の展開と政策思想の変遷　37

た所得の補てんと所得の伸びを上回る消費を可能にした。負債の膨張は、楽観主義のまん延によるだけではなく、所得の不平等の拡大にもその原因があったのである。その結果、高水準の負債と過剰なレバレッジがもたらされ、金融危機の発生によって信用へのアクセスが制限された。危機前に積み上がった高い水準の負債だけが残された消費者は、負債圧縮を余儀なくされ、個人消費を抑制した。今回の危機で明らかになったように、「大いなる安定」で隠蔽されてきた構造には持続可能性はなく、「大いなる不安定[45]」（Great Instability）の時代を食い止める政策がオバマ政権の課題となった。

　「大いなる不安定」を現実化させないために、オバマ政権は、レーガン政権以来の「成長」重視の税制から「所得再分配」を目標にした税制に踏み出そうと試みた。だが、行き過ぎた高所得者の減税を止め、適正な課税を求め、オバマ大統領によって提案された課税強化法案（Paying a Fair Share Act）――通称バフェット・ルール（Buffet Rule）――や、組合結成の促進と団結権の強化によって公正な所得分配と中間層の強化を目指す「従業員自由選択法」（Employee Free Choice Act）は、共和党を中心とする新自由主義勢力によって葬り去られた。オバマ政権の「大いなる改革」（Great Reform）は、過去30年間新自由主義によって侵食・淘汰されてきたケインズ主義あるいは福祉国家的な政策思想の寄戻しの過程である。

おわりに

　現代マクロ経済の展開は、市場における政府の役割をめぐる政策思想のせめぎ合いの歴史である。1930年代の大恐慌はレッセフェールからニューディールあるいはケインズ主義・福祉国家へ、70年代のインフレはケインズ主義・福祉国家から新自由主義・反福祉国家へ、そしてリーマンショックにともなう大リセッションはケインズ主義への回帰へ、と転換してきた。それらの転換は、州から州際（interstate）へ、州際から国際（international）へ、そして国際からグローバルへの経済活動の領域の拡大、産業構造の変化、新興産業の台頭のような資本蓄積のあり方の変化によって促進される。そし

---

45) Roubini and Mihm［2010］Outlook 参照。

て、政策思想の転換は、マクロ経済の大変動や危機の発現にともなって決定的となる。

また、既存の支配的な政策思想に基づく政策展開から生じる矛盾解決への要請によっても、政策転換は促進される。リーマンショックを契機とする「ウォール街を占拠せよ」（Occupy Wall Street）のような新自由主義・反福祉国家的な政策への批判の声の高まりは、それまでの支配的な政策思想の転換にオバマ政権を踏み込ませた。だが同時に、累積する巨額の財政赤字は、財政政策の機動性を損なわせ、金融政策への依存を高め、量的緩和策の継続によるバブル誘発型の景気刺激は、「根拠なき熱狂」（irrational exuberance）[46]を再来させかねない状況でもある。バブル誘発型の政策が「公正な所得分配と中間層の強化」と整合的であるのかどうかが、問われている。

【参考文献】

篠原総一・原信編［1984］『アメリカの高金利政策』有斐閣選書。
須藤功［2008］『戦後アメリカ通貨金融政策の形成──ニューディールから「アコード」へ』名古屋大学出版会。
関下稔・坂井昭夫編［2000］『アメリカ経済の変貌──ニューエコノミー論を検証する』同文舘出版。
田代洋一・萩原伸次郎・金澤史男編［2006］『現代の経済政策 第3版』有斐閣ブックス。
中本悟編［2007］『アメリカン・グローバリズム──水平な競争と拡大する格差』日本経済評論社。
萩原伸次郎［1996］『アメリカ経済政策史──戦後「ケインズ連合」の興亡』有斐閣。
萩原伸次郎・中本悟編［2005］『現代アメリカ経済──アメリカン・グローバリゼーションの構造』日本評論社。
平井規之［1988］『大恐慌とアメリカ財政政策の展開』岩波書店。

---

[46] グリーンスパンFRB議長が1996年の急激な株価上昇に対して警鐘を鳴らした際の言葉である。The Federal Reserve Board, The Challenge of Central Banking in a Democratic Society, Remarks by Chairman Alan Greenspan, http://www.federalreserve.gov/boarddocs/speeches/1996/19961205.htm.

藤木剛康編［2012］『アメリカ政治経済論』ミネルヴァ書房。
山口義行編［2009］『バブル・リレー——21世紀型世界恐慌をもたらしたもの』岩波書店。
Bernanke, Ben S. [2004] "The Great Moderation," speech before Eastern Economic Association, Washington, February 20（www.federalreserve.gov/boarddocs/speeches/2004/20040220/default.htm#f1）.
Biven, Carl W. [1989] *Who Killed John Maynard Keynes?* McGraw-Hill Companies（W. カール・ビブン［2002］『誰がケインズを殺したか——物語で読む現代経済学』日経ビジネス人文庫）.
Clark, Todd E. [2009] "Is the Great Moderation Over? An Empirical Analysis," *Economic Review*, Federal Reserve Bank of Kansas City, Fourth Quarter.
Council of Economic Advisers [1998, 2001, 2012] The Annual Report of the Council of Economic Advisers（http://www.whitehouse.gov/administration/eop/cea/economic-report-of-the-President）（『週刊エコノミスト臨時増刊・米国経済白書』毎日新聞社）.
Hadjimichalakis, Michael G. [1984] *The Federal Reserve, Money, and Interest Rates: The Volker Years and Beyond*, Praeger Publishers（M. G. ハジミカラキス［1986］『米国の金融市場と金融政策——ボルカー時代とその後』東洋経済新報社）.
Pollin, Robert [2003] *Contours of Descent: U.S. Economic Fractures and the Landscape of Global Austerity*, Verso（R. ポーリン［2008］『失墜するアメリカ経済——ネオリベラル政策とその代替策』日本経済評論社）.
Quiggin, John [2010] *Zombie Economics: How Dead Ideas Still Walk Among Us*, Princeton University Press（ジョン・クイギン［2012］『ゾンビ経済学：死に損ないの５つの経済思想』筑摩書房）.
Roubini, Nouriel and Stephen Mihm [2010] *Crisis Economics: A Crash Course in the Future of Finance*, Penguin Press（ヌリエル・ルービン、スティーブン・ミーム［2010］『大いなる不安定——金融危機は偶然ではない、必然である』ダイヤモンド社）.
Woodward, Bob [2000] *Maestro: Greenspan's Fed and the American Boom*, Simon & Schuster.

column
2
アメリカの中央銀行組織の独自性

　本章でも解説した連邦制は、アメリカの中央銀行組織や紙幣にもその独自性が出ている。

　アメリカの紙幣（連邦準備券）を見ると、1～12の数字とA～Lのアルファベットが記載されている。額面ごとに同じデザインであるが、この数字とアルファベットによって、どの連邦準備銀行（連銀）がその紙幣を発行したかを知ることができる。

　というのは、全米12の連邦準備区に連銀が置かれ、それぞれが中央銀行の機能のひとつである発券を行っているからだ。ボストン連銀の管轄を第1地区とし、以下順にニューヨーク、フィラデルフィア、クリーブランド、リッチモンド、アトランタ、シカゴ、セントルイス、ミネアポリス、カンザスシティ、ダラスと続き、第12地区がサンフランシスコである。紙幣の数字とアルファベットは、ボストンが1とA、ニューヨークが2とBというように、発行元の連銀を表しているのである。ここに集権的ではなく、分権的な中央銀行の制度設計を垣間見ることができる。

　連銀の創設に際し、どこに置くか、どこを各連銀の管轄区にするかについて激しい議論と利害対立があった。管轄区は州ごとに分かれているわけでもない。実際、ミズーリ州はセントルイスとカンザスシティにふたつの連銀を有している。東部に数が多く内陸部に数が少ないのは金融取引の実勢を反映したものである。中央部の連銀は東海岸と西海岸の金融センターの間にあるので、上空を通過されてしまう「フライオーバー・ステートの総裁」と連邦公開市場委員会（FOMC）内で敵対者に揶揄されることもあったという（デイビッド・ウェッセル著：藤井清美訳『バーナンキは正しかったか？──FRBの真相』朝日新聞出版、2010年）。

アメリカにおける中央銀行の成立を遅らせただけでなく、その特異性を形成したのは、アメリカ特有の反権力集中の思想であり、資本主義と民主主義のバランスであった。初代財務長官アレクサンダー・ハミルトンの提案で、最初の「中央銀行」として第1合衆国銀行が1791年に設立された。トマス・ジェファソンら反連邦主義者の反対を押し切ってのことである。だが20年の特許期間は更新されずに1811年に廃止された。にもかかわらず折悪く第2次米英戦争が起こった。それによって生じたインフレと財政難を克服するため、第2合衆国銀行が1816年に20年の特許で設立されることになった。同行は、第3代総裁ニコラス・ビドルのもとで当時としては先駆的に中央銀行としての役割を果たしていた。しかし、その成功ゆえに強大な金融権力は人々に恐れられた。特許更新は議会では可決された。しかし東部エスタブリッシュメントに対抗し、西部開拓の担い手の農民や産業革命の結果生まれた労働者の利益を標榜したアンドリュー・ジャクソン大統領が、拒否権を行使したのである。この激しい対立・闘争は「銀行戦争」と呼ばれている（楠井敏朗『法人資本主義の成立──20世紀アメリカ資本主義分析序論』日本経済評論社、1994年）。

　こうして第1・第2合衆国銀行は消え去ったが、恐慌の頻発、きわめて激しかった1907年恐慌を受け、中央銀行創設のために全国貨幣委員会が設立され、内外の金融制度の膨大な調査研究がなされた。それを率いたネルソン・オルドリッチ上院議員の肝煎りで、1910年11月、ジョージア州のジキル島で少数の銀行家らの会合がもたれ、連邦準備制度の青写真が描かれた。その後1913年に連邦準備法が成立、翌年に営業が開始され、今日に至っている。100年後の2010年11月、同じ地で、「ジキル島に還る──連邦準備制度の起源、歴史、そして未来」と題されたカンファレンスが開催された。その主テーマは、100年前のオルドリッチらのヴィジョンに照らして連邦準備制度をとらえ直すというものであった。アラン・グリーンスパン（元FRB議長）、ベン・バーナンキ（現職のFRB議長）、ジェラルド・コリガン（元ニューヨーク連銀総裁）によるパネルディスカッションでは、1987年ブラックマンデー、大いなる安定期（the Great Moderation）、リーマンショック、さらには非伝統的金融政策（大規模資産購入）にまで議論は及んだのである。　　　　（大橋　陽）

第Ⅱ部
産業と労働のダイナミズム
と
社会保障

第3章 産業構造の再編とその現段階

平野 健 Ken Hirano

はじめに

本章の課題は、1980年代以降のアメリカ経済の産業構造の変化を概観し、それが今日のアメリカ経済に与えた影響を明らかにすることにある。

最初に図3-1を見ていただきたい。ここには戦後直後から最近までのアメリカにおける就業者（フルタイムとパートタイムの合計）の部門別構成比の推移が示されている。ここから戦後アメリカの産業構造の歴史的変遷を見るなら、顕著な変化は3つの産業部門で起きている。すなわち「製造業」と「農林水産業」の低下と「サービス業」の上昇である。一見すれば、ものづくり（農業、製造業）が衰退し、サービス業に主役が交代したように見えるが、事態はそう単純ではない。戦後アメリカ経済は（1930年代から）1970年代までのケインズ主義期と1980年代から今日までの新自由主義期とに区分することができ、そうした時期によって単調で直線的に見える量的変化の背後にある内実が異なっているからである。

以下、Iでケインズ主義期から新自由主義期への転換の要点を見たうえで、IIで製造業、サービス業、農業の過去30年間の変化を振り返り、IIIでそれが今日のアメリカ経済において持つ意味を3つの点から明らかにする。

図3-1 就業者の部門別構成比率

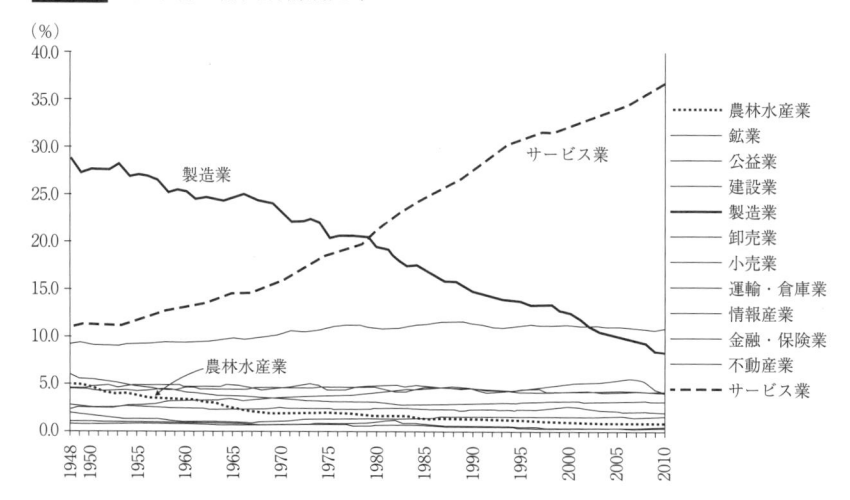

注：本章は民間部門に焦点を当てており、政府部門については捨象してある。
出所：U. S. DoC, BEA, GDP by Industry Data, Historical Data より作成。

I　戦後アメリカ経済のふたつの時期

1　ケインズ主義期の基本的枠組み

　第2次世界大戦後のアメリカ経済の基本構造は、1933年にはじまるニューディールから戦時統制経済を経て1948年頃までの約15年間に形成された。

　製造業では、一方で中軸となる重化学工業諸部門に巨大企業による寡占体制が成立し、他方では労働三権を承認された不熟練工による産業別労働組合が組織され、この両者が2～3年ごとの交渉で労働協約を取り結ぶという枠組みが成立した。重化学工業とは、鉄鋼、産業用機械、自動車、電気機械、航空機、化学、石油など、19世紀後半に技術革新が起こり、20世紀前半に産業として確立した部門で、これらの部門では大量生産を行うために膨大な固定資本を必要とし、それを調達できる少数の大企業のみが市場シェアの大半を占める寡占体制を形成した。工場での機械化が進めば進むほど生産の担い手は熟練工から不熟練工に移り、労働運動の主役も熟練工を組織したAFL

(American Federation of Labor：アメリカ労働総同盟）から不熟練工によるCIO（Congress of Industrial Organization：産業別組合会議）へと移る[1]。CIO傘下の産業別労働組合は1930年代に寡占的大企業との労使交渉に挑み、第2次世界大戦時の労使休戦を経たのち、戦後ふたたび大企業と大労組の交渉が再開され、1950年頃には戦後型の労使関係が確立した。

　農業でも慢性的な過剰生産による農家所得の低迷に対して農業調整法（1933年）を制定して基本農産物の生産調整による価格支持と農家の所得補償を行った。また土壌保全対策の強化、耕作方法の改善、小麦の品種改良、機械化（トラクター、グレイン・コンバイン、コーン・ピッカーなど）なども導入されて農業生産性が大幅に改善された。これが戦後の農業の基盤となり、農場総数は1935年をピークに減少に向かうが、農場規模は大型化し、労働生産性や単収（面積当たり収穫量）も著しく増大していく。

　金融業では1929年大恐慌の教訓をふまえてきびしい規制が敷かれた。1933年銀行法では銀行業（商業銀行）と証券業（投資銀行）の分離、破滅的競争を防ぐための預金金利規制が定められ、1933年証券法や1934年証券取引所法では証券取引の公正・安定を図るために情報開示義務やさまざまな規制が設けられた。また戦時統制経済期には戦時公債が大量に発行されたが、これは戦後の公開市場操作[2]の余地を大幅に拡大した。

　以上のように「大きな政府」（規制・保護・政策的介入）とそれによる製造業と農業の大量生産の促進・安定化、および金融市場の攪乱の抑止が戦後アメリカ経済の基本的枠組みであった。このような枠組みが1950〜60年代の持続的成長を可能にした。労使交渉に裏付けられた雇用と報酬の安定化は労働者大衆が安心して自動車、一戸建て住宅、家電製品などの耐久消費財を購入できるようにし、「大衆消費社会（アメリカ的生活様式）」、すなわち重化学工業製品の大規模市場を成立させた。また重化学工業部門は膨大な工場設備を必要とするため、ひとたび設備投資が起こればそれ自体が大きな需要となる。さらに基礎素材から最終製品の加工・組立てまで相互に密接に連関し

1）両者は1955年に合体してAFL-CIOとなり、主要な産業を網羅するアメリカ労働運動のナショナルセンターとなった。
2）中央銀行が国債などの有価証券を売買することで通貨供給量を調整する金融政策の一手段。

あっているため、ひとつの需要が全体に波及しやすかった。

戦後の国際通貨・貿易体制であるブレトンウッズ体制と西側同盟国を対象にした復興援助・軍事援助（ドル散布策）もアメリカの工業製品・農産物の輸出を容易にした。これは戦時期のレンドリース法（Lend-Lease Acts：武器貸与法）の経験を戦後に活かしたものだが、こうした輸出志向も戦後のアメリカ経済の大きな特徴であった。

2 新自由主義期への転換

戦後のインフレ率は2～3％の水準で推移していたが、1960年代後半に急上昇して5％に達し、1970年代になると2度の石油ショック（原油価格の高騰）も影響して、インフレ率は2桁台に跳ね上がった。また景気も不安定になり、ケインズ政策で需要を刺激しても好景気が持続せず、短期間で後退するようになった。高いインフレ率と景気低迷の組合わせはスタグフレーションと呼ばれ、戦後の持続的成長がその限界に行き着いたことを示した。

このような事態について OECD はつぎのような趣旨の分析をしている。すなわち、1970年代にはこれまでの成長を可能にした重化学工業に対する需要の伸びが鈍化したが、政府と労働組合の規制が強くて市場メカニズムが働かなかったため、資本と労働力が滞留し過剰生産能力状態におちいった。これが経済停滞の原因である。したがって規制緩和によって市場メカニズムを取りもどせば、資本と労働力が過剰になっている部門から新しい成長部門へと移動し、ふたたび経済成長を実現できるであろう、と（OECD [1984]）。こうした発想に沿って1978～1981年に英米日3カ国でケインズ主義にとって代わる新しい経済政策のスタンスが採用されることになった。それが新自由主義である。

アメリカでは1981年に大統領に就任したレーガンが積極的に新自由主義を掲げた最初の政権となる。しかし、このレーガノミックス（レーガン政権の経済政策）は期待したような成果はあげなかった。最大の問題は製造業の多くの業種でアメリカ大企業の国際競争力が低下していたことにある。製造業のいくつかの業種ではすでに1960年代末から輸入超過がはじまっていたが、1976年になると一国全体の貿易収支も赤字一色となり、1980年代以降にはそれが爆発的に拡大していく。日本や西ドイツからの「集中豪雨的」とも形容

された激しい輸出攻勢を受けて、鉄鋼産業、自動車産業、電機産業などの大企業が未曾有の経営難におちいった。

米欧日の主要先進国で高度経済成長が終わったからには、国際競争は生き残りをかけたきびしいものにならざるをえない。そのなかで競争力で劣位に落ちたアメリカ製造業は、1980年代以降、生き残りと競争力回復のための苦闘の再編を開始する。

II 産業構造再編の内実

1 製造業の苦闘

製造業企業の競争行動は一般に2種類ある。ひとつは部門内の同業他社よりも効率的な生産システムを構築することであり、もうひとつはより有利な部門へと移動（参入・撤退）することである。これが大企業になると、前者は製造工程だけでなく、研究開発、資材調達、販売および顧客サービスを含む業務プロセス全体が効率化の対象となり、後者は多事業部制における事業構成の再編（多角化・重心移動・絞込み）という形をとる。また多国籍企業であれば、これらふたつの座標軸が国ごとにどう配置され、組み合わされていくかという第3の座標軸が現れる。1980年代以降のアメリカ製造業大企業の生き残り策もこの3つの座標軸で整理するとわかりやすい。

リストラクチャリング

日本企業からの輸出攻勢を受けて経営難におちいったアメリカ大企業が最初に行ったことは、どの事業を軸に経営再建をしていくかの選択であった。持続的成長が終わりを告げる1970年前後、アメリカ製造業の大企業は第3次M&Aブームにのってコングロマリット化（経営多角化）を追求した。これは既存の部門にとどまっていてはこれ以上の企業成長は見込めないという点では合理的な面を持つが、経営を多角化してもそのすべての部門で国際競争に敗れるようでは結局、企業成長にはつながらない。国際競争力で劣位にあるという現実をつきつけられたアメリカ企業は1980年代に「選択と集中」、すなわち世界トップクラスの競争力を確保できそうな事業のみを残して、残りを売却する方向で事業構成を再編した。これをリストラクチャリングと呼

ぶ。

　その成功例としてよく引合いに出されるのが GE 社（General Electric Co.）である。GE 社ではジャック・ウェルチが会長兼 CEO に就任した1981年に事業の再構築が提起され、1983年には戦略的事業を「テクノロジー」「サービス」「コア」の3分野15事業に設定し、いずれの事業部に対しても「世界市場シェアで1位か2位を占めるか、さもなくば売却・撤退だ」という方針で臨んだ。その後、1992年までに総額210億ドルの事業買収と110億ドルの事業売却を通じて事業構成の再編を進め、企業が収益を得る中軸分野を旧来の、競争力を失った「コア」から「テクノロジー」と「サービス」に移動したのである。

　1970年前後のコングロマリット化も1980年代のリストラクチャリングも M&A（合併・買収）ブームにのることで容易かつ大胆に実行することができた。1980年代の第4次 M&A ブームは、金融業界において銀行業（商業銀行）よりも証券業（投資銀行）が主流になっていく流れのなかで、さらにレーガン大統領による経済政策、すなわち減税、金融規制の緩和、反トラスト規制の緩和、国債大量発行などが重なることで発生した。ここには既存の大企業の経営立直し運動という側面と同時に、投機によって利得を得ようとするマネーゲームという側面もあり、業績が低迷する大企業は敵対的買収をかけられないよう自社株を高価格に維持することが求められた。これは企業にとって財務上の負担ともなったが、高株価であれば買収・売却などが有利に展開できるため、リストラクチャリングをより容易かつ大胆に展開できることにもつながった。この意味で金融業界で起きた第4次 M&A ブームと製造業におけるリストラクチャリングは相互促進的関係にあったといえる。

リエンジニアリングからアウトソーシングへ

　過剰な生産能力の調整は1990年代初頭までにひとまず終了し、1990年代前半にはふたたび製造業の設備投資が再開される。それと同時に、絞り込んだ事業分野で世界トップクラスの競争力を獲得するために「日本的生産システム」の導入運動が「リエンジニアリング」「EI」「TQM」「サプライチェーン・マネジメント」などの呼称で進められた。非金融大企業500社へのアンケート調査によると1990年代前半に約8割の大企業がそれらのプログラムに

取り組んでいたという。プログラムの具体的な内容は、①工場内では Just-In-Time の在庫管理、作業チーム、ジョブ・ローテーション、作業員自身による品質管理、一部の決定権限の現場への委譲、品質改善チームや品質会議の組織化、②事務職では職能部門をクロスした会議の設置、相互の情報共有による作業プロセスの同時並行化、③企業間では以上のような手法を顧客や部品サプライヤーまで延長して、それら取引先の関係部署と密接な連携を追求することであり、まさに「日本的生産システム」の業務ルーチンであることを示している（Lawler, Mohrman and Ledford［1998］）。

　これらのプログラムは従業員同士、部署同士、企業同士の緊密な情報共有を前提としている。日本企業の場合は職務範囲のあいまいさに起因する柔軟な働きぶりをベースに直接的な人的接触によって緊密な情報共有がなされてきたが、職務範囲意識の強いアメリカの企業文化においてはそれは容易ではない。そこでアメリカ企業は情報化投資、すなわちホワイトカラー従業員の一人ひとりにコンピュータを持たせ、それをサーバ・システムで統合することによって従業員間、部署間、企業間の緊密な情報共有と業務プロセスの連携を果たした。

　こうした事情のもと、1990年代には企業の情報化投資が活発に行われた。業務プロセスの密接な連結が IT によって担保されるようになると、自らは得意な業務あるいは高付加価値の業務に特化し、不得手な業務や低付加価値の業務はそれを得意とする外部企業に委託する「アウトソーシング」が進められた。業務プロセスを大きくまとめて他社に委託し、その委託先と緊密な情報共有によって連結をスムースにするという方法は日本企業の部品下請システムでも見られることであるが、アメリカ企業はこれを部品生産に限定せずさまざまな業務プロセスに適用していく。製造企業が行う業務プロセスのなかでも製造工程は産業の「成熟」とともにコスト競争にさらされて低付加価値業務となりやすく、むしろ製品開発や顧客サービスこそ他社と差別化を図る高付加価値業務となる。この結果、アメリカ企業には製造業であるにもかかわらず製造工程をアウトソーシングし、研究開発や顧客サービスに自社の経営資源を集中する動きすら現れた。

多国籍化とオフショア・アウトソーシング

IT産業が新興成長産業として注目されるようになると、続々と立ち上がるITベンチャー企業の成長を見越してIT株への投機が過熱し、1997〜2000年にはついにバブルとなった。1996年通信法によって通信業界の規制が緩和されると、通信ベンチャー企業がITバブルを背景に通常なら無謀といわれるような規模の設備投資を行った。ITバブルが崩壊する2000年までのわずか4〜5年間で大西洋と太平洋をまたいでグローバルな規模で大容量通信網を敷設したのである。その結果、それまで行われていた国内の業務請負サービス企業に向けて出されていたアウトソーシングがより低賃金の新興国に向けて出されるようになった。オフショア・アウトソーシング(海外下請け)である。

オフショア・アウトソーシングとしてもっとも注目を集めたのはホワイトカラーが行う業務の海外下請けである。アメリカでパソコン会社に故障・苦情電話をかけるとインドのオペレーターが出るというのは有名な話であるが、電話オペレーターのような単純作業・低給職だけでなく、会計事務・設計・医療判断・ソフトウエア開発などのような専門職・高給職もまた海外に下請けに出されたことが衝撃をもたらした。IBM、GE、デル、モトローラ、マイクロソフトなどの大企業が電話応対、製品開発、ソフトウエア開発などの業務をインド、フィリピン、マレーシア、中国、ロシア、イスラエルなどの海外子会社や外部企業に移転・委託している。

もともとアメリカ製造業は他国と比べて早い時期から生産の多国籍化を行ってきた。1960年代の対ヨーロッパ投資が嚆矢で、現在でもアメリカの対外直接投資の残高はヨーロッパとカナダが圧倒的に大きい。この時期は大規模市場への参入を目的としているのが、1970年代以降は低賃金を求めてまずは中南米(メキシコ、ブラジルなど)、ついで1990年代には東アジアへの直接投資が増える。直接投資額は戦後ほぼ一貫して指数関数的に増加しており、1970年代半ばに比べ2000年代は10倍以上の規模に達している。こうした多国籍化に加えて1990年代末以降、オフショア・アウトソーシングも急速に活発化することで国内の生産活動は著しく衰退することになる。多国籍化とオフショア・アウトソーシングを合わせて「オフショアリング」と呼ぶが、これらをどの部門がどれぐらい進めているかを示すなら表3-1のようになる。

表3-1 生産の多国籍化とオフショア・アウトソーシングの進展

(%)

	海外生産率		海外調達率（海外調達／中間投入）			
(年)	1999	2004	1992	1997	2002	2007
製造業	28.8	35.8	13.9	16.5	22.7	33.1
食料品	21.8	25.4	5.2	6.2	7.3	8.6
飲料・タバコ類	36.8	45.4				
テキスタイル	12.8	19.5	9.0	10.6	21.2	33.5
アパレル・皮革製品			25.7	31.7	52.9	106.2
石油・石炭製品	52.0	57.6				
化学製品	35.0	36.1	21.4	25.9	38.3	59.3
プラスチック・ゴム製品	25.8	30.9				
一次金属	19.8	25.0	11.3	14.6	18.8	27.2
金属加工	19.5	27.0	12.0	15.1	17.2	25.3
機械類	26.5	30.8	12.8	15.5	21.4	29.0
コンピュータ・電子製品	25.8	32.5	24.5	27.0	32.1	41.6
電気機器・家電製品	21.3	24.6				
自動車	27.7	41.5	17.1	17.3	31.5	38.2

注：海外生産率＝(海外子会社の付加価値生産)／(多国籍企業の国内外の付加価値生産総額)
　　海外調達率＝(海外から調達した中間投入額)／(国内生産のために調達した中間投入額)
　　産業分類は1990年代はSIC、2000年代はNAICSを用いており、値の推移に厳密な整合性はない。いずれも高い値（依存率27%以上）に網かけした。
出所：海外生産率は米国商務省経済統計局、Survey of Current Business, Nov. 2006, Operations of U.S. Multinational Companies に掲載のデータより作成。
　　　海外調達率はNorwood [2006] で紹介されている推計方法を参考にInput-Output Account Dataより作成。

2 サービス業の成長

　以上が製造業の比重低下の具体的な様子であるが、これと入れ替わるようにして成長したのがサービス業である。サービス業には「専門・ビジネスサービス」「教育・医療サービス」「芸能・娯楽・飲食・宿泊サービス」などさまざまな業種があるが、なかでも成長著しいのが「専門・ビジネスサービ

ス」と「医療サービス」の2業種である。

IT産業とビジネスサービス

「専門・ビジネスサービス」の成長は先に見た製造業の動きと表裏一体の関係にある。

すでに見たように1980年代のリストラクチャリングは第4次M&Aブームをともなっていたが、これは大企業に高株価経営を強制し、それが個人投資家・機関投資家（保険会社・年金基金・投資信託など）たちを潤し、彼らは投機資金をさらにNASDAQやベンチャーキャピタルなどを通じて新興のベンチャー企業へと投じていった。他方、1990年代のリエンジニアリングでは業務プロセスの効率化のために情報化投資を推し進め、これがITに対する持続的な需要をもたらした。この双方の結果、1980～1990年代にはITベンチャー企業が続々と立ち上がり、新興成長部門として注目されるようになる。IT産業というのは「ITサービス業（ソフトウエア開発、システム設計）」「通信業」「電子電気機器製造業」など複数の産業部門のなかからIT関連のみ寄せ集めたカテゴリーだが、このなかの「ITサービス業」は「専門・ビジネスサービス」のなかの小部門のひとつである。

さらに製造業のリエンジニアリングがアウトソーシングへと進み、製造業大企業が自社内に抱えていたホワイトカラー業務を外部委託に出すようになると、それを引き受ける業務請負サービスがまた成長分野のひとつとなる。「専門・ビジネスサービス」は（「持ち株会社経営」を除けば）、専門性の高い業務としては法務・会計・税務・建築・設計・IT関連・コンサルティング・研究開発・広告・マーケティングリサーチなど、またより一般的な業務としては経理・記録・人事・ロジスティックス・電話番・人材派遣・ヘッドハンティング・ガードマン・ビル管理などを含んでいるが、これらの業務を専門的に請け負うことで製造企業のコストダウンに貢献するサービス企業が製造業のアウトソーシングによって育ってくる。1990年から2000年に製造業の就労者シェアが14.9％から12.6％へ2.3％ポイント低下したのに対し、「専門・ビジネスサービス」の就労者シェアは10.1％から12.1％へと2.0％ポイント上昇しており、製造業が絞り出した雇用の受け皿となって「専門・ビジネスサービス」が成長していることがわかる。

しかし、こうした「専門・ビジネスサービス」の成長も、1997年にITバブルが起き、その影響でオフショア・アウトソーシングが開始されると同時に停滞に向かう。2000年～10年の10年間では、製造業の就労者シェアが12.6％から8.5％へ4.1％ポイントも大幅下落したのに対し「専門・ビジネスサービス」のそれは12.1％から12.4％へわずか0.3％ポイントしか上昇しておらず、製造業から「専門・ビジネスサービス」への業務委託の結びつきが切れていることがうかがえる。「専門・ビジネスサービス」の成長はどこまでも製造業の従属変数に過ぎず、自ら主導的に成長する力を備えてはいなかったのである。

医療サービス

　アメリカでは医療支出（基本的に医療サービス報酬と医薬品費）は戦後ほぼ一貫して高い率で増大し続けてきた。その背景として、アメリカでは医療費が、市場原理にしたがって医師、患者、保険会社、医薬品会社・医療機器会社といった当事者間の交渉に委ねられているが、なかでも患者の交渉力は圧倒的に弱く、また医療費が出来高払い制（医療行為の質と量にしたがって価格が高くなる方式）が採用されてきたことも加わって、医療費の高騰が誘発されてきたという事情がある。「医療サービス」はこうした医療費支払いの増大に支えられて成長してきた。

　医療費が増大すると、多くの場合、保険会社の支払いの増大につながり、それはいずれ保険料の引上げに跳ね返ってくる。第5章で述べられているように、アメリカでは医療の公的保障制度が乏しく、中核をなすのは企業（雇用主）が付加給付として提供する医療保険であるが、この付加給付が充実しているのは大企業のみで、医療保険が給付されない中小企業勤務の労働者や個人事業主は個人で民間医療保険を購入するしかない。こうしたもとで保険料が引き上げられると、一方で医療保険を提供している大企業には労務コストの増大をもたらし、他方で民間医療保険に入れない無保険者の増大をもたらす。こうして医療における市場原理は、医療費の高騰を通じて、一方でアメリカ大企業の国際競争力を圧迫し、他方では医療格差を深刻化させてきた。

　そこで高騰する保険料を抑制するために、大企業を中心に、加入する保険

としてマネジドケア（managed care）プランが選択されるようになった。マネジドケアとは保険が適用される医師・疾病・治療法・医薬などが指定され、また患者に対しても医師に対してもその範囲内で治療を受けるよう指導がなされるタイプの医療保険であり、これが普及することで1960年代後半以降、一貫して2桁台にあった「医療サービス」の成長率が1990年代には5％前後に低下した。しかし、こうした動きに対して病院側（医療サービス提供側）は、保険会社や医薬品会社との交渉力を強め、また情報化投資のための費用調達を進める狙いから病院の合併を進め、規模の拡大を追求している。また、全国的なチェーン展開も進んでおり、最大手の病院チェーンなどは急性期病床全体の4％のシェアを持つほどに成長している。

「医療サービス」のこうした構造は医薬品・医療機器など関連産業にも影響を及ぼしている。マネジドケアは入院や手術などへの保険支払いにはきびしいが医薬品の使用に対しては比較的寛容なため、1990年代以降は入院日数の短縮、手術件数の削減、薬剤比率の上昇が見られる。その一方で1992年には医薬品の承認審査に要する費用の多くを製薬会社に負担させる代わりに審査期間の短縮化を図るユーザー・フィー制度が導入されたため、高価格の新薬が続々と市場に登場することになった。医薬品産業は製造業のなかの化学産業の中核的分野のひとつだが、研究開発力が強く、アメリカでも国際競争力を保持している数少ない分野のひとつである。

以上のように、医療関連業界に市場原理が貫かれてきた結果、一方で高所得者は世界トップクラスの医療サービスを受けられるが、他方では医療保険に加入できない貧困層を医療サービスから排除してきた。また病院・医薬品産業・医療機器産業が研究開発に資金を投じて強い国際競争力を保持してきた一方で、医療保険を提供してきた多くの大企業にとって莫大な保険料支払いが国際競争力を悪化させるという、大きな不均衡を引き起こしてきた。

3 自由貿易と国内保護の両方を追求する農業

最後に農業の様子を見ておこう。第2次世界大戦後から輸出志向を強めてきたアメリカ農業は、1970年代にはソ連の穀物輸入政策の転換や途上国の購買力の増大などを背景とする世界の農産物需要の急増に乗じて穀物輸出を増大させた。しかし1980年代に入ると、そうした世界の穀物需要がふたたび低

下し、加えてヨーロッパ（EC圏）が穀物自給を達成し、輸出国として台頭してきたこともあって、アメリカの穀物輸出はより一層不振になり、深刻な農業不況におちいった。こうした経過もあって、1980年代半ばのアメリカ農業政策は、国内的には農家保護と輸出補助金を重視しつつ、対外的には貿易自由化、とくにEC圏への対抗を意識して農産物輸出補助金の削減を主張するようになった。

　1986年にはじまったGATTウルグアイ・ラウンドでは、知的財産権やサービス貿易と並んで農産物貿易が重要な焦点となり、農業に関しては1993年に輸入障壁の関税化、関税率引下げ、輸出補助金の削減、貿易を歪曲するような国内政策の削減など、貿易自由化の方向で合意に達した。この合意にしたがって、1996年農業法では、1933年以来の生産調整を廃止（野菜、果樹を除く）して作付けの完全自由化を実現し、穀物の不足払いを廃止し、直接固定支払いを導入した（ただし、穀物の価格支持は残した）。こうしてニューディール期に導入された政府の介入・規制が大きく後退し、市場原理に委ねる方向で改革が進められることとなった。

　ところが、この政策は長く続かず、1998年に穀物価格が下落して農家所得が急減するとこれに対して補償金を出す法案が議会を通過した。これは先の合意内容からいえば削減・廃止されるべき保護政策を改めて復活させたことになる。その後、2002年農業法では、一方で1996年農業法の基本政策（自由生産、固定支払い、価格支持）を継続しつつも、他方で新たに不足払い制度を導入して1998年以降続けられてきた市場喪失補償も継承した。

　こうして、一方で対外的な通商政策としては農産物貿易の自由化・保護政策撤廃を掲げながら、他方で国内政策としては保護・所得補償を継続して国内農業を保護しつづけたというのが1980年代以降の農業政策の特徴であった。農業は、たしかに就業者でも付加価値でも一国経済全体に占める比重を下げているが、国際競争力は強く、農産物貿易も輸出超過となっている。そのような意味で決して農業は衰退しておらず、あとに見るようにアメリカの通商政策にも大きな影響力を与えている。

　これに加えてもうひとつの特徴として、金融業のなかで証券業が主流になる流れに巻きこまれて農場や農産物が投機の対象となったことである。農場資産の価格は1990年代初頭から上昇しつづけており、また2006～2008年には

穀物価格(トウモロコシ、小麦、大豆など)が投機によって急騰した。農場や農産物が投機の対象となることは国民の食生活およびアメリカ経済全体の攪乱要因ともなりかねない問題をはらんでいる。

III 産業構造再編がもたらしたアメリカ経済の現況

1 労働と報酬の劣化、中産階層の崩壊

　以上のような製造業、サービス業、農業の3部門における変化は、アメリカ経済全体に大きな影響を与えている。その最たるものは、何よりもまず、製造業の生残り策の展開によって相対的に高給で雇用関係が安定している「良い職」が失われ、その結果、戦後に作り出された厚い中産階層が崩壊してきているということである。

　まず第1に、戦後に確立した雇用慣行が崩壊し、労働条件の悪化と労働市場の柔軟化・流動化が進行した。リストラクチャリングでは不採算部門の工場閉鎖をともなうため、ブルーカラー労働者の削減が進んだが、経営者側はこれをテコとして労使交渉において労働組合側の譲歩を引き出し、戦後の労使協約で積み上げてきた雇用保証(シニオリティ)や下方硬直的な賃金体系、付加給付などを後退させた。またアメリカでも大企業のホワイトカラー正社員はそれまで長期継続的な雇用関係となっていたが、リエンジニアリングとアウトソーシング、とりわけIT活用による情報労働の機械化がホワイトカラーの脱熟練化を促し、長期安定雇用の職からいつでも取り替えのきく職に変え、いつ解雇されるかわからない不安からホワイトカラー労働者が長時間労働を受容するようになった。

　第2に、製造業は公務員と並んで相対的に給与水準の高い部門であり、サービス業は一部を除き、その多くは製造業よりも給与水準の低い部門であるため、製造業からサービス業への労働力移動が就業者の雇用報酬の低下を引き起こした。過去30年間の労働分配率[3]の推移を見ると、1982年の59.2%から2008年の56.4%まで低下しているが、この低下は製造業や公務員といった

---

3) 労働分配率とは年々のGDPに占める雇用報酬の比率のこと。毎年の経済活動のうち、雇用労働者の所得としてどれぐらい分配されているかを示す指標。

相対的高給職からサービス業への労働力の移動によって説明できる。

　以上のふたつの変化は、家計の個人消費を冷え込ませる効果を持つため、個人消費需要が70％以上を占めているアメリカにとって経済成長を抑制する要因となっている。

2　バブル経済と2008年金融恐慌

　製造業がもたらすこのような作用にもかかわらず、現実のアメリカ経済は1991～2001年には120カ月、2001～2007年には73カ月もの大型景気拡大を実現した。こうした好景気を可能にしたのは二度のバブル、すなわち1997～2000年のITバブル（IT企業の株式に対する投機の過熱）と2004～2007年の住宅バブル（住宅および住宅モーゲージ関連証券に対する投機の過熱）である。バブルが発生すると資産効果により個人消費や設備投資が促され、これが景気を浮揚するのである。製造業が及ぼす景気抑制作用とバブルが及ぼす景気浮揚作用とはそれぞれ独立な二層をなしており、後者が現れないとき（1990年代前半まで、2008年以降など）には前者がむき出しの形で現れるので、本章では前者を基層、後者を上層と呼ぶことにする。

　このような二層構造は、バブルをリレーのように繰り返すことで、延々と経済成長を持続させられるようにも思われる。事実、ITバブル崩壊後の景気後退（2001年）は住宅バブルへとバトンタッチすることで短期かつ軽微で済んだ。しかし住宅バブルの崩壊ではそうはならず、2008年金融恐慌を引き起こしてしまった。このようなちがいは何によって生じたのであろうか。

　金融恐慌を引き起こした直接のきっかけは、資産価格が急落する過程で激しい信用収縮（貸し渋りや貸し剥がし。とくに金融機関相互のそれ）が起き、その結果、大手の投資銀行（リーマン・ブラザーズ社）や保険会社（AIG社）が経営破綻に追い込まれたことであり、こうした事態が発生した背景は、投機の対象がCDO（Collateralized Debt Obligation：債務担保証券）[4]だったこと、CDOを販売する際にCDS（Credit Default Swap）[5]を付けて販売していたこと、大手投資銀行が子会社（特別目的会社：SPV）を通じて自らの資金でCDOのハイリスク・トランシェ（エクイティ・トランシェ）を購入していたという事情がある。では、なぜCDO、CDS、自己勘定取引が多用されたのであろうか。

1990年代末に起きたITバブルの場合、もともと製造業と金融業の情報化投資が新興成長産業としてのIT産業を生み出したという事態が先行的にあり、そこに多額の投機マネーが仕掛けれられてバブルに発展したものである。ここではIT産業はもともと成長産業だったため、その株式を投資家たちに販売することに特別な工夫は必要なかった。これに対し2000年代に起きた住宅バブルの場合、投機の対象にされたサブプライム・ローンの住宅モーゲージ担保証券は本来ハイリスクな投資不適格商品である。これをCDO、CDSを多用することで「リスクを分散した」と説明し、さらに大手投資銀行がCDOのエクイティ・トランシェを自己勘定で購入することで初めて投資家たちに投資適格と信じこませ、大量に購入させることができたのである。

　したがって、2008年金融恐慌の本当の根拠は、製造業の生残り策が1990年代には新興成長産業を生み出したが、2000年代にはそれを生み出さなかった、という基層の側の動向にある。2009年1月に就任したオバマ大統領はこうした現状が問題であることを理解している。環境・エネルギー分野での技術革新を促進して新たに環境ビジネスを立ち上げることを目指す「グリーン・ニューディール」政策が大統領選挙時に打ち出され、2009年2月に「米国再生・再投資法」（The American Recovery and Reinvestment Act）に結実したが、ここには新興成長産業なき2000年代への反省が反映されている。また2010年7月に成立した「ドッド＝フランク・ウォール街改革・消費者保護法」（Dodd-Frank Wall Street Reform and Consumer Protection Act）は銀行による自己勘定取引の制限を目指している。

4）CDOとは、複数の社債やローンなどから構成される資産を担保として発行される資産担保証券の一種。さまざまな社債やローンを混ぜ込むことで多様なリスクの担保資産を構成することができ、さらにそれをリスクと利回りの優先劣後序列を持ったいくつかのトランシェに切り分けることでリスクのコントロールが可能になったといわれていた。

5）CDSとは、企業の債務不履行にともなうリスクを対象にした金融派生商品で、対象となる企業が破綻し金融債権や社債などの支払いができなくなった場合、CDSの買い手は金利や元本に相当する支払いをCDSの売り手から受け取ることができる。いわば信用リスクにかけられた保険のようなものだが、CDSの買い手は債権者である必要はなく、これを自由に売買できる。

3 グローバリゼーションと通商政策

　アメリカ経済の二層構造は1990年代後半に成立したが、それは基層・上層のいずれにおいても深く世界に依存している。基層では製造業大企業が多国籍化やオフショア・アウトソーシングで中南米やアジアの低賃金労働力や現地企業への依存を深めており、上層で貿易収支赤字としてたれ流される大量のドルが貿易収支黒字国（日本・中国・産油国など）からヨーロッパの金融機関を経由して投資マネーとしてふたたびアメリカに還流してバブルを成立させている（ドルの還流構造については第12章を参照されたい）。

　このグローバル構造が形成されつつある過程で、アメリカはNAFTA（North American Free Trade Agreement：北米自由貿易協定。1994年発効。詳しくは第12章を参照されたい）とWTO（World Trade Organization：世界貿易機関）設立協定（1995年発効）を締結している。このふたつの協定を見ると、この時期、アメリカが農産物貿易の自由化、知的財産権の保護、サービス貿易の自由化、投資の自由化の4つを重視して通商政策を推し進めていたことがわかる。

　当然のことながら、このような通商政策は先に見た産業構造の再編と緊密に結びついて打ち出されている。まず農業分野では、貿易自由化がそのまま輸出促進に結びつき、国内生産者の支援につながるという国際競争力の強い部門に共通の狙いがある。知的財産権の保護には、研究開発力こそが国際競争力の鍵であるような知識集約型産業を支援するという狙いがあるが、そのような産業の代表例こそ、1990年代に成長してきたIT産業であり、また医療サービスの成長とともに研究開発力を強めた医薬品産業・医療機器産業なのである。

　このふたつに比べて若干わかりにくいのがサービス貿易の自由化であるが、ここで表3-2を見ていただきたい。サービス貿易として大きな部分を占めるのは「金融・保険サービス」「ロイヤルティとライセンス・フィ」「専門・技術・ビジネスサービス」の3分野であり、「金融・保険サービス」は金融・保険会社が主な担い手であるが、残りの2分野の最大の担い手は製造業多国籍企業なのである。先に見たように、この種のサービス業務はもともと製造業大企業のなかでホワイトカラー職が担ってきた業務であり、この業務の効率化はリエンジニアリングの重要な一環であった。製造業多国籍企業

表3-2 サービス貿易の内容と主な取引主体（2008年）

（百万ドル）

		総計	金融・保険サービス	ロイヤリティとライセンス・フィ	専門・技術・ビジネスサービス	通信
輸出	全産業	302,303	76,430	102,125	113,750	9,999
	製造業	77,594	-	40,626	35,903	184
	情報産業	51,359	-	31,201	-	9,454
	金融・保険業	78,995	66,189	-	12,316	-
	専門・科学・技術サービス	38,527	-	14,448	23,991	-
輸入	全産業	195,555	76,131	29,623	82,039	7,761
	製造業	51,420	931	15,941	32,865	115
	情報産業	25,061	-	6,822	10,975	7,171
	金融・保険業	73,281	65,908	195	7,099	79
	専門・科学・技術サービス	19,322	-	1,530	-	-

注：－は不明。
出所：Barefoot, Koncz-Bruner［2012］より作成。

にとって「ロイヤルティやライセンス・フィ」「専門・技術・ビジネスサービス」の輸出とは、本国の親会社が海外の子会社や非関連企業（業務のアウトソーシング先）に対して技術的・専門家的な支援を供与することであり、サービス貿易の増大は製造業多国籍企業が研究開発活動や業務プロセスの効率化をグローバルな規模で活発に展開していることの反映なのである。

　アメリカの通商政策はこのように各業界の利害と直接結びついて打ち出されている。たとえば、1994年から2009年まで日米政府間でやりとりされてきた「年次改革要望書」では、電気通信、情報技術、医療機器・医薬品、金融サービスの分野での制度改革の要求がほぼ毎年のように出されている[6]が、これら国際競争力の強い業界が日本市場参入を目指していることを示してい

---

6)「年次改革要望書」はアメリカ大使館のホームページ（http://aboutusa.japan. usembassy.gov/j/jusaj-econ-doc.html）からダウンロードすることができる。

る。またアメリカは2008年にTPP（Trans-Pacific Partnership：環太平洋戦略的経済連携協定）への参加を表明したが、これも実質的には日本の市場開放・規制緩和がターゲットだといわれており、日本国内ではTPP参加が日本の農業と医療の破壊につながると危惧する声は多い。

【参考文献】

井原和人・荒木謙［2004］『揺れ動く米国の医療――政策・マネジドケア・医薬品企業』じほう。
斎藤潔［2009］『アメリカ農業を読む』農林統計出版。
渋谷博史・中浜隆［2006］『アメリカの年金と医療』日本経済評論社。
長谷川千春［2010］『アメリカの医療保障』昭和堂。
服部信司［2010］『アメリカ農業・政策史1776-2010――世界最大の穀物生産・輸出国の農業政策はどう行われてきたのか』農林統計協会。
平野健［2005］「産業構造」萩原伸次郎・中本悟編著『現代アメリカ経済』日本評論社、第1章。
――［2008］「現代アメリカのマクロ経済構造」井上博・磯谷玲編著『アメリカ経済の新展開――アフター・ニュー・エコノミー』同文舘出版、第2章。
OECD［1984］『積極的調整政策――先進国における産業構造調整への提言』金融財政事情研究会。
Barefoot, K., and J. Koncz-Bruner［2012］"A Profile of U. S. Exporters and Importers of Services：Evidence from New Linked Data on International Trade in Services and Operations of Multinational Companies," *Survey of Current Business*, June 2012.
Lawler III, E. E., S. A. Mohrman and G. E. Ledford Jr.［1998］*Strategies for High Performance Organizations――The CEO Report, U. S. A.*, Jossey-Bass Publishers.
Norwood, J. L.,*et al.*［2006］*Off-shoring: How Big is It? A Report of the Panel of the National Academy of Public Administration for the U. S. Congress and the Bureau of Economic Analysis*, Washington, D. C.：National Academy of Public Administration.

〈統計データ〉

U. S. Department of Commerce, Bureau of Economic Analysis［annual］NIPA Tables.

- [annual] GDP-by-Industry Data.
- [annual] International Transaction Accounts Data.
- [annual] Input-Output Accounts.

column
3
アメリカの農産物は本当に安いのか？

　アメリカのコメの価格は１俵当たり6000円で、日本のコメは１万5000円である。たしかにこれだけを見るとアメリカのコメは安い。しかし、日本がたとえばTPP（環太平洋戦略的経済連携協定）などを結んで、アメリカのコメに依存することは適切であり、長期的に可能であろうか。
　アメリカは年間100億ドルから多い年には200億ドルといった莫大な農業補助金によって農家を保護している。最近はエタノール用の穀物市場が高騰したために補助金の額は70億ドル程度と少なくなっているが、それでも土壌保全費や輸出信用保証など、さまざまな名目の補助金が支払われつづけ、それで穀物価格が異常に安い。こうした財政支出はWTO（世界貿易機関）の交渉では生産コストにカウントされていない。したがってダンピングの要素とは見做されない。
　アメリカの穀物価格にはその生産が持続可能であるためのコストも考慮されていない。ある地形学の専門家は、アメリカのグレート・プレーンズ（大平原地帯）の土壌が自然には500年で2.5センチしか再生されないにもかかわらず、農業による土壌喪失はその４倍から25倍の速度で進行しており、土地利用は長期的に持続可能ではないと指摘している（デイビッド・モントゴメリー『土の文明史』片岡夏実訳、築地書館、2010年）。
　また、「土壌の水分保持能力の低下、土砂に埋まった河川の浚渫（しゅんせつ）、土壌浸食によって起きた損害を解消するために、アメリカでは年間440億ドル、世界では年間4000億ドル、地球上の人間１人につき70ドル以上——多くの人々の年収を超える——のコストがかかる」（同上）にもかかわらず、こうしたアメリカの穀物生産を維持するコストも考慮されていない。これらを計算すると現時点でも日本やアジアの穀物がアメリカより高いかどうかは疑わしくなる。

このような自然環境面でも経済面でも持続的でない方法で維持された「低価格」のアメリカの穀物──とうもろこし、小麦、大豆、コメ──は、それを飼料とする畜産業、フードビジネスの低価格と結びついており、その結果、「夕飯は自炊するよりもハンバーガーを買ったほうが安い」というように、食料市場を歪め、肥満を増やしていることはフード・システムの専門家マイケル・ポーランやエリック・シュローサーなどがつとに指摘しているところである。
　農地というのは一度耕作を止めてしまえば、工業とちがって、生産再開に大変なコストがかかる。アメリカからのコメの供給が少なくなったからといって水田を復活することは容易ではない。日本やアジアの小さな水田は、きれいな水、酸素供給、保水効果による河川の氾濫防止、地下水の涵養、生態系の維持といったこれも市場がカウントできない外部的効果を持って、数千年維持されてきた。
　コメの作付け面積でいうと、日本は1.5から2.0ヘクタール程度である。それに対してアメリカは187ヘクタールと百倍を超える規模である（ちなみにオーストラリアは3068ヘクタールと、さらに大規模である）。こうした規模の格差にもかかわらず、価格が現在の比較でも２倍半程度というのは、日本のコメの生産性がいかに高いかを証明している。むしろ農業は集約化されれば、それだけ機械化のための経費がかかり、採算が合わなくなるリスクが高くなるのである。世界でもっとも大規模に集約化されたアメリカ農業が補助金なしに成り立たないという皮肉な現象はここから起こるのである。農業というのはそういうセクターなのである。現在の日本の土地利用のあり方、農業・食料政策にも改革は必要であろうし、市場の役割も重要である。しかし、以上のことを十分考慮しないまま農業を自由化の波にさらすことは間違っている。もちろん100％の自給は現実的でもなく必要でもない。しかしどの程度の自給が望ましいかは、農業の多面的役割を考慮し、市場ではなく社会が決めるべきなのである。

（本田　浩邦）

第4章 科学技術政策と教育政策

朝比奈（近藤）剛　*Takeshi (kondo) Asahina*

はじめに——現代における科学技術、教育、スキル

　最近では、アメリカと韓国、中国などの競争の激化、経済的な利害関係の対立が目立つようになってきている。たとえば、アメリカのアップルと韓国のサムソン電子がスマートフォンの特許に関してアメリカ、韓国、日本などで訴訟を繰り広げているが、これは企業間の争いというだけでなく、アメリカと韓国の経済的、技術的な激しい競争の一例でもある。さかのぼれば1980年代には、「日米貿易摩擦」と称された自動車、半導体などをめぐる両国の産業間における衝突があった。

　グローバル市場をめぐる国・産業・企業間の競争においては技術力・競争力[1]は重要な要因である。同時に、その国のなかで働き、生活する個人にとっても、国・産業・企業の技術力・競争力を支える個人の能力・知識・技術・経験は重要であり、それらを有する者への需要は大きくなっている。科学技術の進歩や国際競争の激化のなかで、学歴やスキルに対する需要が高まるというトレンドについて、たとえば、1990年代のクリントン政権で労働長官を務めたロバート・B. ライシュは、20年以上も前の著書のなかで、グロ

---

1) 国の国際競争力、企業の国際競争力など、さまざまな競争力の主体で論じられているが、本章では、アメリカ政府の科学技術や教育に対する政策を検討するために、国を単位とした競争力を論じている。

ーバル化する現代社会では、優れたスキルと卓越した洞察力を持った人々とそれらを持たない人々の間に大きな格差が生じることを指摘していた。ライシュは、知識を活用して問題発見、戦略的媒介、問題解決を行う職種を「シンボリック・アナリスト」(symbolic-analysts) と呼び、科学者、大学教授、技術者、コンサルタント、銀行家、法律家、映画監督、音楽家のようなシンボリック・アナリストへの需要が拡大していること、とくに、トップクラスのシンボリック・アナリストは「自分の稼ぎがいくらになっているのか見当もつかないほど、世界中からひっきりなしに引き合いが来る。歴史上、これほどの規模で、巨大な報酬が一部の人々の手に合法的に集中した例は、かつてなかった」[2]ことを指摘している。またライシュによれば、シンボリック・アナリストの多くが4年制大学を卒業した白人男性である。

また、最近では、「クリエイティブ・クラス」(Creative Class)[3]と彼らの集まる都市の関係を研究しているリチャード・フロリダの研究がある。フロリダは、科学者、技術者、大学教授、アーティスト、デザイナー、ハイテク部門や法律や金融の専門家などのような自ら考え、新しい形態やデザインを創造する仕事に従事する人々をクリエイティブ・クラスと呼んでいる。フロリダによれば、現在、アメリカには労働人口の約30％に当たる約3800万人のクリエイティブ・クラスが存在する[4]。

このような知識やスキルを持った高学歴な人材、労働者に対する需要の急増と、それゆえの高い報酬、そして、それがもたらす学歴間の所得格差の拡大は、一部の識者の認識ではなく、アメリカ政府も共有している認識である。たとえば、2012年の『米国経済白書』の第6章は、学歴間の所得格差がこの数十年間に拡大してきたことを指摘し、大学教育の経済的負担を軽減し、より多くの学生が高等教育を受けられるようにすることによって、格差の拡大を是正する必要性を説いている。

本章は、国の国際競争力を支える科学技術政策と教育政策の変遷を見てい

---

2) Reich [1991] p. 219；邦訳300-301頁。なお、ライシュによると、シンボリック・アナリストはシンボル（データ、言語、映像、音声など）を取引する職種である。
3) なお、フロリダは、すべての人間がクリエイティブであることを強調し、「クリエイティブ・クラス」の概念がエリート主義や排他的な意味を持つと誤解されることに反論している (Florida [2005a])。
4) Florida [2005b] 邦訳40頁。

く。その際、連邦国家、移民国家というアメリカの特殊性との関連にも着目する。まず以下では、アメリカの科学技術と教育の実態から確認する。

I 研究開発・科学技術・教育

1 研究開発・技術力の強さ

　研究や科学技術の水準を国際的に厳密に比較することは困難であるが、ひとつの指標としてノーベル賞の受賞者数を参考にしたい。物理学、化学、生理学・医学の3つの自然科学の分野におけるノーベル賞の受賞者数（1901～2011年）を国別に見ると、アメリカがいずれも最多で、物理学85人、化学60人、生理学・医学94人で、計239人である。アメリカのつぎに受賞者の多い国とその受賞者数を分野別に見ると、物理学ではドイツの24人、化学でもドイツの28人、生理学・医学ではイギリスの29人が続く[5]。また、アメリカには、カリフォルニア工科大学、スタンフォード大学、ハーバード大学、マサチューセッツ工科大学など世界有数の大学が存在している。こうした学術研究におけるアメリカの力強さが、研究開発・科学技術をベースとするIT産業や航空宇宙産業、バイオテクノロジー産業などのハイテク産業におけるアメリカの強さを支えている。

2 学生の学力の実態

　こうしたノーベル賞の受賞者数や世界有数の大学に象徴されるようなアメリカの研究・科学技術の強みは、どのような教育の実態のうえに成り立っているのだろうか。PISA（Programme for International Student Assessment）[6]やNAEP（National Assessment of Educational Progress）[7]といった学力調査をもとにアメリカの学生の学力を確認する。

　まず、PISAとは、読解力、数学的リテラシー、科学的リテラシーの3分野についての、義務教育が終了した15歳時点（日本では高校1年生が受験）

5） 文部科学省［2012］190-191頁。
6） 以下、PISAについては、文科省『OECD生徒の学習到達度調査』を参照。
7） 以下、NAEPについてはアメリカ教育学会［2010］、NAEPの調査結果については
　　National Science Foundation［2012］Table 1-3 より。

の学習到達度に関する国際的な調査であり、2000年から開始され、3年おきに実施されている。2009年には、65の国と地域が参加し、約47万人が受験した。

　2009年のアメリカの学生の数学の平均点487点は、OECDの平均点496点よりも10点近く下回る。なお、アメリカの学生の平均点は、科学ではOECD平均点よりも1点高く、総合読解力では7点高い。つぎに、数学の習熟度（得点の水準）を見ると、習熟度レベル6（もっとも高い習熟度）のアメリカの学生の割合1.9％は、OECD平均の3.1％と比べても、日本6.2％と比べてもかなり低い。逆にレベル1未満（もっとも低い習熟度）のアメリカの学生の割合8.1％は、OECD平均8.0％、日本4.0％よりも高い。数学のレベル1未満からレベル6までの7段階のうち、下位の3つのレベルに該当する学生は、アメリカ47.8％、日本29.9％、韓国とフィンランド23％台、上海13.5％、OECD平均44.0％である。一方で、7段階のうち、上位の3つのレベルに該当する学生は、アメリカ27％、日本44.4％、韓国51.8％、フィンランド49.4％、上海71.2％、OECD平均31.6％である。アメリカの学生の約半数が下位の学力層なのに対し、日本、韓国、フィンランドの学生の約半数が上位の学力層である。つまり、アメリカの学生は、国際的に比較すると、学力の高い学生が少なく、学力の低い学生が多いことがわかる。科学の習熟度は、OECD平均とあまり変わらない。このようにアメリカの学生の数学と科学における学習到達度は、OECD平均よりも低いか同程度であり、フィンランド、オランダ、スイス、ドイツ、イギリスといったヨーロッパ諸国、日本、韓国、上海、シンガポール、香港、台湾といったアジア諸国・地域に比べ劣っている。

　つぎに、アメリカの学生の人種・民族ごとの成績を全米規模の学力調査であるNAEPによって確認したい。表4-1は、8年生（日本の中学2年生相当）の数学の成績を人種ごとに表している。まず、学生に占める人種・民族ごとの人口の割合を確認すると、白人58.5％、ヒスパニック19.9％、黒人15.2％などである。一方で、NAEPの数学テストの得点上位1％の学生に占める人種・民族ごとの割合は、白人75.4％、アジア系および太平洋諸島系22.2％、ヒスパニック1.4％などである。人種・民族の人口割合以上に上位1％の成績優秀な学生の占める割合が多いのは、白人、アジア系および太平

表4-1 NAEPの数学テストにおける全学生および上位1%の学生の属性別割合

(8年生)

(%)

学生の属性	全学生	成績上位1%
人種		
白人	58.5	75.4
黒人	15.2	0.6
ヒスパニック	19.9	1.4
アジア系および太平洋諸島系	5.2	22.2
アメリカン・インディアンおよびアラスカ先住民	1.1	0.3
両親のうち高いほうの学歴		
高卒もしくは高卒未満	27.1	1.9
各種学校卒	18.2	4.4
大学卒以上	54.8	93.7

出所：National Science Foundation［2012］Table 1-3より筆者抜粋。

洋諸島系の学生であり、逆に人種・民族ごとの割合よりも優秀な学生の割合が少ないのは、黒人、ヒスパニック、アメリカン・インディアンおよびアラスカ先住民である。学生の3分の1以上を占める黒人とヒスパニックの学生が、成績の上位1%の優秀な学生に占める割合はわずか2%であり、このように人種・民族間の成績格差は明らかである。

また、表4-1からは、成績の上位1%の学生のうち約94%の学生の両親のいずれかは大学卒以上の学歴であり、両親の学歴が子どもの学習到達度・成績に大きな影響を与えていることもわかる。

多くのノーベル賞受賞者や世界有数の大学といったアメリカの教育・研究開発の強みとPISAやNAEPの結果に見ることができるアメリカの教育の課題が明らかとなったが、このような実態と課題は、いかなる政策のもとに生じてきたのか、そして、そのような実態と課題に対して政策はいかに対応してきたのか、以下では戦後のアメリカの科学技術政策と教育政策の変遷を確認する。

II 経済の変遷と科学技術政策・教育政策の変遷

1 戦後から1970年代前半までの科学技術政策・教育政策
(1) 科学技術政策

　第2次世界大戦終戦前後のアメリカの軍事的、技術的、経済的、政治的な圧倒的な力は、だれの目にも明らかであった。日本への原爆投下直前の1945年の7月に、科学研究開発局（Office of Scientific Research and Development）の局長であったヴァネヴァー・ブッシュ（MIT教授）は、基礎研究や科学技術の役割、研究や科学技術に対する政府の役割などを *Science——The Endless Frontier* というレポート（以下、『ブッシュ・レポート』）[8]）にまとめた。

　『ブッシュ・レポート』は、新しい科学的知識が、新しい兵器だけでなく、新しい製品や産業や雇用を作り出し、そして、国民の健康、繁栄をもたらすことを指摘している。そして、そのような新しい知識は基礎的な研究を通してのみ得られることも指摘し、連邦政府による基礎研究への資金的な支援の重要性を主張している。

　レポートは、アメリカが第1次世界大戦と第2次世界大戦の間に医療分野の研究で世界をリードするポジションを獲得したこと、そして、その進歩を維持するためには、大学で行われている医療分野の基礎研究に対する政府の資金的支援の拡大が必要であると訴えた。

　レポートは、基礎研究が新しい知識をもたらし、それをもとに新製品・新製法が生み出されることを指摘している。そのうえで、基礎研究を行っている科学者は自らの研究の実用化に興味を持っていないかもしれないが、基礎研究が軽視されると産業のさらなる発展が停滞することを指摘し、基礎研究は技術進歩のペースメーカーであると主張している。

　そして、レポートは、新しい科学的知識に対する需要の急増を大学や研究所が満たすためには、基礎研究は公的資金によって強化されるべきであることを強調した。さらに、新しい科学的な知の創造を促進し、若い優秀な科学

8）以下、レポートの内容は Bush［1945］より。

者を育成するという「新しい責任」を連邦政府が負うべきであると主張し、その一環として、新しい公的な財団・組織の新設を提案した。このように、世界の科学技術のリーダーとして、科学技術のイノベーションのために政府は基礎研究を重視すべきであると主張する『ブッシュ・レポート』からは、当時のアメリカの自負がうかがえる。なお、科学技術が、安全保障や経済発展の基礎であるという基本的な認識は、このあとのアメリカの科学技術をめぐる議論においても、継承、共有されている。

　このような『ブッシュ・レポート』の提案[9]から5年後の1950年に、研究を支援するための省庁として、全米科学財団（NFS：National Science Foundation）が作られた。ただし、国防省、保健教育福祉省、原子力委員会などが、独自予算による研究開発や、研究費の提供などをすでに行っていたため、NFS は全米の研究開発やその支援を統括する十分な機能・権限を持ちえなかった。

　アメリカの研究開発支出[10]の資金供給組織には、連邦政府、企業、大学、その他の非営利組織などがあるが、主たる支出組織は連邦政府と企業である。たとえば、利用できるデータのうちもっとも古い1953年には、総計51.6億ドルのうち、連邦政府がその約54％にあたる約27.8億ドルを、企業が全体の約44％にあたる約22.5億ドルを支出していた。このように連邦政府は1953年から1979年まで、企業よりも多くの資金を研究開発に支出し、アメリカの研究開発を資金的に支えていた。

(2) 教育政策[11]

　連邦制のアメリカでは、州政府の役割、権限は、日本の地方自治体以上に大きく、教育においても州の役割、権限は大きい。合衆国憲法修正第10条を

---

9) ブッシュの提案、NFS の成立をめぐる経緯については宮田［2011］、中山［2006］を参照。
10) National Science Foundation［2012］Appendix Tables 4-7 より。1980年代以降、企業の研究開発支出は連邦政府の支出以上に急激に増大した。その結果、90年代半ば以降、企業の研究開発支出は連邦政府の支出の約2倍となっている。たとえば、2009年の総計4005億ドルのうち、連邦政府は約31％にあたる1244億ドルを、企業は約62％にあたる2474億ドルを支出している。
11) 以下、教育政策については、アメリカ教育学会［2010］、Ravitch［2000］邦訳より。

図 4-1 大学の研究開発支出に占める資金源の割合

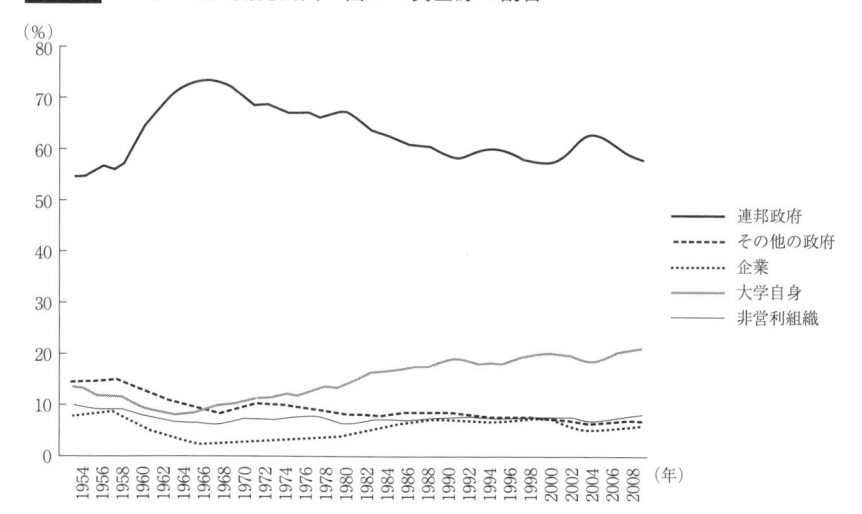

凡例：連邦政府／その他の政府／企業／大学自身／非営利組織

出所）注12) 参照。

もとに、教育は州政府が管轄するべき事項と考えられており、連邦政府の教育への関与は限定的であり、州から委譲される形で学校区に裁量・独立性が与えられている。しかし、連邦政府は教育の現場や教育政策にまったく関与していなかったわけではなく、以下のように関与してきた。

まず、高等教育、研究・科学技術に対して連邦政府は、大学の研究開発への資金提供を通じて関与してきた。図4-1のように、大学の研究開発費に占める連邦政府からの資金の割合（資金源としての割合）[12]は、1953～57年には55％前後であった。ところが、冷戦体制のもとで対立していたソ連が57年にスプートニク1号によって、世界で初めて人工衛星の打上げに成功したことに衝撃を受けたアメリカ政府が研究開発への支援に積極的に乗り出してから、その割合は増加を続け、60年代には70％を超え、ピークを迎えた。

---

12) National Science Foundation [2012] Appendix Tables 4-3 のうち、U&C（Universities and Colleges）のデータより筆者計算。その後、大学の研究開発費に占める連邦政府資金の割合は徐々に低下し、89年には60％を割った。その後、最新のデータである2009年まで60％前後で大きな変動はない。

連邦政府が就学前教育や初等中等教育に本格的に関与しはじめたのは1960年代であった。60年代には、人種差別の撤廃を求める公民権運動や公民権法に注目が集まった。暗殺されたケネディのあとを継いだジョンソン政権のもとで、人種差別の撤廃と人種間の格差の是正を目指した立法が続いた。64年に公民権法、経済機会法が、65年に初等中等教育法（ESEA：Elementary and Secondary Education Act）が成立した。経済機会法によって、貧困家庭の就学前の3、4歳児を対象とする支援であるヘッドスタートがはじまり、ESEAによって、貧困家庭の児童に対する連邦政府の補助金が学区に配分されるようになった。これらの政策によって人種間の教育環境の格差を是正しようとした。

2　激化するグローバル競争のもとでの科学技術政策・教育政策
(1)　カーター民主党政権（1977〜81年）[13]

　1970年代末には、グローバルな競争の激化、アメリカの競争力の相対的な低下、日本の急激な発展などが認識されるようになり、79年出版のエズラ・ヴォーゲルの *Japan as Number One* が話題を呼んだ。ヴォーゲルは、アメリカが世界一だと認識している多くのアメリカ人に、著書のタイトル通り、多くの点で日本がアメリカ以上に優れていることを指摘した。当時のカーター政権も同様の認識と危機感を持ち、79年「産業イノベーション・イニシアティブ」で、技術革新にインセンティブを与える特許システムの強化、アンチ・トラスト法の緩和などを主張した。

　戦後から70年代末までは、独占的な大企業の特許・知的財産権を擁護するよりも、アメリカ国内のイノベーションの促進を重視するために、アンチ・トラスト（独占禁止）政策とアンチ・パテント政策が実施されていた。その背景には、アメリカの産業・企業の圧倒的な研究開発力と商品化する力があった。しかし、70年代末以降、日本をはじめとする競争相手国の発展に対する危機感を背景に、アンチ・トラストの緩和、積極的な特許の保護（プロ・パテント）によるイノベーション促進が重視されるようになった。その代表

13）以下、カーター政権の政策については、室山［2002］、宮田［2011］、澤・寺澤・井上［2005］を参照。

例のひとつが、80年に成立した「バイ・ドール法」（アメリカ特許商標法修正条項）である。バイ・ドール法は、特許を取得するインセンティブを高め、その成果の民間活用と産学連携を促進することによって、科学技術のイノベーションと競争力の向上を意図した法律である。バイ・ドール法は、連邦政府助成の研究成果の特許権を大学等が持つことを認めることによって、大学にはライセンス収入の獲得を、企業には大学の研究成果の利用を促した。その後の80年代の共和党政権のもとでも、プロ・パテントの傾向が強くなっていった。

(2) レーガン・ブッシュ（父）共和党政権（1981～93年）

アメリカの競争力の低下の背景として、教育の問題を鋭く指摘したのが83年に公表された教育省のレポート *A Nation at Risk*（『危機に立つ国家』）[14]である。このレポートは、レーガン政権のベル教育省長官が「教育の優越性に関する全米委員会」（National Commission on Excellence in Education）に諮問し、同委員会がまとめたレポートである。そのレポートは、かつてアメリカが商業、工業、科学、技術革新において傑出していたにもかかわらず、いまや、世界中の競争相手がアメリカを追い越そうとしている実態を強調し、アメリカの直面している「危機」を指摘している。その原因として、当時のアメリカの学生の学力の低下を指摘し、アメリカの競争力の向上のためには、老若、貧富、人種を超えた、国民すべてのための教育制度への改革が必要であると説いた。これらの指摘は、60年代の公民権運動以降の人種間の教育機会の均等化、マイノリティの教育的成果（学力や学歴）の向上、それらを通じた人種間の格差の是正などを目的とした取組みが、十分な成果を得てはいなかったことも示している。

レポートは、基礎科目の重視、より高い目標や基準の設定、学力を測る指標・基準としての成績の重視、全米レベルでの学力テストの実施、優秀な教員の育成と待遇の改善などを提案した。レポートは日本やドイツの台頭に比べて、アメリカの競争力が相対的に衰退した原因を教育に見出し、競争と変

---

14) 以下、『危機に立つ国家』については、National Commission on Excellence in Education [1983]、アメリカ教育学会 [2010] より。

化に対応できる人材の育成、教育の重要性を訴えた。特徴的なことは、国際競争、国益を念頭に入れた教育の見直し、連邦政府の役割の重視であり、このレポートはその後の教育改革に大きな影響を与えた。そして、この後、アメリカの教育の危機に対して、教育の質の向上、成果の改善のために、教育内容や学力向上を具体的な基準・目標として定めるスタンダード重視の教育改革と、そのスタンダートに基づく評価と学校の説明責任を明確にするアカウンタビリティ重視の教育改革が続いている。

競争力の低下、産業政策の是非が議論されるなか、レーガン大統領は、1984年に「産業競争力に関する大統領諮問委員会」(President's Commission on Industrial Competitiveness) を組織した。その委員長をヒューレット・パッカードの社長ヤング (John A. Young) が務めたため、委員会の報告 Global Competition——The New Reality は『ヤング・レポート』[15]と呼ばれている。

『ヤング・レポート』では「競争力とは、ある国が、自由で公正な市場環境のもとで、国民の実質所得を維持もしくは向上させつつ、国際市場の要求する基準を満たす製品とサービスを生産できる能力である」[16]と定義し、当時のアメリカの競争力の低下を検討している。レポートでは、グラフを用いて、①日本、韓国、フランス、ドイツなどと比べた場合の生産性上昇率の低さ、②民間の実質所得の低下・停滞、③製造業への投資から得られるリターンの低さ、④拡大する貿易赤字、⑤電気設備・部品、医薬品などのハイテク産業におけるアメリカの市場シェアの低下といった5つの点を指摘した。つまり、ハイテク産業も含めたアメリカの製造業の競争力の低下が、生産性、利益率、実質所得、貿易赤字、市場シェアといった点で明確に現れていることを示している。

そして、『ヤング・レポート』は、競争力を高めるためにつぎの4つの具体的な方法を提案した。①新技術の創造、応用、保護。そのための政府による民間の研究開発の鼓舞、知的財産の保護など。②投資のための資本供給の

---

15) 以下、レポートの内容については、Commission on Industrial Competitiveness [1985] より。同レポートの内容やレポートの背景などに関する研究として関下 [1989] がある。
16) Commission on Industrial Competitiveness [1985] p. 6.

増大および資本コストの低減。そのための政府の財政赤字の削減、税制の改正など。③より高いスキル、モチベーションを持った労働力の育成。そのための初等・中等教育の改善[17]、大学教育の強化など。④貿易を国家の優先事項とするための貿易省の創設など。つまり、競争力のための技術を中心に置きつつ、研究開発投資、資本の調達、教育制度、通商政策といった技術と競争を支える環境や基盤まで幅広く検討し、提案を行っている。1945年当時の圧倒的な力を背景にしたアメリカの自負を感じさせる『ブッシュ・レポート』とは対照的に、40年後の1985年の『ヤング・レポート』は当時のアメリカの競争力の相対的な低下、日本をはじめとする諸外国の台頭を、レポートのサブタイトル The New Reality の通り、「新たな現実」として受け止めた。そして、競争力の回復のために政府が果たすべき役割を広範に検討し、『危機に立つ国家』レポートと同様に、国際競争力やイノベーションのための教育の向上を重視した。

1970年代以降、鉄鋼、テレビ、自動車、半導体など、主要産業における日米の経済摩擦に象徴されるようなアメリカの競争力の相対的な低下と日本の発展は、日本側の輸出自主規制や、85年のプラザ合意による円高ドル安誘導にとどまらず、アメリカの、とりわけ共和党の政策スタンスにも影響を与えた。レーガン政権期の87年には国防省と13社の出資で半導体製造技術研究所(セマテック)[18]が設立されたが、市場を重視する共和党政権下で、このような政府の関与の大きな政策が容認されたことが、当時のアメリカの危機感を象徴している。

もうひとつ、当時の共和党政権の科学技術政策に関する特徴をあげると、連邦政府の研究開発資金における軍事比率[19]の高まりがある。共和党政権が「強いアメリカ」を唱え、軍事分野に重きを置いたため、軍事比率は80年の約50%から80年代後半には70%近くにまで高まった。

---

17) 初等・中等教育の改善の項目では、『危機に立つ国家』を公表した「教育の優越性に関する全米委員会」などによって示された取組みの継続を強く提案している。
18) セマテックについては、宮田[2011]、坂井[1994]を参照。
19) National Science Foundation [2012] Appendix Table 4-28より筆者計算。

(3) クリントン民主党政権（1993～2001年）

　レーガン大統領、ブッシュ大統領の3期12年にわたる共和党政権は、「強いアメリカ」を掲げ、軍事力を中心にアメリカの力を誇示したが、国際競争力の相対的な低下という問題を解決することはなく、貿易赤字、財政赤字の双子の赤字の拡大、実質所得の停滞・低下、所得格差の拡大など大きな経済的課題を残した。80年代の所得の低下・停滞と貿易赤字の拡大は、先に見たヤング・レポートの競争力に関する定義にしたがえば、競争力のさらなる低下が継続していたことを示している。

　このように国内的には大きな課題をかかえ、国際的には冷戦終結という世界体制の転換のなかで、92年の大統領選挙が行われた。民主党の大統領候補クリントン、副大統領候補のゴアは、選挙戦の最中に *Putting People First*[20] を発表する。日本やドイツの発展とアメリカの相対的な停滞、中間層の所得の低下、アメリカの学生の学力水準の低下など、アメリカの置かれた環境を踏まえ、「国民を最優先する」と国の戦略の転換の必要性を強調した。グローバル経済における本当の資源は国民であることを強調し、経済成長は、国民に投資をし、競争に備える国の経済戦略によってもたらされることを主張した。そして、今日における教育の重要性を指摘し、「国民を最優先するためには、生涯教育の改革が必要である。なぜなら、今日、教育は、経済的繁栄をつかむ梯子を登るためのキーであるだけでなく、わが国にとっても必要不可欠なものである」[21] と主張した。このように、教育が個人の豊かな生活のためにも、国の繁栄のためにも重要であることを強調し、全米レベルの教育内容に関するスタンダードの設定、学力試験の実施などを主張した。また貧富から生じる教育格差の是正に重点を置き、ヘッドスタートの活用や奨学金の拡充を訴えた。さらに、国内投資の鼓舞、とくに情報ネットワーク（インターネット環境）の構築のための投資、民間R&D投資の拡大を主張した。このような投資を支えるためにも財政赤字の削減の重要性を主張した。また、国防予算の削減によって生じた資金をインフラ、研究、教育へ投資することを提案した。

---

20) 以下、Clinton and Gore［1992］より。
21) Clinton and Gore［1992］p. 85.

選挙戦での主張通り、クリントン政権のもとでは、ヘッドスタートの活用、その拡充としての早期ヘッドスタート（0歳児から2歳児対象）、奨学金の拡充など、教育格差の是正に努めた。
　冷戦の終結、日本のバブル崩壊など国際環境の変化によって、アメリカの科学技術、産業・企業の位置づけが相対的に浮上し、政府の科学技術や産業への関わり方にも変化が表れてきた。たとえば、クリントン政権は情報技術の重要性を主張し、「情報スーパーハイウェイ構想」[22]を掲げたが、政府の介入を懸念する産業界に応じて、「国家情報基盤構想」となり、政府は、競争ルールの設定、知的所有権の保護を担うこととなった。その一方で、グローバル競争の激化にともなうハイテク産業の振興の必要性を背景に、クリントン政権は研究開発支援に積極的に乗り出し、企業の先端技術の研究開発に対する連邦政府の補助金であるATP（Advanced Technology Program）[23]を活用した。このATPは、レーガン政権のもとで始まったものの、ブッシュ（父）政権では十分に活用されていなかったプログラムである。また、「強いアメリカ」を掲げた共和党政権のもとで、連邦政府の研究開発資金に占める軍事分野に対する支出の割合[24]は70％近くに達していたが、冷戦終結の影響もあり、クリントン政権期にその割合は50％前半にまで低下した。

(4) ブッシュ (Jr.) 共和党政権（2001〜2009年）

　1990年代の景気拡大は「IT革命」「ニューエコノミー」とも称され、アメリカの国際競争力には回復も感じられたが、教育の現場の現状は劇的に変化することはなかった。政権に就いた共和党ブッシュ大統領は、2002年に「落ちこぼしのない教育法」（NCLB法：No Child Left Behind Act）[25]を成立させた。このNCLBは、アメリカの教育の危機に対して、1980年代以降、ス

---

22)「情報スーパーハイウェイ構想」および「国家情報基盤構想」については室山 [2002] より。
23) ATPについては、立石 [2000]、宮田 [2011]、NSF [2012]。
24) National Science Foundation [2012] Appendix Table 4-28 より筆者計算。「テロとの戦い」を掲げた2000年代のブッシュ (Jr.) 政権期には軍事比率が約60％まで再上昇した。
25) 以下、落ちこぼしのない教育法、アメリカ学校促進法については、松尾 [2010]、アメリカ教育学会 [2010] による。

タンダードとアカウンタビリティを重視するようになってきた教育改革のひとつの象徴となる法律である。クリントン政権は、65年の初等中等教育法を改正し、94年に「アメリカ学校促進法」を成立させ、マイノリティや貧困家庭に対する教育機会のための連邦補助金の条件としてスタンダードとアカウンタビリティに基づく教育改革を進めた。ブッシュ政権は、このアメリカ学校促進法を改正し、スタンダードの範囲をさらに広げ、アカウンタビリティの厳格化を進めるNCLB法を成立させた。これらには、国語、数学、科学に関するスタンダードの設定、達成度を測るための標準テストの実施の義務付け、実績による学校評価と是正措置などが含まれている。これらの教育改革は、本章の冒頭で見たようなアメリカの学生の低い学力と学生間の学力格差に改善が見られないことへの危機感に基づいた政策的対応ではあるが、テスト結果を重視し過ぎる教育のあり方に対する教育の現場からの批判も多い。

　アメリカの教育成果に大きな改善が見られなくても、アメリカの科学技術は、世界中からアメリカに来る優秀な研究者・技術者によって支えられている面がある。ブッシュ政権の『米国経済白書』では、05年『白書』の第4章「移民」、06年『白書』の第2章「米国労働力のための技能」、07年『白書』の第9章「移民」と、アメリカにおける移民の役割の大きさを分析していた。とくに、06年『白書』の第2章では、前半の「米国における教育達成度」において、アメリカの学生の学力が先進国のなかでも低いこと、学力向上のためにNCLB法を成立させたことを指摘したうえで、後半の「米国労働力における移民」において、科学とエンジニアリングといった分野で、世界中からアメリカに来た高学歴の外国人の研究者・技術者がアメリカのイノベーションに貢献していることを強調した。

(5) オバマ民主党政権（2009年以降）

　ブッシュ政権期にはじまったサブプライム・ローン問題、リーマンショック、金融危機を経て、アメリカのみならず、ヨーロッパ、日本といった先進諸国も、きびしい景気後退に直面した。そのようななかでオバマが、大統領選挙中にも訴え、就任後にも重視した政策は、イノベーション、とりわけ、クリーンエネルギーの研究開発の促進、そして、数学や科学といった分野の

教育の質の向上、高等教育の経済負担の低減、低所得者にとっての高等教育へのアクセスの改善である。

たとえば、オバマ政権が就任直後の2009年に成立させたアメリカ復興・再投資法（復興法）には、900億ドル以上のクリーンエネルギー投資[26]が含まれている。この投資は、景気回復のための政府支出であると同時に、今後の競争力、科学技術への投資でもある。

さらに、オバマ政権は、国際競争力やイノベーションに大きな影響を与えるステム（STEM）教育[27]（STEM：科学、技術、エンジニアリング、数学の頭文字）の改善に力点を置き、優秀なSTEM分野の教員の育成を促している。さらに、学生の成績などに基づいて校長や教員を評価する「厳格で、透明で、公正な」評価制度を開発した学区と州の教育部局に補助金を提供している。イノベーションに大きな影響を与える分野の教育の改善や、スタンダードやアカウンタビリティを重視する点では、これまでの政権と同様であるが、教育格差の是正にオバマ政権は熱心に取り組んでいる。

2012年『米国経済白書』では、オバマ政権がウォールストリートの占拠運動に象徴されるような所得格差の拡大に対する国民の怒りを受け止めたかのように、トップ1％への所得の集中、所得格差の拡大の実態、高学歴労働者の所得の上昇と低学歴労働者の所得の低下・停滞などを確認し、高等教育へのアクセスの重要性を説いた。オバマ政権は、奨学金の受給者数の拡大、奨学金の受給額引上げ、大学の教育費に関する税額控除などによって、低所得層を含む、すべての学生の大学へのアクセスの改善に取り組んでいる。このような政策の拡充によって、人種や所得にかかわらず、能力と意欲に応じて多くのアメリカ人が高等教育を受けられるようになり、イノベーションや経済に貢献できることになる。したがって、このようなオバマ政権の取組みは、不平等の是正だけでなく、将来のアメリカ経済の基盤への投資でもある。

---

26) Council of Economic Advisers [2011] Box6-2参照。この900億ドルには、再生可能エネルギー発電のための230億ドル、スマートグリッド技術のための100億ドル、電気自動車や最先端の電池などのための60億ドルなどが含まれる。
27) Council of Economic Advisers [2011] 第3章より。

III　移民による科学技術・イノベーションへの貢献と人種間の教育格差

　移民によるイノベーションの貢献を見るために、以下では、2008年にアメリカにおいてエンジニアリングや自然科学（Natural sciences）の博士号[28]を取得した者の人種・国籍を確認したい。

　まず、博士号の分野について確認すると、大きく分けて、科学・エンジニアリング（S&E：Science and Engineering）と、非科学・エンジニアリング（Non-S&E）に分類される。すべての分野で6万1716人が博士号を取得し、そのうちS&E分野では4万1480人が、非S&E分野では2万236人が取得した。

　さらに、S&E分野は、航空や電子などの「エンジニアリング」、自然科学と社会・行動科学で構成される「科学」に分けられる。S&E分野で博士号を取得した4万1480人のうち8110人がエンジニアリングの分野であり、3万3370人が科学の分野である。科学の分野の3万3370人のうち、生物学、数学・コンピュータ科学、医学などの「自然科学」が2万4466人であり、心理学や経済学などの「社会・行動科学」が8904人である。

　エンジニアリング分野の8110人のうち、アメリカ国籍もしくは永住権を持った者は3180名であり、短期滞在者（外国籍）の者は4930人であり、アメリカでエンジニアリングの博士号を取得した者のうち60％が外国籍の者である。自然科学分野の2万4466人のうち、アメリカ籍もしくは永住権を持った者は1万7248人であり、短期滞在者（外国籍）の者は7218人である。つまり、外国籍の者の割合は29.5％である。分野によって外国籍の者の占める割合は異なるものの、科学技術やイノベーションに大きく貢献する分野で多くの外国籍の一時滞在者が博士号を取得していることは明らかである。

　また、これまでアメリカの企業の設立もしくは共同設立[29]において、移民は大きな貢献を果たしてきた。USスティールのカーネギー（スコットラン

---

28) 以下、博士号の分野、取得者数などのデータは、National Science Foundation［2012］Appendix table 2-28より。
29) 以下、移民による企業の創設については、National Academies［2007］p. 35。

ド生まれ)、AT & T のベル (スコットランド生まれ)、最近の IT 系企業では、グーグルのブリン (ロシア生まれ)、サンマイクロシステムズのコスラ (インド生まれ) など、移民がアメリカの主要な企業の設立にかかわっている。さらに、07年『米国経済白書』は、1901年から2005年までの間にアメリカで医薬と生理学の分野でノーベル賞を受賞した者のほぼ3分の1が外国生まれの移民であることを指摘[30]している。このように、移民は、アメリカの科学技術のイノベーション、アメリカ経済の活性化においてきわめて重要な役割を果たしている。

しかしながら、アメリカ国内の人種間の教育的成果の格差は大きい。本章の冒頭で、人種間の学力格差を確認したが、人種間の学歴格差[31]も大きい。25～34歳の人口に占める短大や大学の学位を有している者の割合は、白人で49%、アフリカ系アメリカ人で29%、ヒスパニック系で19%である。アメリカでは1970年代以降、学歴間の所得格差が大きくなっている。つまり、高校卒業もしくはそれ未満の労働者の所得が低下する一方で、大学卒業以上の労働者の所得が上昇している現状がある。このような状況のもとでの人種間の学歴格差は、その所得格差の拡大につながっている。

たとえば、高学歴の労働者への需要と報酬の実態[32]を確認するために、科学技術・エンジニアリング分野の仕事 (以下、S&E 職) を見る。2009年のアメリカにおける職業別の労働者の学歴の分布を見ると、S&E 職では、高校卒業未満と高校卒業4.9%、学位のない各種学校と準学士号21.5%、学士号43.7%、修士号22%、専門職学位1.5%、博士号6.2%と学士号以上の取得者が70%を超えており、S&E 職は高学歴を要する職業であることがわかる。一方で、S&E 職を除くすべての職業では、高校卒業未満と高校卒業39.5%、学位のない各種学校と準学士号33.1%、学士号17.7%、修士号6.5%、専門職学位2.0%、博士号0.9%と、学士号未満の学歴の者が70%を超えており、

---

30) Council of Economic Advisers [2007] 邦訳181頁。
31) 以下の人種間の学歴格差と学歴間の所得格差については、Council of Economic Advisers [2011] 第3章より。なお、学歴間の所得格差については Council of Economic Advisers [2012] の第6章でも取り上げられ、オバマ政権がこの問題を重視していることがうかがえる。
32) National Science Foundation [2012] Figure 3-5 より筆者計算および Appendix Table 3-4より。

S&E 職ほど高学歴を要しないことがわかる。つぎに、2010年の所得を確認すると、アメリカのすべての職業の年間の中位賃金は4万4410ドル、S&E 職は8万170ドルである。このように、今日のアメリカでは、高学歴を得て、S&E 職で働くことが、高い賃金を手にする手段のひとつである。

また、アメリカでは、世代間の所得格差の継続性が強いこともわかっている。2012年の『米国経済白書』では、過去30年間にアメリカの世代間の所得階層の流動性が低下したことを示す研究が紹介され、さらに、他の先進国と比べてアメリカの世代間の流動性が低いことなどが示されている。つまり、アメリカでは、ある世代の人種間の学力・学歴格差は、その世代の所得格差だけでなく、つぎの世代の所得格差も拡大させる傾向にある。それゆえに、オバマ政権[33]は、すべての学生、とくにマイノリティの学生や低所得の学生にとって高等教育が経済的にアクセスしやすくなるように奨学金の拡充、教育費に関する税額控除などに取り組んでいる。

おわりに

これまで見てきたように、アメリカの科学技術政策、教育政策は、そのときどきの国際競争におけるアメリカのポジション、アメリカ国内の実態と課題を背景に変遷してきた。とくに、日本などの競争相手の台頭によって、国際競争力の低下に危機感を持ったアメリカは、連邦政府による科学技術への支援、教育への積極的な関与を強めてきた。教育については、連邦制のアメリカでは、州政府・学区と連邦政府の役割・権限の分担があり、連邦政府の教育への直接的関与は小さいものの、スタンダードやアカウンタビリティを重視しつつ、州政府・学区に対して、教育の改善を促すようになってきている。また、連邦政府は、戦後一貫して、高等教育への研究開発費を通じて、研究開発と科学技術を支援してきている。

国際的に見れば、今日なお、アメリカの持つ国際競争力、科学技術力などは力強いが、第2次世界大戦の終戦直後のような圧倒的な力強さはなく、ヨ

---

33) 以下、オバマ政権の教育政策については Council of Economic Advisers［2011］第3章および［2012］第6章より。

ーロッパやアジアの先進諸国、新興国との競争は激化している。教育の成果、学力といった面では、アメリカは後れをとっている。

　国内に目を向ければ、人種間の学力の格差は大きく、この格差は人種間の学歴格差につながり、さらに人種間の所得格差につながる。そして、親の世代の所得格差は、子どもの受ける教育機会の格差となり、子どもの世代の所得格差にもつながっていく。

　移民国家アメリカ、高等教育・研究開発に強みを持つアメリカは、世界中から優秀な研究者・技術者・労働者[34]をアメリカに引き付ける。そして、多くの外国人がアメリカのイノベーションやビジネスに貢献している。アメリカの学生の学力の低さ、学力格差を補うように、高学歴・高スキルを持った人々への需要を外国から来る移民が補っている。その一方では、アメリカ国内の人種間の学力・学歴・所得格差は大きい。移民国家アメリカの光と影を科学技術と教育の実態から見ることができる。

　サクセニアンが「頭脳還流」[35]と呼ぶ頭脳労働者・研究者の国際的な移動が加速していくなかで、アメリカの科学技術や国際競争力を維持・発展させるためにも、教育格差と所得格差が世代間で連鎖していく人種間の格差を縮小させるためにも、アメリカの学生の学力の低さ、アメリカ国内の人種間の学力格差を改善するような教育の充実を図る教育政策は今後、一層重要性を増すだろう。

【参考文献リスト】

朝比奈剛［2011］「米国IT産業における移民労働者」（千葉商科大学経済研究所『国府台研究』第21巻第1号）。

アメリカ教育学会［2010］『現代アメリカ教育ハンドブック』東信堂。

坂井昭夫［1994］『日米ハイテク摩擦と知的所有権』有斐閣。

34）朝比奈［2011］は、アメリカのIT産業における移民労働者について明らかにした。
35）Saxenian［2006］．

澤昭裕・寺澤達也・井上悟志編著［2005］『競争に勝つ大学』東洋経済新報社。
関下稔［1989］『日米経済摩擦の新展開』大月書店。
立石剛［2000］『米国経済再生と通商政策』同文舘出版。
中山茂［2006］『科学技術の国際競争力』朝日新聞社。
松尾知明［2010］『アメリカの現代教育改革』東信堂。
宮田由紀夫［2011］『アメリカのイノベーション政策』昭和堂。
室山義正［2002］『米国の再生』有斐閣。
文部科学省『OECD生徒の学習到達度調査――2009年調査国際結果の要約』(http://www.mext.go.jp/component/a_menu/education/detail/__icsFiles/afieldfile/2010/12/07/1284443_01.pdf)。
―― ［2012］『文部科学統計要覧（平成24年版）』。
Bush, Vannervar [1945] *Science—— The Endless Frontier*, U. S. G. P .O. (ACLS History E-Book Project Reprint series) (http://www.nsf.gov/od/lpa/nsf50/vbush1945.htm)
Clinton, Bill and Gore, Al [1992] *Putting People First*, Random House, Inc.
Commission on Industrial Competitiveness [1985] *Global Competition: The New Reality*, U. S. G. P. O.
Council of Economic Advisers (CEA) [various years] *Economic Report of The President* (Annual Report of The Council of Economic Advisers, U. S. G. P. O. (萩原伸次郎監訳『週刊エコノミスト臨時増刊・米国経済白書』各年号、毎日新聞社)。
Florida, Richard [2005a] *The Flight of The Creative Class* (井口典夫訳『クリエイティブ・クラスの世紀』ダイヤモンド社、2007年)。
―― ［2005b］ *Cities and The Creative Class* (小長谷一之訳『クリエイティブ都市経済論』日本評論社、2010年)。
National Academies [2007] *Rising Above the Gathering Storm*, National Academies Press.
National Commission on Excellence in Education [1983] *A Nation at Risk* (所収：西村和男・戸瀬信之編訳『アメリカの教育改革』京都大学学術出版会、2004年)。
National Science Foundation (NSF) [2012] *Science and Engineering Indicators 2012* (http://www.nsf.gov/statistics/seind12/)。
Ravitch, Diane [2000] *Left Back: A Century of Battles Over School Reform* (末藤美津子・宮本健市郎・佐藤隆之訳『学校改革抗争の100年』東信堂、2008年)。
Reich, Robert [1991] *The Work of Nations*, Alfred A. Knopf, Inc (中谷巌訳『ザ・ワーク・オブ・ネーションズ』ダイヤモンド社、1991年)。
Saxenian, AnnaLee [2006] *The New Argonauts*, Harvard University Press (星野岳穂・本山康之監訳『最新・経済地理学』日経BP社、2008年)。

Vogel, Ezra F. [1979] *Japan as Number One*（広中和歌子・本木彰子訳『ジャパン アズ ナンバーワン』TBS ブリタニカ、1979年）.

column 4
アメリカ軍需産業と「オーガスティンの法則」

　マーティン・マリエッタ社（現ロッキード・マーティン）の社長であったノーマン・オーガスティン（Norman R. Augustine）は1983年に企業経営に関する52のユニークな「法則」を明らかにした。なかでもつぎの16番目のものが有名である。

　「2054年には国防予算総額で購入できる戦闘機はわずか1機だけである。陸軍と海軍はその1機を1週間を二つに割って3日半ずつ使用する。海兵隊が使用できるのは閏年のみ年1日となる」（ノーマン・R. オーグスチン『オーグスチンの法則』石本聡訳、HBJ 出版局、1992年）。

　戦闘機の開発コストの上昇を皮肉った箴言であるが、実際、戦闘機のみならず艦船も含めて兵器体系の価格上昇率は GDP や一般物価をはるかに上回っている。戦闘機の価格を縦軸に対数で示し、導入年を横軸に時系列で並べると、この法則の予見どおり1910年から現在までのトレンドは右上がりのきれいな直線となる。1978年に配備された F16ファルコンは当初1機5000万ドルであったが、2005年に配備された F22ラプターは1億6000万ドル、開発費用を入れると3億5000万ドルであったという具合である。

　現在の戦闘機の性能はもっぱらコンピュータやソフトウエアに依存する。一般にコンピュータやソフトウエアは、半導体の性能が18カ月で倍になるといういわゆる「ムーアの法則」にしたがい、大量生産・大量消費で価格も下がるといわれている。だとすれば、なぜ戦闘機のコストは下がらないのか。その理由は、兵器は少量受注生産で仕様も特殊なため、民生品のような「規模の経済」がはたらかないからである。

　海軍史の専門家フィリップ・プー（Philip Pugh）は、兵器は、平時にはその質的向上が望まれ、戦時には量が求められるという。仮想敵に

脅威を与えるためには、なによりも兵器は性能の面で優れていなければならない。戦後の冷戦体制のもとで採算を度外視した兵器体系の質的高度化を競う開発が行われた理由は、まさに冷戦が熱い戦争でなかったためである（"Defense Spending in a Time of Austerity," The Economist. August 26, 2010）。

　兵器の開発費の上昇は、先進諸国の財政事情の悪化、国防予算の削減と相まって、軍需産業の受注を大幅に減らした。こうしたなかで、アメリカでは1990年代半ば以降軍需産業の再編統合が加速し、いまやノースロップ・グラマン、ロッキード・マーチン、ボーイング、ジェネラル・ダイナミクス、レイセオンの5大企業が残るのみとなった。これらの企業は高度化した高価な兵器生産の分業に加わる無数の関連企業を束ねるシステム・インテグレーターとして君臨する。日本に対する武器輸出三原則の緩和要求や日本企業との連携強化も、こうした文脈において、開発費を分散し、新興国の兵器市場への売込みを図る狙いから浮かび上がったものである。

　　　　　　　　　　　　　　　　　　　　　　　　（本田　浩邦）

第5章 社会保障制度
年金・医療・貧困対策プログラム

本田 浩邦　*Hirokuni Honda*

はじめに

　アメリカの年金・医療制度は、ヨーロッパや日本と比べて、民間保険制度の比重が重い[1]。また、貧困対策プログラムは、給付条件がきびしく、就労促進的要素が強い。こうしたアメリカの社会保障制度の特殊性は、「二重構造」（dual structure）とも表現されるアメリカの労働市場の強い階層性に対応したものであり、制度による恩恵が上層の労働者に手厚く、下層の労働者に行き渡りにくいという機能的な特徴を持っている。

　アメリカの社会保障制度をめぐっては、過去数十年にわたって公的および

1）イエール大学のジェイコブ・ハッカー（Jacob Hacker）はこうした特徴を「アメリカ例外論」（American Exceptionalism）として強調している。ハッカーは、アメリカの社会保障制度は、年金や生活保護、メディケアなど公的社会支出のみでなく、民間の社会的給付の領域をもあわせて見なければ全体の機能が把握できないととらえ、アメリカ型福祉国家の特徴が社会的支出の低水準というよりも、むしろ、私的年金や私的医療保障など民間支出の比重の大きさにこそあると主張した。「アメリカの社会福祉政策の際だった特徴は、他の国であれば政府が担うべき業務の大半が民間、とくに雇用主の手に委ねられているということである。補助金や規制などさまざまな組合わせによって民間の各種給付が促進され、それはアメリカの社会的福祉支出の3分の1を超え、平均10分の1以下程度という他の先進国と比べて非常に高い」（Hacker [2002] p. 7）。「民間の社会的給付は、公的な社会的プログラムと比べて、一般国民に見えにくく、特権層に好ましく、いつもは大胆な改革に後ろ向きなアメリカ型政治の特徴からも制約されない政治の『地下茎』をなしている」（Hacker [2002] p. xiii）。

私的年金財政の悪化、医療保険負担の増加、膨大な医療保険未加入者の存在、貧困対策費用の増加といった制度全般にわたる問題が指摘されてきた。1980年代以降、こうした社会保障制度の一連の問題に対して行われてきた改革は、年金給付条件の厳格化、貧困対策における就労促進強化といったいわゆる新自由主義的な施策であったわけであるが、それは総じて、経済生活上のリスクとコストを国や企業から労働者、家計にシフトさせるものであり、民間制度の比重が重く、就労促進的というアメリカの社会保障制度の伝統的な特殊性をむしろ強めるものであった。しかし、雇用環境が不安定化し、労働市場がまともな雇用を提供できなくなりつつある今日、リスクと保険料を追加的に負担する国民の努力にも限界があり、このような改革は強い反発を招いている。現在のオバマ政権のもとで、新たな雇用創出の努力や医療制度改革がはじまっているが、その意味合いも、特殊アメリカ的な労働市場と社会保障制度の関連でリスクと負担がどのようにシフトするかという視点で評価される必要がある。

　本章では、こうしたアメリカの社会保障制度の特殊性に留意しつつ、年金制度、医療保険制度、貧困対策プログラムの3つの領域について、それぞれの制度の歴史的展開と改革の現状を見てみたい（なお、補足的保障所得（SSI）、勤労所得税額控除（EITC）、失業手当、住宅補助なども重要な社会保障政策であるが、ここでは考察の対象としない）。

I 企業福祉優位の構造——社会保障のアメリカ的特殊性

1 ウェルフェア・キャピタリズムへの回帰現象

　一般に社会保障制度には、国や地方政府が管理する公的社会保障（Public Social Welfare）と企業が従業員に提供する民間社会保障（Private Social Welfare）とがある。アメリカの公的社会保障制度は、年金制度（OASDI）、低所得層を対象とした所得保障（TANF）、雇用保険制度（UI）、メディケア（高齢者・障害者医療給付）・メディケイド（低所得者医療補助）など医療給付、IETC、SSIなど所得保障制度を柱とする[2]。これに対して民間社会保障は、企業の福利厚生政策としての企業年金、医療保険、有給休暇制度など各種付加給付によって構成される。

表 5-1 社会的支出の国際比較——公的および民間比率

(%)

	社会的支出 (GDP 比) ①	公的支出 (GDP 比) ②	民間支出 (GDP 比)	社会的支出に対 する民間の比率
フランス	29.0	26.2	2.8	9.7
ドイツ	26.9	24.7	2.2	8.2
ベルギー	26.7	23.1	3.6	13.5
スウェーデン	24.8	23.1	1.7	6.9
オーストリア	23.6	22.2	1.4	5.9
イタリア	23.1	21.4	1.7	7.4
フィンランド	21.3	20.6	0.7	3.3
デンマーク	21.8	20.5	1.3	6.0
イギリス	25.9	20.0	5.9	22.8
スペイン	19.1	18.6	0.5	2.6
日本	21.1	18.3	2.8	13.3
ノルウェー	19.1	17.9	1.2	6.3
オランダ	22.9	17.0	5.9	25.8
カナダ	20.8	16.4	4.4	21.2
オーストラリア	19.3	16.2	3.1	16.1
アメリカ	25.2	15.8	9.4	37.3
韓国	9.4	7.0	2.4	25.5

注：① 社会的支出には、年金、障がい者手当、医療、貧困対策プログラム、失業手当、職業訓練、住宅補助が含まれる。教育支出は含まれない。
　　② 社会目的の租税支出（TBSPs）は二重計算を避けるために公的支出には含まれていない。
出所：Adema and Ladaique［2009］Table A.3.1a より著者作成。

　アメリカの社会保障制度において、私的な制度の割合が他の先進国と比べてどの程度高いかをまず見てみたい。**表5-1**は、OECD 諸国の社会的支出を公的と民間に区分し、その GDP 比を見たものである。社会的支出とは、ここでは年金、障がい者手当、医療、貧困対策プログラム、失業手当、職業訓練、住宅補助を含み、職業訓練を除く教育支出は含まれない。この表か

2）これらに、2014年から発足する「ケア適正化法」（通称オバマ・ケア）によって民間医療保険へのすべての国民の強制加入制度が加わる。

図 5-1　民間社会的支出（対 GDP 比）

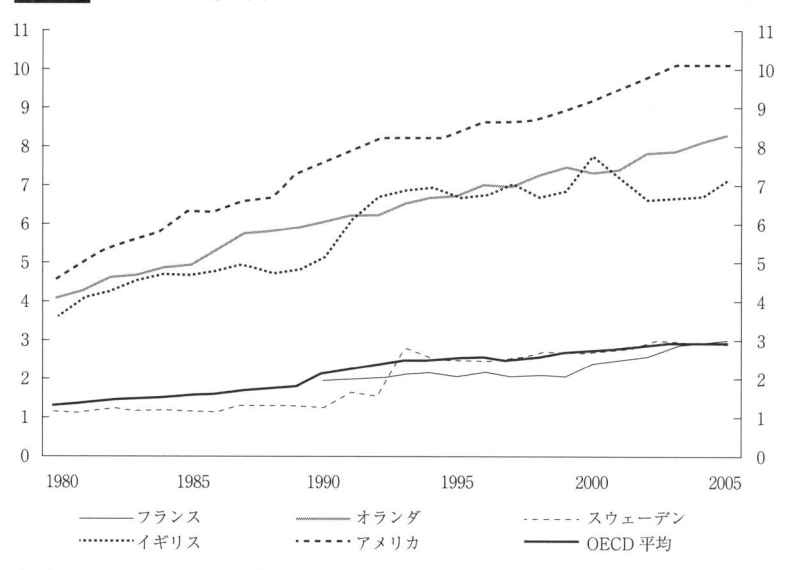

出所：Adema and Ladaique [2009] Chart 4.4.

　ら、アメリカの社会的支出は GDP 比25％程度で、先進国のなかでは中位程度であるが、公的支出の水準は15.8％と、日本の18.3％などと比べても著しく低い。公的支出の低水準を補う形で、アメリカは社会的支出全体に対する民間の比率が他の諸国から群を抜いて高い。アメリカの民間の社会的支出は9.4％であり、社会的支出全体に占めるその比率は37.3％である。これは、他の、たとえば日本13.3％、ドイツ8.2％、フランス9.7％などと比べて著しく高い。アメリカについで民間比率が高い国は、オランダ25.8％、韓国25.5％、イギリス22.8％、カナダ21.2％などであるが、アメリカはそれらと比べても格段に民間の比重が大きい。つまりアメリカは公的社会支出小国であり、民間社会支出大国である（ちなみに日本は、公的社会保障の低水準を民間保障が補ってすらいない福祉小国であるといえる）。

　さらに注目すべきは、こうした特徴が近年急速に強まってきたということである。図5-1を見ると、民間社会保障の比重は1980年にすでに4.5％と他の国よりも突出して高かったが、その後それはさらに急増し、10％台に達し

たことがわかる。アメリカ経営史の分野では、企業年金や職域を通じた医療、その他付加給付など豊かな福利厚生によって労働者を管理するシステムを「ウェルフェア・キャピタリズム」と呼んでいる。それは1920年代に台頭し、普及しはじめたが、1930年代の大不況で衰退するかに見えた。しかしウェルフェア・キャピタリズムは第2次世界大戦後も生き続け、その後、現在の新自由主義の時代にふたたび鎌首をもたげてきたのである。

　こうした他の国と異なる経緯をアメリカが辿った理由は何であろうか。この分野の研究から、第2次世界大戦中から戦後にかけての社会保障をめぐる政労使のそれぞれの動きがどのようなものであったかがわかる[3]。

　戦後、1946年の中間選挙と1948年の選挙で生まれた共和党と南部民主党のいわゆる「保守連合」(conservative coalition) の圧倒的優位は、連邦の介入や社会政策の強化に反発する勢力の議会における力を強めた。「1946年雇用法」によって政府の高雇用政策の方向性は一応の確立をみたが、翌1947年、トルーマン大統領が「奴隷労働法」とまで呼んだ「タフト=ハートリー法」が大統領拒否権を覆して成立し、さらにマッカーシズムが時代に大きな影を落とすに及んで、社会政策に対するリベラル派の影響は急速に後退した。ローズヴェルト政権の流れをくむリベラル派の政治家たちは、ニューディールの社会保障政策をさらに推し進めることによって、年金や医療を一般の労働者にも普及させようという意図を持っていたが、保守派の政治家たちは公的な社会保障制度の拡充を怠り、それに代わって大企業セクターを中心とする私的年金・医療保険制度を、税制を通じた事実上の財政支出によって後押しすることのほうを選んだ。

　その際に、さまざまなプログラムに対する減税措置によって企業支援を行うこうした「租税支出」(tax expenditures) は、公的制度の場合であれば避けられない複雑な議会審議のプロセスを回避できる便利な道具であり、私的社会保障制度は表立った注目も反発も受けずに静かに広がった[4]。トルーマン、アイゼンハワー両政権は、結果的に、ニューディール型公的社会保障よりもむしろ保守派の政治家たちも合意可能な私的社会保障の拡充に邁進した。

---

3) Lubove [1968], Hacker [2002；2006], Rodgers [2005] を参照。

大手企業は、すでにニューディール期から第2次世界大戦にかけての法人税の大幅な引上げに対して、退職年金プラン、医療保険制度など各種引当金への優遇税制を利用した節税策をとっていた。企業にとっては、企業年金や医療制度への拠出は事実上賃金の後払いであるにもかかわらず、速効性のある減税のメリットが得られた。また、賃金とちがって支払いが長期に先送りされるため、この種の付加給付の拡充は労働組合に対して譲歩しやすいという性格があった。さらに、積立金の運用など保険運営への公的な介入が少ない点でも、私的制度は企業にとって公的社会保障制度よりもはるかに好ましいものと考えられた。

　労働組合指導部にとっては、団体交渉を通じた企業年金、医療保険制度の条件改善は、他の要求項目よりはるかに獲得が容易であり、目に見える成果を組合員に示す格好の材料であった。公的年金給付の低水準を補ってあまりある潤沢な老後の所得保障と医療給付を組合員に与えることによって、組合指導部は組合員にとっての影響力を確保できた。こうして大企業とAFL-CIO（アメリカ労働総同盟・産業別組合会議）は、公的な社会保障制度の拡充要求を徐々に脇に措くようになった[5]。政府・資本・労働の三者三様の立場から、企業福祉の拡充が推し進められることになったのはこうした理由によってである。

2 雇用創出機能の劣化——社会保障制度との相互的な危機

　第2次世界大戦後の先進諸国における社会保障の制度設計の前提には、共通して社会保障が完全雇用もしくは高雇用を前提し、それを補完する役割を

4）「租税支出」とは、財政用語で、本来の課税対象となるべき所得や利潤を何らかの名目で控除することを意味する。それによる税収の欠損は他の財源によらねばならないので、事実上の財政支出である。社会保障の研究者クリストファー・ハワード（Christopher Howard）によると、「租税支出」という用語は、ハーバード大学の税法学者であり、ケネディ＝ジョンソン政権で財務次官を務めたスタンリー・サリー（Stanley Surrey）が生み出したものである（Howard [1997] p. 104）。サリーは1960年代に租税支出の非効率性と歪みを訴え、「企業年金に対する租税優遇措置はコストがかかり必要性もない」と証言し、租税支出に反対している（Hacker [2002] p. 149）。

5）自動車、鉄鋼、炭鉱など大手の労働組合は、戦後徐々に企業福祉制度の拡充に傾斜し、1955年にAFLとCIOが合同する頃までには企業福祉制度の拡充が団体交渉の中心に据わるようになった。

果たすものとの認識があった。こうしたなかで、社会保障はあくまで労働者にとっては引退後もしくは高雇用から離脱したときの一時的なセイフティーネットであると考えられた[6]。アメリカ企業の卓越した生産性と国際競争力が高い労働条件と賃金水準を支えた1960年代後半までの時期に国民の生活水準はめざましい勢いで改善され、完全雇用と社会保障制度の基本的な補完関係は比較的安定的に機能し、働けるものには就労を、働けないものには生活保護もしくは働くための教育をという通念が広く受け容れられるようになった。社会保障制度自体も高雇用からの報酬に対する課税と保険料負担によって支えられるべきものと考えられた。それは戦後の事実上の社会契約ともいうべきものであった。しかしその際、高雇用を前提にしつつも、人々の企業体制への依存と忠誠を確保し、就労意欲を最大限引き出すために、公的年金、失業手当、生活保護など社会的給付水準は低く抑えられるべきであり、社会保障給付に就労義務を条件付けることが相当と考えられた[7]。

　ところが、1970年代になると、実質賃金の停滞、労働組合の組織率の低下、製造業の衰退とサービス経済化といった経済全体の構造変化が明確に現れはじめた。アメリカ企業、とりわけその高雇用体制の主軸であった製造業の多くの分野で国際競争力にかげりが見え、雇用が縮小した。代わって新たに広がったサービス、ハイテク、金融などの産業の雇用は短期的、流動的なものであった。企業年金の主たる担い手であった大企業の雇用創出力は徐々に衰退し、就労者数は減少し、企業は約束した企業年金や医療制度の維持が困難であることに気づきはじめた。こうして、高雇用と社会保障の制度的な

6）雇用あるいは労働市場と社会保障制度の基本関係については McKay [2005] を参照。
7）サンフォード・ジャコビー（Sanford Jacoby）はアメリカの社会保障の設計思想と給付水準にかかわってつぎのように指摘している。「社会保障はウェルフェア・キャピタリズムにとって代わることは許されない。フォルサム［コダックの財務担当重役で1935年社会保障法制定時の財務次官——本田］がいうには、政府は『基本的な最低限の保護（ベイシック・ミニマム）だけを提供すべきであって、万民のすべての必要に応えようなどとしてはならない』。労働者があくまで雇主に保障を期待するように仕向けるため、公的な諸給付を低く設定しなければならず、民間のプログラムを準備させるために租税面でのインセンティブが必要である。フォルサムはワシントンのインサイダーとしてこの目的のための議会工作に精力的に取り組み、一方、実業界のリーダーとしては、社会保障がケインズ的安定装置であること、よりラディカルな代替案にまさること、それが民間努力と共存しうる——補助さえしてくれる——ことを、他の雇主たちに説得しようとした」(Jacoby [1999] p. 207；邦訳343頁)。

補完関係に基づく労使の社会契約はしばしば反故にされ、徐々に色あせるようになった。政府は、「1946年雇用法」と「1935年社会保障法」によって示される完全雇用政策と社会保障制度とのそれぞれ異なった、ますます矛盾する理念をつなぎ合わせる役割を担わねばならなかった。

こうして、1980年代以降、政府は、労働市場に対する規制を緩和しつつ、社会保障をより就労促進的なものに変えた。企業は、労働条件の抑制と民間社会保障からの撤退の道を突き進みはじめた。

社会学者のフランセス・フォックス・ピーヴンとリチャード・クロウォードは、アメリカにおける公的貧困救済制度の歴史を分析した1971年の著作においてつぎのように述べている。

「救済給付を理解するうえで大事なことは、それが経済的・政治的秩序に対して果たす役割を明らかにすることである。なぜなら前者は後者に対して二次的・補完的制度であるからである。歴史的事実は、救済給付が大量の失業による国内秩序の混乱を受けて開始ないし拡充され、政治的安定の回復とともに廃止ないし縮小されることを示している。われわれは、緩和的な救済制度が国内秩序の回復を、緊縮的なそれが労働規範の強化を狙ったものであると主張する」[8]。

ピーヴンとクロウォードのこうした主張は、1960年代半ばから1970年代初頭、まだアメリカで社会保障が拡大傾向にあり、多くの研究者が経済成長と所得再分配の延長線上に国民全体が豊かさへと邁進すると考えていた楽観的な時代に、それへの問題提起として現れたものであり、今日の目から見ても優れた意味深長な内容を含んでいる。ここで彼らが「救済政策」すなわち貧困対策プログラムに関して述べている見通しは、社会保障制度全般に敷衍することができる。一般的に、社会保障制度は、一方的に拡充されるのではなく、緩和と緊縮を繰り返す。労働側の攻勢が強まり、労使関係が危機に陥った時期にそれへの対応として社会保障制度は拡充されるが、その歴史的条件が失われると社会的給付は縮小もしくは廃止され、労働規律の強化に利用されると彼らはいう。こうしたピーヴンとクロウォードの主張は、たんに貧困

---

8) Piven and Cloward [1971] p. xiii.

救済プログラムの分析として卓越しているのみならず、その後のアメリカの社会保障制度全般がたどる推移を見事に予見している[9]。

以下、社会保障制度の中心である年金制度、医療保険制度、生活扶助を中心とする貧困対策プログラムのそれぞれの展開過程を見ていきたい。

II 年金制度

1 公的年金制度

1935年の社会保障法に基づき、1938年にアメリカの公的年金制度であるOASDI（高齢者遺族障害者保険：The Old-Age, Survivors, and Disability Insurance）が発足した。当初 OASDI の対象は勤労者全体の60％を占める商工業従事者のみであったが、その後、自営業者、農業従事者、家内労働者、軍人、公務員へと適用範囲が広げられた。給付水準は1950年代と60年代には平均賃金はおろか物価上昇率にさえ追いつかなかったものの、その後、1960年代末から70年代にかけて徐々に引き上げられた。

2010年の OASDI の受給者は5400万人であり、その約7割は退職者およびその配偶者と子ども、12％が遺族、19％が障がい者およびその配偶者と子どもである。2010年の OASDI の歳入は6770億ドル、歳出は5850億ドルであり、社会保障の支出項目としてはメディケアを上回り、最大である。退職者への給付金額は月額平均1176ドルで、男性は1323ドル、女性は1023ドルである[10]。

公的年金は制度発足以来、高齢者の貧困率を劇的に削減した。この点にお

9）クロウォードとピーヴンは、彼らが1960年代後半に提唱し、全米福祉受給権協会（AWRC）を中心に展開した運動で知られている。すなわち、貧困者の威圧的な運動によって AFDC（生活保護）受給者数を拡大し、地方財政を破綻させ、それを通じて民主党の内部分裂と政治的緊張を煽るといういわゆる「クロウォード＝ピーヴン戦略」である。彼らは、既存の社会保障制度の企業利益促進的な性格を批判するのみで、社会保障制度を普遍的に改革し企業利益から中立化させる展望を持たなかった。社会保障に対するきわめて本質的で鋭利な分析にもかかわらず、結局、彼らの運動は、白人中間層を貧困者と黒人の運動から離反させ、さまざまな自治体での給付削減という政治的報復を招く破滅的な結果をもたらした（Edsall and Edsall [1991], Kornbluh [2007], Steensland [2008], 本田 [2012]）。

10）Social Security Administration [2012].

いて、この制度の所得再分配政策としての長期的な効果は高く評価されてよい。しかし同時に、アメリカの公的年金制度にはいくつもの問題点がある。

第1は、給付額が現役就労時の所得格差を反映するということである。現役時に最低賃金程度の所得水準であった受給者の年金受給額は677ドルで、平均賃金水準であった人の1157ドルと比べて大幅に低い。他方、課税上限水準のそれは1809ドルと高く、それぞれ大きな開きがある。また、低所得であればあるほど、高齢者にとっての収入源は、公的年金のみとなる傾向が強い。65歳以上の世帯が公的年金に依存する割合は、所得階層最下位20％で84％であるのに対して、最上位20％ではわずか17％に過ぎない[11]。これらのことは、とりわけ賃金格差が強い女性の退職後の生活条件の悪化という問題に直接結びつく。いまの賃金制度は、男性に長く働かせ、多く渡して、その家族賃金の経路を通じて女性と子どもを支えるパターナリズムに基づいている。社会保障も職域における源泉徴収で成り立っていて、男女格差が強い。こうした制度は、男女平等の理念はおろか、現在の女性の就業率の上昇、職場進出、さらに高い離婚率の実態とますますかけ離れたものとなり、女性が現役時の不平等を引退後もひきずるという問題を深刻化させている。

第2は、税率の逆進性である。社会保障税の税率は一律7.65％であるが（使用者も同率を拠出する）、年収10万6800ドルという課税上限を超えれば、支払う社会保障税額はそれ以上増えない。つまり、課税上限を超えれば税率は無限に小さくなるという逆進的な制度である。課税上限までは貧困者も富裕者も同率であるため、とりわけ労務コスト比率の高い中小の事業者の社会保障費の負担の割合が重く、追加的な雇用を思いとどまらせるように作用する。

第3に、支給期間について、低所得者ほど短くなるという問題である。低所得家庭の出身者は高所得家庭の出身者と比べて相対的に若い年齢から働き税金を払いはじめる。また人種的マイノリティーはマジョリティーより平均余命が短く、年金を受給する期間が短い[12]。

第4に、年金基金であるフェデラルトラストファンドの長期的な財源の安

---

11) Edwards, Hertel-Fernandez, and Turner [2012].
12) Friedman and Friedman [1980].

定性の問題である。同ファンドは、2010年に金利収入を除いた収入が支出を上回っており、金利収入を含めた収入は2022年に支出と並ぶと予想されている。2022年以降は蓄積されたフェデラルファンドを取り崩して支出を賄い、2036年にフェデラルファンドは枯渇し、それ以降は支給金額を当初予定の77％、2085年以降は74％に削減する必要に迫られると考えられている。

2 企業年金制度

　第２次世界大戦直後より、労働組合指導者はもちろん、保守政治家のなかにさえ、企業年金制度が上層労働者にのみ有利な構造を持つとして、その差別的性格をいぶかしく思っていた人々がいた。1949年、UAW（全米自動車労組）の大会で、組合委員長のウォルター・ルーサーは、月額100ドルの年金（社会保障法による年金は平均28ドル）と賃金総額の５％相当の入院保険プランを要求する一方で、「老後の保障は……貴族階級（the blue bloods）だけに用意されている。彼らはそれを手にできるが、貧しい地区で暮らしているものは保障を受ける資格がない」と語ったといわれる。さらには、保守派の上院議員ロバート・タフトでさえ、組合に入っていない労働者の被る損失を補償するのが政府の義務だと主張し、「鉄鋼労働者や炭鉱労働者が〔年金を〕受け取れるというのに、鋳型工やウェイターはなぜ受け取れないのだろうか」と率直に述べた[13]。

　アメリカの大多数の低所得層の労働者にとって、企業年金は得難いものである。2010年における企業年金の給付は、高齢者の所得階層を五分位で見ると、最下位20％への配分はわずか１％であり、最上位20％に対しては57％が集中している。公的年金はそれに比べればはるかに平等で、最下位20％は10％を受け取り、最上位20％は26％である。

　企業年金は税制面での優遇によって支えられているので、この制度による恩恵はこの制度を持たない中小企業の労働者よりもそれを持つ大企業の高所得労働者に多く分配される。企業規模間の福利厚生面の処遇格差はむしろ増幅され、所得階層間の逆再分配が起きる。企業年金の専門家が指摘するように「年金制度のある企業の従業員は、企業幹部も含めて、退職後のために非

---

13) Lowenstein [2008] pp. 20-21；邦訳28-30頁。

課税で貯蓄ができるが、自営業者や制度を提供しない企業の労働者には、それができない」[14]。

企業年金やIRA（個人退職貯蓄勘定）など退職金貯蓄に対する税制面での優遇は1000億ドルで、そのうち3分の2が最上位20％に向けられ、下位60％に対してはわずか12％であった。このように企業年金退職貯蓄制度においても、公的年金制度以上に給付面で大きな差別があり、これもまた経済格差を助長する一因となっている[15]。

以上のように、戦後、公的社会保障の停滞を尻目に、企業年金制度は爆発的に広がり、企業年金制度に加入することのできる上層労働者に対する年金給付拡大の約束はますますエスカレートした。すでに1966年には、民間の年金基金は850億ドルもの資産をかかえる巨大産業となっていた[16]。1960年代、ゴム、自動車、鉄鋼産業では年金は賃金の約3倍のスピードで上昇した[17]。

3 企業年金制度からの撤退――ウェルフェア・キャピタリズムの行詰まり

企業年金を職域で固定するという制度は、労働者の企業への忠誠を引き出すためには好都合であるといえるが、長期安定的な雇用と労使関係を前提にしたものである以上、それが産業構造の変化や経済生活の変化に柔軟に対応

---

14) Wooten [2005].
15) フリードマン夫妻は公的年金制度の税率の逆進性を告発し、さらには租税支出による逆再分配の問題も適切に批判し、公的社会保障制度の解体を要求した（Friedman and Friedman [1980]）。しかし、このような逆進性と租税支出負担の問題はフリードマンらが批判しない企業年金により強く当てはまるのであり、企業年金が持つ負担と給付両面での不平等の問題について彼らは十分には考慮していない。社会保障をすべて市場に委ねるべきであるとする新自由主義の主張は、私的制度が大きな歪みを持ち、その制度自体が事実上莫大な公的負担のうえで成り立っているという現実をしばしば見過ごしている。
16) ローウェンスタインは、労働組合がいかに企業年金・医療保険制度にコミットしたかをつぎのように印象的に表現している。「UAWの記録文書に目を通すと、巨大な国家組織――ことによると内閣レベルの官僚組織、あるいは政府系保険機関――が保有するファイルのなかをさまよっているような感覚に捉われる。国中の年金と健康保険にまつわる、またはそれに対応するおびただしい情報が存在するのだ。これは紛れもなく、拡大する社会的セーフティーネットに関するデータの宝庫である」（Lowenstein [2008] p. 32；邦訳46頁）。
17) 1966年にUAWだけで自動車、航空、関連産業の雇用主による1000種類もの年金プランがあったとされる（Lowenstein [2008] p. 34；邦訳48頁）。

できないことは当初から明らかであった。この問題にメスが入れられた直接のきっかけは、1964年の自動車メーカー、スチュードベーカーが倒産した際に、年金基金喪失や年金基金の積立て不足による被害が出たことによる。

こうしたリスクに対処するために「1974年従業員退職所得保障法」（ERISA法）が作られた。いわば私的保障の社会的セイフティーネットとでもいうべきものである。その内容は、保険料の引上げと積立て基準の強化によって民間の年金基金の存続を安定させ、さらに倒産時の年金給付保険のため「年金給付保証公社」（PBGC：Pension Benefit Guarantee Corporation）を設立し、これによってリスクの分散を図るというものであった。同法はまた、確定拠出型企業年金から確定給付型企業年金への転換（後述）を促し、政府の企業年金への関与を強めるものともなった。

年金設立主体である企業それ自体の収益性の安定や長期的存続が期待できないという現実的なリスクの高まりに対して企業がとった措置は、以下のような企業年金からの実質的な撤退という消極的なものであった。

まず第1に、企業年金プランを凍結する企業が相次ぎ、企業年金の加入者が大幅に減少した。ヒューレット・パッカード、ベライゾン、IBM、GMといった大企業が運用利回り低下による年金基金の積立て不足や債務増加のために固定給従業員に対して年金を凍結した。その結果、労働者全体で、企業年金プランの加入者は2000年の48％から2010年の39％へと減少した。現在、労働者の約3分の1が企業年金や個人預金など公的年金以外の退職後の蓄えを持たないまま老後を迎えるというきびしい状況におちいっている。

第2に、年金給付プランの多くが、受け取る年金額が確定している確定給付型（defined-benefit plan）から拠出額は確定しているが受け取る金額は運用実績などによって変動する確定拠出型（defined-contribution plan）へと切り替えられた。確定拠出型の典型は401（k）として知られるものである。これは1980年の内国歳入法401条への追加項目によって規定された制度であり、積み立てた資産の企業間の持ち運びができ、運用プランが柔軟に変更できるなどの特徴を持つ。これは保有する労働者にとって高い収益性をもたらす可能性がある半面、株価が下落した場合に、運用利回りが下落するなどのリスクが企業から労働者に一方的に移転することを意味した[18]。

2008年の金融危機後、フォードやGMの経営危機が大きな問題となった

が、すでに GM は、1990年、自動車1台につき1525ドルが健康保険に充てられるとさえいわれるほど重い年金負担をかかえていた。2002年に倒産したユナイテッド航空のように、年金基金を崩壊させて経営破綻するといったケースもあり、PBGC 自体の危機的状況も指摘されている。そのような事態を尻目に、UAW の労働者は月額3000ドル以上の年金を受け取り、健康保険費の個人負担も全国平均の32％に対し、7％という優遇を受けていた[19]。

こうした近年の変化は、企業が年金の市場性をより強め、自らの責任と負担をより軽減しようとした所産であり、結果として労働者が負うリスクを高めた。しかし、企業間競争による企業の消滅、雇用期間の短縮化、女性従業員比率の上昇とそれにともなう出産など長期休暇の取得といった就労形態の多様化は、企業年金をより普遍的で、公的な制度に改めるべきことを示唆するものといえる。実際、1974年当時、消費者運動の旗手ラルフ・ネーダーは、企業年金を通算可能な個人口座に移し、その口座を民間の雇用主ではなく政府が管理すべきことを主張していたし、2007年に健康保険に関する GM と UAW の共同声明は、「全国で4600万人の保険未加入者がいることに鑑み、UAW と GM は、すべてのアメリカ人が健康保険を手にすることを可能とする連邦・州レベルでの公共政策を支持する」と述べたが、企業年金管理の問題もこれと同様深刻であった[20]。企業年金のまさにその中心を担った産業の労使双方が公的制度への移行をこのように主張するに至ったことは、ウェルフェア・キャピタリズムの行詰まりを象徴する出来事であった。

現在、オバマ政権は労働者に個人退職年金勘定（IRA）に自動的に加入させ、給与所得の3％を課税対象から控除し、それを拠出に充てることによって退職後に備えた貯蓄行動を奨励する施策をとっている。しかし、企業年金制度の以上のような事態を打開する根本的な手だては何も打たれていない。

---

18) ERISA 法による保険料の引上げと積立て基準の強化は確定拠出制度を押し広げる効果を及ぼしたが、一般に労働組合の強い企業は確定給付の割合が依然高い。
19) GM は2006年までの15年間に、配当に130億ドル支払ったのに対し、年金プランには550億ドルをつぎ込んだ。
20) Lowenstein [2008] p. 67；邦訳93頁。

Ⅲ 医療保険制度

1 ニューディールの「孤児」

　アメリカは先進国で唯一、国民皆保険制度のない国であり、直近の数字では、約5000万人以上が医療保険未加入者である（2009年）。アメリカのGDPに占める医療費は17.8％（2010年）と世界でも例外的に突出している。しかし公的医療支出だけを見ると、その割合は、オランダ、フランス、ドイツなどより低い。医療費を押し上げているのは、民間の医療支出である。高額で適用範囲の狭い医療保険は、一般家庭のみならず医療保険プログラムをかかえる企業にとっても悩みの種である。

　ニューディール期に公的医療制度を提唱する人々は多く存在したが、年金や失業補償制度の創設がより喫緊の課題とされ、医療保険制度を作る要求は後回しにされた。その結果、医療保険制度は1935年の社会保障法には組み込まれなかった[21]。ある研究者は、アメリカの医療保険制度を「ニューディールの孤児」[22]と表現している。

　戦後も、議会における共和党、南部民主党の保守連合の優勢が続くなか、医療業界、全米および地域の医師会などの強固な反対によって公的医療保障の実現は阻まれ、その後、1960年代にメディケア（高齢者および障害者向け医療保険）、メディケイド（低所得者向け医療保険）、1990年代にCHIP（子どもメディケア）ができるまで、退役軍人などを例外として、公的な医療保障制度は作られなかった。

　公的皆保険制度の空白を埋めたものは、雇用主が提供する、もしくは個人で任意に加入する私的医療・労災保険制度であった。企業医療保険は、保険

---

21) 当時の社会保障制度の作成に取り組んだシカゴ大学の経済学者ポール・ダグラスは、30年代に議会の医療保険委員会が具体的な提案を行えなかった理由を4つあげている。すなわち第1に計画が手に余るほど困難だったこと、第2に十分に詳細な計画ができあがっていなかったこと、第3に国民のそれを求める声や怒りが大きくなかったこと、第4にアメリカ医師会や大半の州医師会首脳が強く反発したことである（Douglas［1936］p. 68）。
22) セオドア・マーマー（Theodore R. Marmor）の言葉としてハッカーが引用している（Hacker［2006］p. 144）。

料の拠出分が、企業年金と同じく、所得控除されたことによって戦後大きく広がった。企業医療保険の加入者数は1948年から1954年までに270万人から2700万人へと拡大し、50年代の終わりには約3分の2の国民が主として職域ベースのプログラムを通じて医療保険に加入していた。しかし、その後その割合は徐々に減少し、2011年には、1億7000万人、人口全体の55％程度に落ち込んでいる。

企業の医療保険プログラムにアクセスできるのは、比較的労働条件に恵まれた上層労働者であり、同様に、医療保険のための所得控除の恩恵、リスクプールや管理のスケールメリットは規模の大きな企業に集中する傾向がある。つまり企業医療保険制度は、企業年金制度と同様、上層労働者に手厚く、したがって大企業に有利にできている。現在、従業員50人以上の企業のほとんどが医療保険を提供しているのに対して、従業員2人から24人の企業はその半数にも満たない。50人未満の企業で医療保険を提供しているものの割合は2000年から2010年までに47.2％から39.2％へと減少した[23]。

もう一方の個人で加入する民間保険は、その代表的な保険機関HMO（保険維持機構：Health Maintenance Organization。政府の助成金を受けた民間の医療団体）を通じたもので見ると、加入者は2008年に7400万人である[24]。

年金制度の場合と比較すると、企業は公的年金を年金給付のいわば下限（フロアー）と見做して受け容れたのに対し、公的医療保障はそうではなかった。戦後の冷戦状況のもとで、大企業、全米製造業者協会（AMA）、医療業界、および医師会は、公的医療制度の創設を「社会主義を持ち込むもの」として忌み嫌い、あらゆる非難をあびせた。労働組合も、公的医療制度の創設を要求するよりも、職域における具体的成果として宣伝できる企業医療保険の拡充を追い求めた[25]。その結果、年金制度における公私の補完関係とは異なり、医療保険の場合には、勤労世帯のほとんどを民間の医療保険制度がカバーするというきわめて異例の制度ができあがった。

---

23) Council of Economic Advisers［2012］.
24) Bureau of Census［2011］.
25) 1959年に政府は連邦職員に対して、購入した民間医療保険をあてがったが、これは公的医療保障の道が閉ざされたことを象徴する出来事であった。

歴史的に見て、ほとんどの先進国の公的医療保険制度は、通例、金属加工や炭鉱労働などもっとも労災のリスクが高い現場労働者を対象にした公的保険制度から、徐々に他の分野の労働者へと広がったのに対して、アメリカの場合には、そうした公的保険の主戦場を民間保険が担い、公的保険は高齢者や貧困者といったリスクの高い人々を対象としてはじまったのである。1965年にようやくメディケア、メディケイドが創設されたことで、これらリスクの高い人々のケアは政府が引きとることとなった[26]。「社会主義」の烙印を押された「孤児」は、あわれにも、民間保険機関や医師たちが手を出したがらない高齢者、障がい者および貧困者の間に居場所を見出した。こうして、アメリカにおいては、医療保険が備わっている企業の従業員は民間保険が、高齢者、障がい者および貧困者は国がカバーし、その他は、個人で民間保険に加入しないかぎり医療保険制度から漏れるという、包括性に乏しい棲分けが現れた[27]。

2 オバマ・ケア──普遍的医療保険制度へのアメリカ的アプローチ

1980年代、個人の医療費負担が上昇し、企業が徐々に医療保険から撤退ないし適用範囲を狭めるにつれて無保険者が増大した。1974年 ERISA 法は従業員の医療費を保険会社をとおさず直接支出する企業に対する州の規制を外したため、資金余力のある大企業はこぞってそうした直接保険に切り替えた。このことがさらに保険会社のプレミアム（保険料）を引き上げ、多くの中小企業を医療保険の停止に追い込むという悪循環を生んだ。2000年代以降、無保険者の割合は急増し、18歳から64歳までの人口の20％台前半に上っ

---

26) メディケアのアイデアは、トルーマン政権時代の社会保障局によって公的年金の受給者に対して60日以内の入院治療保障を与えるというプランとして出された。ジョンソン政権下でメディケアの政策立案にたずさわった人たちは公的で普遍的な保険制度の必要性を理解していたが、すでに民間保険中心の構造が確立しているもとで、メディケアの適用範囲を広げることで、公的保険制度の拡大の足がかりにしようとした（Hacker [2002] pp. 235-249, Hacker [2006] p. 154）。
27) メディケアができるまでは、民間保険に加入していた高齢者はわずか4分の1に過ぎなかったが、現在までに高齢者4000万人と65歳未満の障がい者800万人が保険を受けている。メディケイドは、現在、5800万人が適用を受けている。財政支出の規模は、メディケアが5228億ドル、メディケイドおよびCHIP（子どもメディケイド）が2820億ドルである（Council of Economic Advisers [2012]）。

ている。

　1993年のクリントン政権の医療制度改革は、メディケアを拡大するのではなく、選択肢が狭く、保険料の高い、民間の保険機構である HMO への加入を促進しようとするものであった。しかしこの改革案は業界や医療関係者はもとより、国民の多くからの支持を得られず挫折した。

　クリントン時代に行われた医療保険に関するもうひとつの改革は、SCHIP（州児童医療保険プログラム：the State Children's Health Insurance Program）——現在はＳが取れて CHIP と呼ばれる——の創設であった。これは所得が貧困ライン以下ではないが、医療保険を購入できるほど余裕がない低所得家庭の児童への医療補助である。このプログラムの所得制限を連邦貧困レベルの200％以上としたことによって、18歳以下の無保険児童の割合は10年間で３分の１削減された。

　オバマ政権は「ケア適正化法」の具体化に取り組んでいる。「オバマ・ケア」と呼ばれるこの改革のポイントは、使用者提供保険、民間医療保険への加入促進、メディケイドや CHIP の拡大による医療保険未加入者の根絶である。第１に、民間保険加入者の拡大については、州の「適正保険取引所」（Affordable Insurance Exchange）を通じて、所得が貧困レベルの400％以下で雇用者提供保険を利用できない個人や家族に保険料税額控除を与え、それによって同取引所から保険を購入させようというものである。これは、これまで大企業を中心に振りまいていた控除の恩恵を中小企業、自営業者、パートタイム労働者にも与えることを企図している。第２に、若年成人（young adults）を26歳になるまで親の民間保険にとどまれるようにすることである。これはすでに実施されており、25歳以下の無保険者が2010年以降急減しつつある。第３に、メディケイドについて、その受給資格を連邦貧困レベルの133％まで引き上げることによってその対象を拡大しようとしている。

　本質的な問題は、医療保険を長期雇用の正規労働者を標準モデルとして制度設計することは、雇用創出機能の劣化が進展する労働市場の現状に合致しておらず、むしろ労働需給、雇用の流動性を阻害するということである。

　ローウェンシュタインは、「転職が数年おきに繰り返される時代に、健康保険を職場に結びつける理由はない。同じように、企業が教育、住宅、そのほかの基本的に必要とされるものを提供する必要もない」と述べた[28]。年金

制度を職域と切り離すべきであるというウォルター・ルーサーやラルフ・ネーダーの主張や、2007 年の GM と UAW の合意についてはすでに見たとおりである。ローウェンシュタインによるこのような指摘は、医療保険制度の領域においてもあてはまる。

　オバマ・ケアの成否は即断できない。公的制度（single payer system）に一元化しないことに対する批判も多い。しかし、少なくとも現在の取組みは民間制度優位のアメリカの医療保険制度の歴史的経緯からすれば、わずかに実現可能な普遍的な医療保険制度への転換の試みであると見ることもできるであろう。医療保障の面で大企業に対して劣位にある中小企業の労働者や無保険者に医療保険へのアクセスを広げ、適正保険取引所という構想に財政的に強固な基盤を与えることが政治的に可能であれば、その方向性は国民にとって大きな前進となるであろう。

Ⅳ　アメリカの貧困対策——AFDC から TANF へ

1　貧困対策プログラム

　戦後の貧困対策の制度的中心を担ったのは、AFDC（児童扶養世帯補助：Aid to Families with Dependent Children）であった[29]。これは貧困世帯に対する連邦政府による現金給付支援プログラムで、日本でいう生活保護にあたる。支給対象は第 2 次世界大戦後徐々に拡大し、とくに 1960 年代の「福祉爆発」（welfare explosion）と呼ばれる時期に急拡大した。南部から北東部や西部に移動した黒人貧困層が社会的な発言権を高めるにつれて給付の締付けが緩和され、支給対象が拡大したのである[30]。しかし、それによる財政負担や貧困者の福祉依存を保守的な白人中間層は「危機」ととらえた。このことは人種差別的な意識が強く残る南部民主党の保守化を促進し、ニューディール以来のリベラル派の連合（いわゆる「ケインジアン連合」）の亀裂をもたらす大きな要因ともなった[31]。

---

28) Lowenstein［2008］p. 224；邦訳 306 頁。
29) 1935 年社会保障法で Aid to Dependent Children として創設されたものが、1962 年に家族重視の意味を込めてこの名称へと改定された。
30) Piven and Cloward［1971］, Kornbluh［2007］.

保守派は、貧困者の社会保障への依存と怠惰の連鎖(「貧困の罠」)を生み、家族関係を破壊するものとして AFDC を攻撃した[32]。この批判は、AFDC の給付条件が労働インセンティブを阻害し、家族関係をいびつにするという給付のあり方の欠点を指摘している点で正しい面がまったくないわけではない。しかし、社会的給付への依存をもたらすそもそもの就労機会の不十分さや就労をめぐる差別の問題を不問に付し、社会保障制度自体の弊害とし、その存在そのものを否定する点において正しくない議論であったといえる。

　貧困対策プログラムの問題とはより正確には何であろうか。第1に、それは、ほとんどの州で所得基準が貧困ラインを下回るほど低く、それによる支給金額の低さが労働市場全般の低賃金を温存する効果を持つということである。企業は支払う労働報酬の下限を生活保護水準にまで引き下げることができる。つまり報酬の社会的下限を事実上福祉制度が規定しているのである。第2に、就労によって発生する収入金額に応じて生活保護給付からその分が差し引かれるため、受給者の就労インセンティブが損なわれるということである。第3に、受給が解雇や傷病といったいわゆる「正常経路」からの逸脱を条件としているため、受給自体が社会的恥辱(スティグマ)となり、受給申請を控えさせる。第4に、シングルマザーの場合、完全な離婚が給付条件となるため、制度自体が離婚と婚外出産を促進する結果となった。第5に、申請にまつわる書類作成が複雑であり、手続きの煩雑さが申請を妨げた。1960年代までは "Man-in-the house rule" という規定があり、同居男性の有無や性的関係までも仔細に調べられるなど給付資格をめぐってプライバシーを侵害する行政の嫌がらせがあった。第6に、制度の管理が州と地方の行政をとおして行われたため、とりわけ南部において黒人に対する給付上の差別があった[33]。

　こうした AFDC を中心とする貧困対策プログラムの問題に対して、1960

---

31) Edsall and Edsall [1991].
32) 著名なリバタリアンであるチャールズ・マリーがもっとも典型的な議論を展開している。マリーによれば、社会保障(生活保護)のルールは「貧困者の目先の利益の追求が、長期的に破滅につながるようになっている」(Murray [1984] p. 9)。
33) Piven and Cloward [1971] pp. 123-180.

年代半ばから70年代前半にかけて抜本的な制度改革が構想された。当時、経済成長のもとで失業と貧困が構造的に残存するという現象に対して、「負の所得税」というジョージ・スティグラーやミルトン・フリードマンのアイデアをもとに、就労の有無にかかわらず貧困者を一律に救済すべきであるという提案がリベラル派のみならず保守派の経済学者をも含む多数の学者、政治家からわき起こり、ケネディ＝ジョンソン＝ニクソンと続く３代の政権の政策担当者を巻き込んで所得保障制度を創設しようという動きが一時的に大きな流れとなった。ワーキングプアまで給付の対象を広げようとしてニクソン政権がとりまとめた「家族支援計画」（FAP）としてできあがったそのプランは、最終的に廃案となり、その後、この種の改革案は政策の表舞台から姿を消した[34]。

　就労あるいは雇用と保障を切り離し、最低限の所得を公的に保障すべきであるという主張は、戦後に限ってもエーリッヒ・フロムやガルブレイスらの1950年代の著作にすでに見られたものである。社会保障制度を万民の生存権を保障するという本来の機能を果たすよう改革するうえで、この考え方は現在でもなお重要なカギを握ると考えられる[35]。

2 新自由主義的福祉制度改革はどうなったか？

　1990年代、クリントン政権のこの問題についての新自由主義的な改革は、制度の問題の第２の就労インセンティブの問題にのみ焦点をあてたものであり、他の問題の多くをむしろ悪化させたといってよい。1996年、同政権は福祉制度改革の一環としてAFDCを廃止し、TANF（貧困家庭一時扶助：Temporary Assistance Needy Families）を新設した。「生活保護から労働へ」（welfare to work）のかけ声のもとに個人の支給期間を生涯累積で合計60カ月に制限し、被扶養児童の年齢を１歳以上で未就労であることを給付の条件とした。

　その結果、劣悪な条件の職場であろうがなんであろうが、とにかく就労す

---

34) Winderquist *et al.* [2005]、Steensland [2008]、本田 [2012]。
35) 現在、社会保障制度の普遍的再構築を目指す改革は、当時の生活保護制度からのアプローチという枠を超えて、より包括的な社会保障制度全般の代替案としてのベーシックインカムをめぐる問題として研究者の間で議論されている。

ることが受給の条件とされ、いくつもの低賃金の職をかけ持ちする男女の労働者や、子どもを預けてバスで遠距離の通勤をするシングルマザー受給者が続出した。たしかに当初の4年間は就労による所得がある貧困世帯は数字上は増え、母子世帯の貧困率も低下し、TANFは一応成功したかに見えた。しかし2000年以降、貧困率は徐々に上昇しはじめた。シングルマザーの失業率は2010年で14.6％と96年の実施以前の水準に近づき、保育費用や交通費、通勤可能な地域での住居費など必要な出費が増えたことによって、貧困世帯の経済状態はむしろかつてより悪化したといわれる。2010年、TANFには440万人が加入し、連邦支出は180億ドルである[36]。

そもそも就労が貧困から抜け出る道であるというのであれば、最低限、基本的な生活が支えられる所得が得られる就労が用意されなければならない。クリントンの福祉制度改革は、市場が雇用を準備することを前提にした政策であったが、市場がその前提を十分に満たすことはなかった。長い目で見れば、戦後の生活保護による貧困対策の経緯は、雇用の量的縮小・質的劣化を救済制度が補完することの無理が徐々にはなはだしくなりつつあることを示している。また、労働市場から落ちこぼれるもの、あるいは労働市場にとどまりながらも貧しいものが十分に救済されていないことを制度の「危機」ととらえるのではなく、受給者が増え社会保障が財政的な負担となっていることが「危機」ととらえられている。しかし、本質的にそれは社会保障制度の危機ではなく、高雇用体制の劣化、雇用の危機の結果なのである。したがって、貧困者のほうから市場の現実に歩み寄れといわんばかりの新自由主義的な制度改革にはそもそも限界があるといわねばならない。

おわりに

アメリカの社会保障制度は、1930年代から第2次大戦後の諸勢力の利害のせめぎ合いを反映し、いくつもの政策的選択肢のなかから選び取られて確立したものであり、全体としてできあがったそれは制度において民間の比重が重く、給付面では普遍性を欠いた選別的性格の強いものであった。

---

36) Council of Economic Advisers [2012].

過去数十年間、経済システムの持つ雇用創出機能の劣化に対応して、政策的には労働市場の規制緩和と就労促進型の社会保障制度改革が推し進められた。しかし、それは大多数にとっての所得の停滞と雇用の不安定化に拍車をかけるものであった。そのもとでの新自由主義的福祉制度改革の継続が経済生活の危機を深刻化させてきたことは疑いない。しかし、制度をたんに劣化する以前の状態にもどすことが望ましくないことも明らかである。なぜなら、アメリカの労働市場は——日本も同様であるが——企業規模間の賃金格差や男女間の賃金格差という構造的な歪みをかかえており、さらにそのうえに雇用の流動化という問題が積み重なっている。このように幾層にも歪んだ労働市場の構造のうえでは、機能的で安定的な社会保障制度を維持することは困難であるからである。したがって前提として労働規制によって容易ではないにせよ労働市場の「二重構造」の是正を長期的な目標として図るべきである。

　そのような労働市場との相互的な関係に留意していえば、社会保障制度はつぎのふたつの面で、より普遍的なものに組み替えられるべきである。

　第1に、社会保障を職域と切り離さなければならない。そのふたつを結びつけている現在の制度は、雇用を産業構造の変化に対応することを阻害し、すべての国民を年金と医療保障に包含することを妨げている。

　第2に、より根本的に、雇用と保障を切り離すべきである。労働市場が十分な雇用を準備できなくなりつつあることはたんにアメリカのみならず、先進資本主義国共通の問題であるが、そうである以上、就労と保障とを強く関連づけることには限界がある。戦後ケインジアン体制の高雇用政策と社会保障制度のカップリングは、経済が十分な雇用を創出する環境を前提としており、その前提が浸食されれば、そのカップリングは持続可能ではない。1960年代にAFDC改革をめぐって低所得者の一律救済というアイデアが一時的にせよ浮上したことは偶然ではない。個人退職勘定を政府が管理するというラルフ・ネーダーのかつての提案は、日本の国民年金制度と同様なものを構想することになるであろう。しかし、拠出制度に基づいた場合、普遍的な社会保障を作ろうとしても、人件費の割合の高い中小企業の負担が重くなり、退職までの賃金格差が退職後の所得格差に結びつくなどの弊害が避けられない。社会保障制度はあらゆる面で困難をかかえているが、この問題の難しさ

自体が、職域による拠出ベースではなく、税方式によるより普遍的でシンプルな社会保障制度に向かうべきことを示唆していると思われる。

【参考文献】

本田浩邦［2012］「戦後アメリカにおける普遍的所得保障——『負の所得税』不成立の経緯」『アメリカ経済史研究』（アメリカ経済史学会）第11号。

Adema, W. and M. Ladaique [2009] "How Expensive is the Welfare State?：Gross and Net Indicators in the OECD Social Expenditure Database (SOCX)," *OECD Social, Employment and Migration Working Papers*, No. 92, OECD Publishing.

Bureau of Census, The Department of Commerce [2011] *Income, Poverty, and Health Insurance Coverage in the United States: 2011*（http://www.census.gov/hhes/www/hlthins/data/historical/HIB_tables.html）.

Council of Economic Advisers [2012] *Economic Report of the President*, The United States Printing Office（萩原伸次郎監訳『週刊エコノミスト臨時増刊・米国経済白書』毎日新聞社、2012年）.

Douglas, Paul H. [1936] *Social Security in the United States*, McGraw Hill Book Company, Inc.

Edsall, Thomas Byrne and Mary D. Edsall [1991] *Chain Reaction: The Impact of Race, Rights, and Taxes on American Politics*, W. W. Norton and Company（トマス・バーン・エドソール、メアリー・D. エドソール；飛田茂雄訳『争うアメリカ——人種・権利・税金』みすず書房、1995年）.

Edwards, Kathryn Anne, Alexander Hertel-Fernandez, and Anna Turner [2012] *A Young Person's Guide to Social Security*, Economic Policy Institute.

Friedman, Milton and Rose Friedman [1980] *Free to Choose: A Personal Statement*, Harcourt Inc.（ミルトン・フリードマン、ローズ・フリードマン；西山千明訳『選択の自由——自立社会への挑戦』日経ビジネス人文庫、2002年）.

Hacker, Jacob S. [2002] *The Divided Welfare State: The Battle over Public and Private Social Benefits in the United States*, Cambridge University Press.

—— [2006] *The Great Risk Shift: The New Economic Insecurity and the Decline of the American Dream*, Oxford University Press.

Howard, Christopher [1997] *The Hidden Welfare State: Tax Expenditures and Social Policy in the United States*, Princeton University Press.

Jacoby, Sanford [1999] *Modern Manors: Welfare Capitalism since the New Deal*, Princeton University Press（サンフォード・ジャコービィ；内田和秀他訳『会社荘園制――アメリカ型ウェルフェア・キャピタリズムの軌跡』北海道大学図書刊行会、1999年）.

Kornbluh, Felicia [2007] *The Battle for Welfare Rights: Politics and Poverty in Modern America*, University of Pennsylvania Press.

Lowenstein, Roger [2008] *While America Aged: How Pension Debts Ruined General Motors, Stopped the NYC Subways, Bankrupted San Diego, and Loom as the Next Financial Crisis*, Penguin Press HC（ロジャー・ローウェンスタイン；鬼澤忍訳『なぜGMは転落したのか――アメリカ年金制度の罠』日本経済新聞出版社、2009年）.

Lubove, Roy [1968] *The Struggle for Social Security, 1900-1935*, Harvard University Press（ロイ・ルバヴ；古川孝順訳『アメリカ社会保障前史』川島書店、1982年）.

McKay, Ailsa [2005] *The Future of Social Security Policy: Women, Work and A Citizens Basic Income*, Routledge.

Murray, Charles [1984] *Losing Ground: American Social Policy, 1950-1980*, Basic-Books.

Piven, Frances F. and Richard A. Cloward [1971] *Regulating the Poor: The Functions of Public Welfare*, Random House.

Rodgers, Harrell R. [2005] *American Poverty in a New Era of Reform, 2nd edition*, M.E. Sharpe.

Social Security Administration [2012] *Annual Statistical Supplement to the Social Security Bulletin, 2011*, SSA Publication No. 13-117.

Steensland, Brian [2008] *The Failed Welfare Revolution: America's Struggle over Guaranteed Income Policy*, Princeton University Press.

Widerquist, Karl, Michael A. Lewis and Steven Pressman ed. [2005] *The Ethics and Economics of the Basic Income Guarantee*, Ashgate.

Wooten, James A. [2005] *The Employee Retirement Income Security Act of 1974: A Political History*, California University Press（ジェイムズ・A. ウーテン；みずほ年金研究所監訳『エリサ法の政治史――米国企業年金法の黎明期』中央経済社、2009年）.

第Ⅲ部

財政
金融
バブル経済

第6章 オバマ政権と自由裁量的財政政策の復権

「小さな政府論」と「賢明な政府論」との対抗関係

萩原 伸次郎　*Shinjiro Hagiwara*

はじめに

　オバマ政権は、2009年1月、その前年の9月15日、リーマン・ブラザーズの経営破綻にはじまる世界経済危機が、まさにアメリカ国民を直撃している最中に成立した。だからその意味では、世界経済危機が「ブッシュ政権の経済政策の継承」を唱える共和党候補ジョン・マケインに対して、「チェンジ」を訴えるバラク・オバマを当選させたといえなくもないだろう。

　この「チェンジ」は、アメリカの財政政策からいうとどのような意味を持つのだろうか。前ブッシュ政権の経済政策において、2001年から2008年までの8年間、経済を自由裁量的財政政策（discretionary fiscal policy）によって調整するという考えは、少なかったようだ。2004年に大統領経済諮問委員会委員長を務めたグレゴリー・マンキューが指摘したように「自由裁量的財政政策の行使は経済の循環的変動を抑えるための税や政府支出の意図的な変化であり、経済活動の変化にともなって自動的に発生する変化に対置され、過去数十年の間、多くの経済学者に嫌われてきた」（大統領経済諮問委員会[2004] 47頁）のである。彼らの目指した政府は、「小さな政府」であり、財政政策によって、経済をコントロールするなどという考えは、まさに邪道であり、自由裁量的財政政策は忌み嫌われた言葉だった。だから、彼らの主たる政策は、租税政策だった。もちろん、こうした考えは、ブッシュ政権には

119

じまったものではない。1981年に政権を樹立したレーガン政権は、サプライサイド経済学を振りかざし、ケインズ的財政政策を投げうって、すべての国民階層へ一律の減税政策による経済再生計画を実施したことはよく知られている。まさにマンキューの指摘にあるように自由裁量的財政政策は忌み嫌われていたのである。

　この章の目的は、現代アメリカにおける財政を論じることだが、ブッシュ政権からオバマ政権への政権交代は、財政政策上どのような違いを生み出したのかに焦点をあてたい。そして、オバマ政権は、前政権まで長らく忌み嫌われていた自由裁量的財政政策を、何ゆえ彼らの政策の基軸として大胆に展開しようとし、また実行しようと考えたのかを明らかにしたい。

I　ブッシュ減税政策とアメリカ経済

1　経済成長を目的とした減税政策

　ブッシュ政権は、減税政策を最初から任期終了までの8年間変更することなく一貫して展開した[1]。とりわけ、2001年から2003年にかけては、立て続けに3つの主要な減税法案を立法化した。第1が、2001年6月の「経済成長・税軽減調和法」（EGTRRA：Economic Growth and Tax Relief Reconciliation Act in June 2001）だった。第2が2002年3月の「雇用創出・労働者支援法」（JCWAA：Job Creation and Worker Assistance Act in March 2002）だった。第3が2003年5月の「雇用・成長税軽減調和法」（JGTRRA：Jobs and Growth Tax Relief Reconciliation Act in May 2003）だった。2004年になると、さらにこれらの法律の諸規定を拡大するために「勤労家族減税法」（WFTRA：Working Families Tax Relief Act of 2004）を成立させたが、これら減税法のタイトルを見ても明らかなように、この時期のアメリカ経済は、GDPの回復はあるものの雇用が伸びず、本格的な景気回復へとはなかなか至らなかったのである。したがって、この時期のブッシュ政権の経済政策担当者たちは、経済成長を目的とした減税政策を執拗に展開したということができるだろう。

1）ブッシュ政権の租税政策については、河音・藤木編著［2008］第1章を参照。

しかし、経済成長を目的とした財政政策がなぜ減税政策だったのだろうか。2001年に成立したブッシュ政権は、「財政黒字を国民に返還せよ」とする保守派のスローガンを継承し、国内経済政策の最優先課題として減税を置いたからだといえるだろう（河音・藤木編著［2008］37頁）。現代保守派の財政思想として、減税、小さな政府、均衡予算の3つがあげられる。そこには租税に起因する国民への負担を取り除くという考えが根底にあり、とりわけ財政黒字が経済の長期的成長を阻んでいるとするものであった。クリントン政権期に創出された財政黒字によって、公共セクターに資金が集中され、民間から大量の資金が吸い上げられ過ぎたというのである。民間中心に成り立っている市場経済では、こうした事態は、経済成長を阻害するから、減税によって民間に資金をもどし、経済成長を促進しようというわけだ。

　ブッシュ政権の減税政策が、経済活動に相当の刺激を与えたことは否定できないだろう。リセッションにおちいっていたアメリカ経済を軌道に乗せるのに、これらの減税法は大いに役立ったと大統領経済諮問委員会は分析している。まず、所得税における限界税率の引下げ、児童税額控除の拡大、配当やキャピタル・ゲインへの課税率の引下げによって、税引き後の個人所得の大幅な増加と消費支出の増大をもたらしたとしている。また、減税は資本コストを削減し、企業投資への動機付けを与えたといわれた。というのは、2002年減税法において、04年までの投資金額の30％を直接経費として認める割増償却を行い、03年減税法では、新規設備投資の50％へとその割増償却を引き上げ、04年末へ適用期間を延長したからだった。経費は企業利益から差し引かれるから、投資を積極的に行えば、その30％、あるいは50％が経費となり、課税対象からはずされ減税となるのである。

　こうして、ブッシュ政権によって実施された減税は、2001会計年度に680億ドル、02会計年度に890億ドル、03会計年度に1590億ドル、04会計年度に2720億ドルもの刺激を経済へ与えたというのである。しかも彼らは、これら減税が短期的のみならず長期的な経済成長へ促進効果を与えるために策定されたことを強調したのだった。すなわち、「労働所得に対する税率の引下げは、勤労意欲を高めるインセンティブを与える。資本所得に対する税率の引下げ――貯蓄と投資への報酬――は、貯蓄と投資へのインセンティブを高める。投資は、労働者一人当たりの資本量を増やし、また資本に体現された新

技術が活用される速度を加速する」と指摘した。「総合すると、わが政権によって支持された減税は、消費や投資に対してかなりの短期的な刺激を与え、強力で持続可能な長期的経済成長を促進した」と結論づけたのだった（大統領経済諮問委員会［2004］49頁）。

たしかに、ブッシュ政権によって展開された減税政策が、リセッションを軽微にした功績は認めなければならないだろう。2000年第4四半期～01年11月のほぼ1年にわたるアメリカ経済の落込みは、きわめて軽微であり、「1960年以降のリセッションで2番目に小さいものである」とされたからだ（大統領経済諮問委員会［2004］39頁）。この軽微さの理由にあげられるのが、リセッションを通じての財・サービス消費支出の堅調さであり、住宅投資は過去のリセッションと異なり、逆に安定的に上昇を示したからである。

2001年の同時多発テロの発生や同年12月のエンロン破綻、また02年における多数の企業不正会計事件の発覚など、アメリカ経済が深刻な不況におちいってもおかしくないと思われた事態が継続したのだが、02年になるとアメリカ経済は早くも回復過程に入ったのだった。もちろん、この回復は、ただちに急速な景気拡大へと転じたわけではない。03年になっても回復は頼りないものであり、資本設備の過剰の深刻化、また失業率の高止まりが景気上昇を抑えたのだ。

かくして、金融緩和政策と政府による01年減税、02年減税パッケージの刺激によって、循環的収縮要因は、03年中に解消し、04年になってようやくアメリカ経済は、急速な景気拡大局面へと移行するのだった。03年第3四半期から04年第3四半期までの実質国内総生産の成長率は、4.0％となった。その後、05年になって若干落ち込み、第1四半期が3.8％、第2四半期が3.3％、第3四半期が4.1％と推移していった。04年に雇用は着実に増加し、労働市場の改善が見られ、失業率は03年6月の6.3％の高水準から低下し、04年には、5.7％、05年12月には4.9％の水準にまでなった。消費者物価指数は、03年、1.9％と低い上昇率にとどまり、04年、3.3％、05年になると石油価格の高騰による影響があったが、全品目では、3.4％の上昇率だった。

2 ブッシュ減税はアメリカ経済に何をもたらしたか

ブッシュ大統領は、減税政策による雇用の創出を訴え続けた。しかし、必

ずしもことは予定通りには進まなかったといえるだろう。2004年大統領経済諮問委員会報告もこの事実は認めざるをえなかった。

「実際に、過去数年間の雇用実績は、過去の景気循環よりも明らかに弱かった。過去の平均的な景気回復においても、雇用の回復は緩慢であり、おそらく需要が持続的拡大にあると使用者が確信するまで雇入れは引き延ばされたからであった。しかしながら、そのような鈍さは概して短命（１四半期から２四半期）であり、後には旺盛な拡大が続いた。今回の景気循環においては対照的であり、雇用は実質GDP上昇ののちほぼ２年たっても回復をはじめなかった。今回の景気循環における雇用実績は、1990～91年のいわゆる『雇用なき景気回復』よりも、もたついていた」（大統領経済諮問委員会［2004］51頁）。この時点で雇用の数は、01年３月のピーク時を200万人も下回っていたのだった。

けれどもブッシュ政権は、「減税は雇用を創出する」と、ただお題目的にいいつづけるだけだった。表面的に見るとたしかに失業率は低下を示した。既述のように、04年の失業率は5.7％だったし、05年12月には4.9％に下がったのである。しかし、この数値は雇用の増大と労働市場の強さを示しているとは必ずしもいえない側面があった。なぜなら、雇用を求める人の数が異常に減っている事実があったからだ。すなわち、それは雇用されるのをあきらめた人が労働市場から脱落し、本来ならば失業者に加えられるべき人たちがカウントされなかった事情によっていたからなのだ。雇用成長が、ブッシュ政権がいっていたように伸びていなかった現実は、やはり減税政策のみによる雇用創出の限界を示していたといわざるをえないだろう。

ところで、ブッシュ政権期の連邦財政において無視できないのは、イラク戦争が与えた影響だろう。アメリカは、2003年３月20日、圧倒的な軍事力でイラク攻撃を開始し、４月９日には、首都バグダッドを陥落させ、24年にもわたるサダム・フセイン独裁政権を崩壊させたのだが、ブッシュ政権はイラク駐留に終止符を打つことができなかった。ブッシュ大統領は2006年１月の一般教書演説で、イラクで勝利しつつあるという根拠のない楽観論を展開したかと思うと「アメリカは長期戦争のさなかにある」といったり、「反テロ世界戦争」を口にしては、イスラム"過激派"の軍事的攻撃を目標に立て、攻撃的な軍事戦略のもとに米軍の世界的再編を狙っていった。

第６章　オバマ政権と自由裁量的財政政策の復権　*123*

アメリカ連邦財政は、クリントン政権期に史上空前の黒字を作り出したのだが、ブッシュ政権期になってその黒字は、一気に赤字へと転換した。アメリカ予算管理局は、ブッシュ政権になってからの連邦財政の赤字転換をつぎの３つの要因から説明した。第１が、2001年のリセッションである。2002年から2003年度にかけての連邦財政赤字転換のほぼ半分がこの要因によるものとした。第２が政策要因であり、対テロ戦争の実行や経済浮揚策などの裁量的経費の増加である。これが赤字転換要因のほぼ４分の１を占めたという。そして、第３が減税政策であり、ブッシュ政権発足以来展開している所得税、遺産相続税、キャピタル・ゲインならびに配当税率の減税が連邦政府収入を継続的に減少させているというのだ。

こうした赤字転換にもかかわらず、ブッシュ政権は既述のように2003年３月20日、イラク戦争を開始し、その後の占領の継続は米連邦財政赤字の増加に拍車をかけた。米軍のイラク駐留の終了は、じつに2010年オバマ政権のもとでようやく行われたのだった。2004会計年度は4130億ドルの赤字、2005会計年度は3180億ドルの赤字だった。ブッシュ大統領は、2006年２月６日、07年度連邦予算を発表し、議会に送った。なおアメリカの連邦財政は日本とは異なり、その前年の10月からはじまり、翌年の９月に終了する。つまり07会計年度は06年10月にはじまることになる。こうしてブッシュ政権からの予算教書とそれに基づく予算案は議会で審議され、同年10月にはじまる07年度の連邦財政が決定されることになった。

アメリカ大統領は、通常、一般教書、予算教書、経済報告という順序で、１月から２月にかけて、その後１年の政策を国民に明らかにする。予算教書はその具体的政策の中心的部分を占めるといってよいだろう。06年２月６日に発表された07会計年度ブッシュ政権の予算教書は、総支出額２兆7700億ドル、９月に終了予定の06会計年度の連邦支出額２兆7100億ドルよりも2.2％だけ多い支出額が提示された。そのなかで注目されたのは、軍事支出の突出だった。全体の支出が抑えられるなかで、総額4393億ドル、6.9％の上昇なのだ。しかも、この金額には、イラク、アフガニスタンでの軍事支出は含まれておらず、追加の1200億ドルを議会に別途求めるとしたのだった。

軍事支出や国土防衛以外の支出は、極力切り詰められる方針が打ち出された。財政支出は、政策当局の裁量に任される裁量的経費と年金や老人医療費

などに見られる義務的経費に分かれる。07年予算では、まず民生費を中心とする裁量的経費が削減された。141のプログラムを廃止し、147億ドルの節約を図るとした。たとえば、教育省は544億ドル、06会計年度予算に比べて3.8％の削減案だった。

　ブッシュ大統領は、任期が終わる2009年までに連邦財政赤字を半減するとしたのだが、それには歳出の削減と経済成長が必要であると主張した。2006年9月に終了した会計年度は、4230億ドルの赤字になると、2006年2月の段階では予測され、07会計年度では、3540億ドルの赤字が見込まれていたのだが、その後の予測値の修正によって、赤字額は大幅に改善すると発表、09年の赤字半減の公約は前倒しで実現されるかに思えた。しかし、2008年9月15日、リーマンショックにはじまる世界経済危機は、連邦財政の赤字を逆に急増させることとなってしまったのだ。

　ブッシュ政権は、経済成長には減税が必要であるという姿勢を貫き通したといってよい。したがって、ブッシュ大統領は、財政支出の削減は裁量的経費だけでは不十分で、ソーシャル・セキュリティ（公的高齢者年金）、メディケア（高齢者・障害者医療給付）、メディケイド（低所得者医療補助）といった義務的経費にまで手をつけなければならないと明言した。「低い税負担を維持することは、経済成長と競争力にとって不可欠である。減税はわが国の経済のためになってきたし、増税は家計や中小企業への負担を増大させたであろう。経済成長を維持するためにも、議会は減税を恒久化する必要がある。……私の在任中、われわれは、毎年、安全保障にかかわらない裁量的支出の伸び率を抑えてきたし、議会は昨年、この支出を削減する法案を通した。……しかしながら、裁量的支出の抑制のみでは十分ではない。われわれは、最近義務的支出プログラムにおいて重要な節約法案を通した。われわれには、より一層節約する必要がある。というのはわが国の財政危機を解決する唯一の道は、ソーシャル・セキュリティ、メディケア、あるいはメディケイドといった社会保障プログラムの爆発的成長に手をつけなければならないからである」（大統領経済諮問委員会［2006］29頁）。

　ブッシュ帝国主義による軍拡と減税のもとで、アメリカの教育と社会保障という国民生活に密接不可分にかかわる領域の連邦財政支出の削減が進行したのである[2]。

II 2008～09年世界経済危機と危機救済策

1 ブッシュ政権の危機救済策

　アメリカ経済が、景気後退期に入ったのは、2007年12月だった。その8月に欧州でアメリカのサブプライム・ローンの不良債権化からにわかに金融危機が叫ばれ、11月にはアメリカ経済が先行き不安ということで、資本流出が続出、急激な円高・ドル安が起こった。

　アメリカ連邦準備制度理事会（FRB）は、2007年9月18日、いままで、景気拡大から5.25％に上昇していたフェデラル・ファンド・レートを4年3カ月ぶりに引き下げた。フェデラル・ファンド・レートとは、アメリカの預金金融機関が連邦準備銀行にある準備預金を他の金融機関に翌日決済で貸し付ける際の金利であり、連邦準備制度理事会が決定する。この金利引下げによって住宅ローン金利の低下を狙ったことは明らかだった。政府は、12月6日ブッシュ大統領が会見し、借入れから2～3年後に金利が高く設定されている低所得者向け住宅ローンの貸倒れを防ぐため、金利上昇を5年間凍結するなどの対策を発表したのだった。05年から07年7月に契約し、08年から10年7月に金利が上がるサブプライム・ローンの金利水準を凍結するというものであった。また、12月11日、FRBは、フェデラル・ファンド・レートの3回目の切下げを実施した。こうしたなか、年末の資金需要の高まりから、金融危機が深刻化するのを防ぐ目的で、米連銀（FRB）、欧州中央銀行（ECB）、イングランド銀行（BOE）、カナダ銀行、スイス国民銀行の5つの中央銀行は、12月12日、各国の金融市場に大量の資金を協調して供給すると発表し、年末の急増する資金需要に対応する措置をとった。

　08年になるとアメリカの経済状況は、一層深刻度を増した。しかし、ブッシュ政権の経済政策担当者たちは楽観的であり、大統領経済諮問委員会のエドワード・ラジアー委員長は、2008年2月11日に記者会見し、2008年のアメリカ経済の成長率は、前半落ち込むが、マイナスにはならず、後半回復するという見解を示した。サブプライム・ローン危機が深刻になりそうな状況を

2）ブッシュ政権下のアメリカ経済については、萩原［2011］第3章を参照のこと。

「アメリカ経済は、長期的にはかなり成長を続けるが、短期的には非常に大きな問題が生じている」というにとどまり、ブッシュ政権の減税政策を継続すると強調した。1月28日、最後の一般教書演説に臨んだブッシュ大統領は、こうしたアドヴァイスのもとで、アメリカ経済がおちいった短期的な経済停滞を克服すべく、個人所得税と企業の投資減税を大胆に展開すると表明し、過去7年間の自らの減税政策の正当性を訴えると同時に、恒久減税にしなければ意味がないとのかねてからの持論を繰り返した。2月に議会を通過したこの減税案は、08年2月に景気対策法として成立し、総額1130億ドル、アメリカGDPの約0.8％であったが、財務省は小切手で、その大半（780億ドル）を第2四半期に拠出し、4月後半から7月はじめにかけて納税者に届けられた。また、景気対策法は、08年中に実施された設備投資の費用の50％を08年の税金から控除することを認めた。

　しかし、こうした対策は、サブプライム・ローンの焦付きに結びついた投機的な証券化経済を根本原因とする今回の経済危機[3]には、何の有効性を発揮することにはならなかった。アメリカのサブプライム危機は深刻化した。アメリカ政府は、7月13日、政府系住宅金融機関のファニーメイ（連邦住宅抵当金庫）とフレディマック（連邦住宅貸付抵当公社）に対する公的資金の注入を含む救済策を発表し、議会に関連法案の成立を要請した。ファニーメイは、1938年に設立された住宅ローン（モーゲージ）の買取り機関である。買い取ったモーゲージをプールし、証券化し、モーゲージ担保証券を発行し売りさばく機関である。フレディマックは、70年に設立された機関だが、ファニーメイとともに、住宅ローンの証券化に欠かすことのできない金融機関ということになる。しかし、住宅価格の下落が止まらず、住宅ローンの焦付きが続出、買い取った債権の不良債権化が累積し、深刻な資本不足におちいったというわけである。米上院では、すでに11日、政府の連邦住宅局（FHA）によるローン保証を最大3000億ドルまで認める住宅ローン救済法を成立させた。

　事態が金融恐慌へ急転直下落ち込むのは、2008年9月15日アメリカ投資銀行第4番手のリーマン・ブラザーズが経営破綻してからである。すでに3月

---

[3] 今回の金融危機については、Shinjiro Hagiwara［2013］を参照のこと。

には、アメリカ投資銀行ベアー・スターンズが破綻し、JPモーガンによって救済合併されたが、9月15日のリーマン・ブラザーズの破綻は、「すわ大恐慌か!!」という危機感を世界へ与えた。保険会社、アメリカン・インターナショナル・グループ（AIG）は、連邦政府によって救済されたのだが、リーマンには買い手がつかず、破産の運命をたどった。のちにリーマンを破産させるべきではなかったという議論がなされたが、あとの祭りというべきだろう。メリル・リンチは、バンク・オブ・アメリカが救済合併、モーガン・スタンレーは、救済資金ほしさに自らを商業銀行化し、ゴールドマン・サックスもそのあとに続いた。

この金融危機に対して、ブッシュ政権のとった政策は、「緊急経済安定化法」（Emergency Economic Stabilization Act）の制定だった。10月3日に議会で可決され、不良債権買入れと金融機関への資本注入のため7000億ドル規模の措置「不良資産救済措置」（Troubled Assets Relief Program）がとられることになった。シティー・グループ250億ドル、JPモーガン・チェース250億ドル、ウェルズ・ファーゴ250億ドル、バンク・オブ・アメリカ150億ドル、ゴールドマン・サックス100億ドル、モーガン・スタンレー100億ドル、メリルリンチ100億ドルというように、危機におちいった金融機関への公的資金の投入がなされたのだった。

こうして、金融を野放しにし、市場の機能に全幅の信頼を置くという、ブッシュ政権の経済政策は、結局、金融機関救済のために、大量の税金を投入しなければならない羽目におちいったのであり、膨大に膨れ上がった連邦財政赤字は、次期のオバマ政権が引き継ぐこととなったのである（萩原［2012］41-43頁）。

2 オバマ政権の危機救済策

オバマ政権は、2009年1月に誕生したが、経済政策上緊急を要したのは、金融危機対策であった。ブッシュ政権を引き継ぐ形で実行されたわけだが、09年2月10日、財務長官ティモシー・ガイトナーは、金融救済の新しい包括的アプローチを発表した。その第1が資本評価監視プログラム（Supervisory Capital Assessment Program）であり、国内19の大手金融機関に対する資本注入の必要性を評価することである。これは、いわゆる「ストレス・テ

スト」というものであり、追加的な資本が必要となれば、民間資本市場での資本増強が求められたが、それができない場合、公的資本が注入されることになる。第2が消費者および企業向け貸出制度（Consumer and Business Lending Initiative）であり、資金調達手段の確保を意味したが、財務省は、企業と家計向けに1000億ドルの貸付枠を1兆ドルに拡大した。これは信用逼迫を緩和して、ローンの金利引下げを狙ったものだった。そして、第3が、財務省が連邦預金保険公社、連邦準備制度と連携して官民投資プログラム（Public-Private Investment Program）を創設したことだが、この主要目的は、金融機関のバランスシートから不良資産を除去することであり、彼らの貸出し意欲を高めることだった（大統領経済諮問委員会［2010］66頁）。

　さらにオバマ政権の金融危機対策は、短期的なその場かぎりの政策ではなく、より長期的な金融にかかわる規制改革も試みられたといってよいだろう。金融機関に対する健全な監督・規制の推進、金融の証券化に対応する金融市場の包括的規制の制定や金融不正から消費者と投資家を保護する諸措置などが目指され、最終的にそれは、2010年7月21日、金融規制改革法となって実現した。

　ところで、オバマ政権の危機対策で、注目しなければならないのは、自由裁量的財政政策の復権である。ブッシュ政権では、かたくなに阻まれていた政府による積極的財政支出政策が、オバマ大統領就任後28日の2009年2月17日「アメリカ復興および再投資法」（American Recovery and Reinvestment Act of 2009）となって成立したのである。推定7870億ドルの復興法は、アメリカ史上最大の景気対策のための財政出動である。09年にGDPのほぼ2％、10年に2.2％に相当する減税と政府支出の拡大を目指したこの財政刺激策は、ニューディール時代のもっとも大きな財政赤字拡大幅、1936会計年度の約1.5％をしのぐものだった。しかも、その底に流れる経済政策思想は、明らかにケインズ的なものといっていいだろう。「財政刺激策は、民間需要が激減し、連邦準備制度が追加的に短期金利を引き下げることができないことを原因とする総需要の不足分を満たすために策定された」（大統領経済諮問委員会［2010］67頁）、と大統領経済諮問委員会報告は述べたのだ。この刺激策の基本はつぎの3つの原則によって策定されたという。その第1は、財政による景気刺激策は2年にわたるべきであり、しかもこの政策は暫定的

であり、永続的な政府規模の拡大を図るものではないということ。第2は、刺激策は、個人減税、インフラ整備などさまざまな幅広い財政出動政策であり、十分に多様でなければならないということ。そして、第3が、緊急の財政支出は、長期的な必要性にも対処すべきであり、生産性と成長を高める永続性のある資本投資を目標とすべきだというものだった（大統領経済諮問委員会［2010］67-70頁）。

　この「復興法」が、2008年9月の金融危機の深化とともに急速に落ち込んだアメリカ経済を何とか持ち直させるのに役立ったことは認めなければならないだろう。アメリカ経済は、「第2の大恐慌」へとは沈まず、09年第3四半期以降、国内総生産（GDP）をプラスに転じさせ、10年中を通じて実質成長率をほぼプラスにもっていくことに成功したからである。まさしく、オバマ政権の迅速な経済政策によって、2008〜09年アメリカ経済危機は、大恐慌以来最大規模の「大リセッション」にとどまったのである。しかし、失業者は、2009年1月に1198万4000人を記録したのち、増加を続け、年末には、1521万2000人となり、2010年中、1500万人近傍から減少せず、11月に行われた中間選挙では、米民主党は惨敗し、上院ではかろうじて過半数を維持したものの、下院では共和党が多数を占めるという議会における与野党間のねじれ現象が生じた。

　したがって、オバマ政権とすれば、2001年、2003年に成立したブッシュ減税法が期限を迎える2010年末には、それら富裕者優遇の一律所得減税法を、延長させたくはなかったのだが、その他の付帯条項を付け加えて、2010年税軽減・失業保険再認可および雇用創出法（Tax Relief, Unemployment Insurance Reauthorization, and Job Creation Act of 2010）として、10年12月に議会を通過させた。この法律は、まず2001年、2003年ブッシュ減税を踏襲し、すべての国民に減税を2年間延長した。またこの法律は、2011年にアメリカの労働者に約1120億ドルの減税を与える2％の給与減税も導入した。さらにこの法律は、失業保険の延長を継続させ、非自発的失業者は2011年まで失業保険金を受けることができるようにした。減税と追加的な失業保険給付は、全体として消費を刺激することが期待されたが、さらにこの法律は、設備投資全額の損金算入を認め、11年に投資を行う企業へ強力なインセンティブを導入したのだった（大統領経済諮問委員会［2011］59-60頁）。

大規模な減税と財政支出政策は、連邦財政に一時的にせよ膨大な赤字の累積を作り出した。連邦財政赤字の上限を決めるのは議会の権限であり、歴代の政権はその上限に達すれば、議会に要請し、議会が上限を引き上げるということが慣例となっていた。このとき上限は14兆2900億ドルだったが、2011年5月には限界に達し、引上げが必要だった。できなければ、米国債の債務不履行が発生し、金融危機を引き起こしかねないのだ。オバマ政権にとって不運だったのは、2010年11月の中間選挙で共和党が下院を制し、減税・歳出削減を唱えるティー・パーティー（茶会）運動の支持を受けた議員がかなりの勢力を占めていたことだった。引上げ幅をできるだけ少なくし、2012年11月の大統領選挙で再度の上限引上げ問題を起こし、それをオバマ攻撃に使おうというのが共和党の狙いだったが、結局、7月31日、米議会で合意が成立し、2兆1000億ドル幅の引上げということになった。しかし、この上限幅確定時の8月2日に議会は、予算統制法を成立させ、10年間で1兆2000億ドルの赤字削減の具体的プランを年末まで、議会の超党派委員会で決定することを決めたのである。もし、まとまらなかった場合、2013年1月2日をもって軍事・非軍事を問わず、裁量的経費を2013年から22年まで年間1100億ドル削減すると決定した。しかも、連邦財政赤字の上限も2013年中に到達するから、早晩この問題が再燃することになる。

　ところで、オバマ政権は、債務上限問題に一応決着をつけたのち、2012年11月の大統領選挙をにらんで「復興法」につぐ効果的な財政主導の経済政策の展開に動きはじめた。それが、オバマ大統領自ら上下両院合同会議で演説し成立を呼びかけた総額4470億ドルにのぼる「アメリカ雇用対策法」（American Jobs Act）であった。主要な雇用対策としてあげられたのが、2012年の雇用者家計への給与税の半減政策だった。これが実現すれば、6.2％の給与税が半減されるから一般家計には平均すると年間1500ドルの負担軽減となる。既述のように、2011年には2010年12月に成立した減税法によって、2％幅の給与減税が実施されたので、もしこの「アメリカ雇用対策法」が成立したとすれば、2012年には減税幅はさらに広がることになるのだ。これで、総額1750億ドルの減税。中小企業への給与税の負担も半減させ、新たに雇用した場合、追加雇用者分の給与税は全額免除の方針で650億ドル。この減税政策の一方で、オバマ政権は公共事業の実施によって、雇用創出を試

みることを考えた。学校の補修300億ドルに加え、道路・空港・鉄道の近代化で500億ドル、そして、失業保険の延長と改善で490億ドル、というのが主な雇用対策であった。主として2012年に実施されることから、大統領選を控えての短期的な雇用対策であり景気浮揚策だったといえる。

　さらに、オバマ大統領は、2011年9月19日ホワイトハウスで演説し、今後10年間で3兆ドルを超える連邦財政赤字の削減策を提案した。既述のようにこの夏の債務上限引上げの合意時に、今後10年で、2.1兆ドルの削減が決定され、そのうち0.9兆ドルの削減はすでに法制化済みだったので、残りの1.2兆ドルの削減案を年末までにアメリカ議会の超党派委員会でまとめることになったのだが、それに加えてオバマ大統領は、税制改革にともなう増税、義務的経費の歳出削減、イラク戦争・アフガニスタン戦争の終結にともなう戦費の減少という3つの柱からなる削減案を提案したのである。ここで注目されたのは、税制改革による増税であり、ブッシュ減税による富裕層の減税を2012年12月の期限切れにともなって廃止し、さらに富裕層や石油会社など特定の企業への税制優遇の廃止によって1.5兆ドルの増税を企てたのだった。

　しかし、こうしたオバマ政権の富裕層への増税を狙う税制改革と積極的な財政支出政策は、下院を制する共和党の反対で成立は困難となった。裁量的財政政策をフル活用したアメリカ雇用対策法は、結局、2010年12月に成立した減税法における11年の2％給与減税と失業保険給付の延長を2012年まで認めただけで終わってしまった。

III　オバマ政権の財政政策は何を目指すのか

1 「財政の崖」(fiscal cliff) と「歳出自動削減」(sequestration) を乗り越えて

　2012年11月の大統領選挙は、現職大統領オバマの勝利となったが、共和党優位の下院と民主党優位の上院という議会のねじれ現象は、解消することなく継続することとなった。しかも世情は、2013年1月にアメリカ経済が遭遇する「財政の崖」問題でもちきりとなった。この崖とは、2010年減税・失業保険再認可および雇用創出法の失効、さらに2011年8月に成立した予算統制法に基づく裁量的支出の自動的削減措置の発動という増税と歳出削減の二重

の発動によっておちいるだろうアメリカ経済のリセッションのことをいう。

もともと、この「財政の崖」(fiscal cliff)は、連邦準備制度理事会議長ベン・バーナンキが2012年2月末の下院金融サービス委員会の席上、アメリカ経済は2013年1月1日、減税法の失効と予算統制法による歳出自動削減措置が働き、それに対し有効な対策をとらなければ、増税と巨額な財政支出削減によって急峻な財政の崖に遭遇する危険性を警告したことにはじまるといわれる。崖というよりは、なだらかなスロープや丘と表現したほうがより適切だとする見解もあったが、2012会計年度から13会計年度にかけて、連邦税収は19.63％増加し、支出は、0.25％減少すると見積もられ、議会予算局は2013年に失業増大をともなう軽微なリセッションにおちいるだろうと予測した。

結局この「財政の崖」は、2013年1月2日、オバマ大統領が、2012年アメリカ納税者救済法(American Taxpayer Relief Act of 2012)に署名することで事なきを得たが、予算統制法の発動による裁量的支出の自動的削減措置は、2カ月延期されたにとどまり、連邦債務の上限も引き上げられることはなかった。議会予算局の予測によれば、2013会計年度において、連邦税収は8.13％の増加、支出は1.15％の増加となったが、税収の増加は年収40万ドル（夫婦で45万ドル）以上の納税者の限界所得税率とキャピタル・ゲイン税率の上昇、年収25万ドル（夫婦で30万ドル）以上の納税者の税控除の一部廃止、500万ドル以上の財産にかかる財産税の上昇、そして、2％の給与減税の廃止によるものであった。この措置は、2001年、2003年のブッシュ減税を2年間延長した、2010年の減税法をそのまま延長させようとする共和党の主張を退け、オバマ政権が政権発足以来主張してきた税制改革を共和党と妥協しながら通したもののひとつといえるだろう。なぜなら、2010年大統領経済諮問委員会報告では、つぎのように述べられていたからだ。「わが政権は、年間25万ドル以上稼ぐ人々の通常所得の資本譲渡益の限界税率を00年の水準に引きもどすことを提案している。さらに、高所得の納税者の株式配当所得税率を資本譲渡益と同じ20％——90年代より低い——に設定し、その他01、03年減税の諸項目すべてをこれら納税者については期限切れとすることも提案している」（大統領経済諮問委員会［2010］148頁）。減税措置廃止の対象を年収25万ドル以上から40万ドルへとかなり妥協はしたのだが、ATRAは

富裕者優遇のブッシュ政権時代の税制に歯止めをかけ、バランスのとれた赤字削減アプローチの途にようやく辿りついた観がある。なぜなら、彼らはこうもいっているからだ。「こうした変更の多くは、高所得納税者の税率を90年代の水準に差しもどすだけである。それ以上の部分があるにしても、結局、一部の一般的な所得——たとえば株式配当——の税率が90年代よりも著しく低いことによって相殺されてあまりあるものなのだ」（大統領経済諮問委員会［2010］148頁）。

　しかし、こうした控えめなオバマ政権による税制改革に対して、「小さな政府」論を振りかざし、減税と歳出削減を金科玉条のごとく主張する共和党議員たちは、2011年に成立した予算統制法における2.1兆ドルの削減方法をめぐって妥協することなく、オバマ政権の主張する削減策に徹底抗戦を試み、結局、2012年3月から、連邦裁量経費の年間一律1100億ドルの削減となる「歳出自動削減」（sequestration）に突入することになった。アメリカ連邦の裁量的経費は、2011年で1兆2780億ドル程度だから、「歳出自動削減」によってその規模は削減されるが、2013年でその裁量的経費は、前年のレベルにとどまると予想された。しかし、その後は、上昇率は下がるとはいっても、支出がそのレベルに固定されるというわけではないので、アメリカ連邦財政の裁量的経費は上昇を続けるだろうと予測されるのである。

2　「賢明な政府」による財政支出政策

　オバマ政権の財政政策の基本はどこにあるといえるのだろうか。彼らは、それによって「小さな政府」を目指すわけでもなく、さりとて「大きな政府」を目標とするわけでもないという。つまり、彼らの理想は「賢明な政府」だというのである。この「賢明な政府」の意味を一言でいえば、アメリカにイノベーションを起こし、民間投資の活発化を引き起こすための技能と教育への投資を、財政政策を通じて作り出し、21世紀アメリカの経済成長を揺るぎないものにする政府ということになるだろう。オバマ政権は、ティー・パーティの政策志向に見られるような、性急な財政支出削減によって小さな政府を実現するという方策はとらない。

　「はっきりしていることは」と彼らはいう。「長期の財政問題に取り組む正しい方法は性急な緊縮財政によるのではなく、赤字をもたらす基礎的要因に

時間をかけて確実に手をつける政策によるべきだということである。大幅な支出削減と増税は失業が多くて能力の多くが稼働していない経済では全く誤った処方箋である。こうした状況で、財政刺激が所得と雇用を増やすまさにその時に財政規律に取り組むと、時期を誤り逆効果になる。短期の緊縮財政は、連邦準備制度がもはや名目金利をゼロに拘束されずに済み、したがって収縮的なマクロ経済的影響に対抗する手段を持つときにやっと許容される」（大統領経済諮問委員会［2010］146頁）。

　これらの政策は、1930年代の大恐慌時の教訓から学んだものであるともいえる。ローズヴェルト政権が、財政政策の積極化を試みはじめたのは、1935年初めの予算教書の発表によってだった。長期的視点に立って、資本活動が不活発のときには、財政支出政策によってその不活発さを補正するという補正的財政政策の採用が必要となったからだった。この財政政策への転換によって、アメリカ経済は急速に回復を示し、連邦準備局工業生産指数は、1937年にようやく1929年水準へと回帰したのだった。しかしその後ローズヴェルト政権は、急速に緊縮的財政政策にもどってしまい、鋭さの点では1929年恐慌を上回る1937年恐慌を引き起こしてしまった（詳しくは、萩原［1996］17-18頁参照）。この年に財政・金融の両政策は急速に引締めに転じた。前年の退役軍人特別報償は打ち切られ、ソーシャル・セキュリティ税が初めて導入され、連邦準備制度は、加盟銀行の必要準備率を2倍にしたからである。この早すぎた政策引締めの結果は散々なものだった。実質GDPは38年に3％減少し、失業は14％から19％に急増し、景気は完全に腰折れとなってしまったのだ（大統領経済諮問委員会［2010］146頁）。

　オバマ政権は、中長期的な財政赤字増大問題をどう考えているのだろうか。いうまでもなく、長期の財政赤字は国民経済に厄介な事態を引き起こす。巨額な赤字と政府債務が経済の規模を超えて際限なく増大する。こうなると、結局、国家債務は投資家が合理的な金利水準で保有しても構わない水準を超えていくだろう。こうした時点を超えると状況はコントロール不可能となる。なぜなら、投資家が政府債務を保有しようとする意欲が殺がれるから債券価格が暴落し、長期金利が急騰するからだ。とすれば、持続可能な赤字路線にとって決定的に重要なのは、財政政策によって政府の債務水準を投資家が合理的な金利で保有してもよいと考える水準にGDP比で安定させる

ことなのだ。債務 GDP 比は、赤字 GDP 比を名目 GDP 成長率で割った値となる。たとえば、赤字が年間 GDP 比 1 ％で名目 GDP 成長率が 5 ％とすれば、債務 GDP 比は、20％で安定するということであり、したがって、赤字 GDP 比が 4 ％、名目 GDP 比も 4 ％だとすれば、債務 GDP 比は100％で安定するということなのだ。

　したがって、オバマ政権は適切な中期目標を基礎的財政収支の均衡、つまり債務利払いを除いた財政収支の均衡に求めるというのだ。それを達成するには、利払い費を含めると、この目標は GDP 比約 3 ％の赤字になるという。実質 GDP 成長率が年間約2.5％として、インフレが年間 2 ％とすると、名目成長率は長期で年間4.5％になるだろう。もし、このレベルで安定するとすれば、債務 GDP 比は、前述の計算式によれば、3 ％を4.5％で割ることになるから約66％に落ち着くはずだ。こうした目標をオバマ政権の経済政策担当者たちは、つぎのように結論づける。「約 3 分の 2 という債務 GDP 比は、歴史的国際的経験の範囲内に十分ある。それはわが政権が引き継いだ軌道に比較してかなりの財政規律を意味する。債務 GDP 比を増やし続けるのではなく安定させるのは至上命令であり、危機後の水準付近で安定させればかなりの利益があるし、それは無理のない目標でもある」（大統領経済諮問委員会［2010］145頁）。

　しかし、事態はそう簡単ではない。債務 GDP 比は、2010年に94.2％、2011年98.7％、2012年には104.8％と上昇傾向を辿っているからだ。オバマ政権の経済政策担当者たちは、だからといって、性急な財政赤字削減策をとることは愚かな選択だと主張する。彼らは、バランスのとれた赤字削減アプローチが必要だというのである。このアプローチによれば、アメリカのもっとも困難な状態にある市民やアメリカの成長と競争力の強化に必要な分野の財政支出は削減してはならないとする。だから、「メディケア、メディケイドは強化され、わが国の高齢者、低所得者、ハンディキャップのある諸個人の医療は保障される。ソーシャル・セキュリティは、年金世代に信頼できる確かな所得源泉を引き続き提供する。軍事は国内外でアメリカの利益に奉仕するための財源を引き続き受ける。退役軍人は必要とする支援を引き続き受ける。教育、インフラ整備事業、イノベーションへの投資は引き続き優先事項となる。その他多くの削減プランは、こうした分野には及ばない」（大統

領経済諮問委員会［2012］96-97頁）のである。それはいうまでもなく、アメリカの債務GDP比を減少させるには、まず分母のGDPの上昇が不可欠であるからだ。この点は、オバマ政権発足時から重視され、主張しつづけていることだといえる。すでに2009年2月26日の『予算教書』はいう。ブッシュ政権のもっともひどかった点のひとつは、政府の役割を軽んじるあまり、公的資金による未来への投資を怠ってきたことだと。そしてオバマ政権の担当者たちはグローバルな情報化時代にふさわしいインフラの建設、さらには、物理、数学、工学への連邦政府による資金の投入を主張した。連邦政府と州地方政府が協調してインフラ投資を拡大するため、国家インフラ銀行の創設などは、まさにオバマ政権の考え方を率直に示したものとして注目されたのだった（萩原伸次郎［2009］13-16頁）。

もちろん、アメリカの債務GDP比を減少させるには、分子の債務額それ自体の削減にも取り組まなければならないのはいうまでもない。オバマ大統領は、2010年2月に、予算現金払い原則制定法（Statutory Pay-As-You-Go Act）に署名したが、この法律によれば、財政支出プログラムは必ずその財源となる収入の裏付けを必要とすると定められた。この原則は、「小さな政府」を目指すとしたブッシュ政権ではまったく省みられることなく打ち捨てられた原則だったが、それを10年ぶりに復活させたのだ。さらに、2010年3月オバマ大統領は、ケア適正化法（Affordable Care Act）に署名した。この法律は直接的には、医療保険制度の拡充を目的としているが、同時に増加の一途を辿る医療費増加に歯止めをかけるものとして期待されている。そして、大統領と議会は、既述のように2011年予算統制法（Budget Control Act of 2011）を成立させ、今後10年間で1兆2000億ドルの赤字削減が決定されたのだが、さらにオバマ大統領は3兆ドルの赤字削減案を示した。彼は、「非効率的で無駄が多く時代遅れの連邦プログラムを削減または統合することで300億ドルの赤字削減、国防支出を2012会計年度予算比で9％削減する新国防戦略の採用、海外緊急支援活動の予算を21年まで4500億ドルに抑えること、大手金融機関に対する600億ドルの危機対策税、メディケア・メディケイド制度をより効率的かつ費用対効果的にする調整、連邦政府非軍事労働者の退職年金を今後10年間で210億ドル削減する」（大統領経済諮問委員会［2012］97頁）というプランを提示したが、議会の超党派委員会での削減案

がまとまらず、2013年3月から予算執行の「歳出自動削減」が開始された。

3 「バフェット・ルール」による租税政策

　既述のように2013年1月2日、オバマ大統領によって署名された「2012年アメリカ納税者救済法」の成立は、2001、2003年のブッシュ減税を98％の納税者に延長することによって、オバマ政権がかねてから主張してきた、所得税徴収における累進課税制の復活の第一歩となったといっていいだろう。この法律は、そのほかにも学費の援助、失業保険の延長、代替ミニマム税控除額のインフレ調整の恒久化など、アメリカ中流市民の生活支援の意味も持った。中流階級を強化するというオバマ政権の政策は、もちろんこれで終わったというわけではない。オバマ政権の税制の基本は、公正、簡素、効率という3つの原理を貫くことで、雇用を創出し、経済を成長させ、公平な社会を築くというものだ。その基軸に座るのが、いわゆる「バフェット・ルール」に基づく税徴収なのだ。

　バフェット・ルールとは、年収100万ドルを超える高額所得者は、実効税率を少なくとも30％以上にし、減税や補助金を受けるべきではなく、一方、人口の98％を占める年収25万ドル以下のアメリカ人には、増税すべきではないというものだ。実効税率とは、限界税率とは異なり、納税者の全収入に対する税金の比率のことをいう。ことのはじまりは、世界の大富豪ウォーレン・バフェット氏が、彼の秘書たちの実効税率が30％程度なのに自分の実効税率が17.4％程度であるのに驚き、それはおかしいといいはじめたことによるといわれ、オバマ大統領がそのアイディアを頂戴し、一般教書演説でも披露したものだが、大統領は、2012年3月31日このルールを早急に法制化すべきであると議会に要請した。2013年大統領経済諮問委員会報告においても、バフェット・ルールを遵守すべしといっているからオバマ政権の税制改革の基本は少しもぶれてはいないということになる（The Council of Economic Advisers［2013］p.96）。

　アメリカの税制の歴史的な流れを見てみると、中所得層の実効税率は、1960年代から70年代にかけては上昇気味だったが、その後、安定的に20％程度で今日まで至っている。ところが、所得上位0.1％の高額所得層の実効税率は、80年代から急速に低下しはじめ、ブッシュ減税によって30％を切ると

ころまでいった。2013年1月2日に成立した「2012年アメリカ納税者救済法」の制定によって初めて、それが30％以上に上昇することとなった。もちろん、1960年には彼らの実効税率は50％だったのだから、ようやく戦後の富裕者優遇の税制に歯止めがかかったに過ぎないというべきだろう。

オバマ政権の税制改革のプランは、バフェット・ルールだけではもちろんない。2013年の大統領経済諮問委員会報告では、高額所得者に特別に存在する所得控除や税額控除のような税制上の優遇措置が連邦収入を減少させている事態を重く見て、これらを中所得層と同じレベルの水準にまで低くするよう提案している。オバマ政権は、税制の垂直的公平性を主張するのだ。これは、収入の高い人の税率を高め、収入の低い人には、税率を低くするという、税の応能負担という考え方だ。

オバマ大統領の最重要課題は、アメリカ国内における雇用の創出である。したがって、国内より国外で雇用を創出する多国籍企業へ課税を強化することを彼らは考える。現在の税制では、アメリカ企業が海外で所得を得た場合、アメリカに所得を持ち帰るまで納税が猶予される仕組みが働くのでアメリカ多国籍企業には、所得を持ち帰らずそれを税率の低い国へ移動させるインセンティブが働く。こうした事態は、アメリカ多国籍企業が国内で投資せず海外投資する行動を助長することとなっている。したがって、オバマ政権は、企業にアメリカで投資させ、アメリカに雇用を創出させるためには、国際法人税制度の強化を目指し、海外で営業するアメリカ企業の支社に対し、海外で取得した所得に対し、最小限度の新税（a new minimum tax）を課すことを考えている（The Council of Economic Advisers [2013] pp. 106-109)。

おわりに──オバマ政権の財政政策はなぜ困難に遭遇するのか

オバマ政権の財政政策は、前ブッシュ政権に比較するとまったく異なることは以上から明らかだろう。しかし、こうした政策は、立法化されなければ何の意味もない。つまり、議会の協力を得て初めて順調に展開することができるのだ。現在のところ、下院を制する共和党の反対にあって多くの政策が思うように進まない。2009年2月の「アメリカ復興および再投資法」は新政

権の100日間ということですんなりと立法化されたが、そのあとを継ぎ、オバマ政権の本格的な財政政策が見られるはずだった2011年９月に提起された「アメリカ雇用対策法」は、ほんの一部が実現されたに過ぎない。また、「バフェット・ルール」は、既述のように2012年３月31日、ルールを早急に法制化すべきだと議会に要請されたが、共和党が多数を握る下院では、「バフェット・ルール」が可決されることはなかった。共和党は、逆に３月29日の下院本会議で、彼らが提案した2013会計予算案を賛成多数で可決し、法人税・所得税の最高税率を25％に引き下げ、福祉分野の歳出を削減することとした。将来的に共和党は、高齢者・障碍者向けのメディケアの民営化も視野に入れているという。こうして、オバマ政権の財政政策は、共和党の固い壁に阻まれてなかなかすんなりとはいかないようだ。

　かつて、1929年大恐慌のさなか、1933年に政権についたフランクリン・D. ローズヴェルトは、前政権の保護主義的な政策から、1934年には輸出積極政策に転じ、また、1935年財政政策による有効需要政策を活用してアメリカ経済を急速な景気回復へ導いた。また、こうしたケインズ的政策によって、第２次世界大戦後の「ケインズ連合」という輸出企業と労働組合の協調体制のもとで高度成長を実現することができた。しかし、今日のアメリカは、産業空洞化を引き起こし、世界的に収益を上げる多国籍企業と投機に利益の源泉を求める金融機関が政治経済を牛耳る時代となっている。そこに、オバマ政権による財政政策が実施困難におちいる根本的理由があるのかもしれない。

【参考文献】

河音琢郎・藤木剛康編著［2008］『G・W・ブッシュ政権の経済政策』ミネルヴァ書房。
大統領経済諮問委員会［2004］『週刊エコノミスト臨時増刊・米国経済白書』毎日新聞社。
──［2006］『週刊エコノミスト臨時増刊・米国経済白書』毎日新聞社。
──［2010］『週刊エコノミスト臨時増刊・米国経済白書』毎日新聞社。

―――［2011］『週刊エコノミスト臨時増刊・米国経済白書』毎日新聞社。
―――［2012］『週刊エコノミスト臨時増刊・米国経済白書』毎日新聞社。
萩原伸次郎［1996］『アメリカ経済政策史――戦後「ケインズ連合」の興亡』有斐閣。
―――［2009］「ブッシュからオバマへ 共和党保守の本音がわかる 2009年大統領経済報告」『週刊エコノミスト臨時増刊・米国経済白書』毎日新聞社。
―――［2011］『日本の構造「改革」とTPP』新日本出版社。
―――［2012］「リーマン・ショック後のアメリカにおける経済危機とその行方」季報『唯物論研究』第118号。
The Council of Economic Advisers [2013] *Economic Report of the President*, Washington, DC, USGPO.
Shinjiro, Hagiwara [2013] "The Demise of the Keynesian Regime, Financial Crisis and Marx's Theory," in Kiichiro Yagi, Nobuharu Yokokawa, Shinjiro Hagiwara and Gary A. Dymski eds., *Crisis of Global Economies and the Future of Capitalism: Reviving Marxian Crisis Theory*, Routledge, London and New York.

column
5
「大統領経済報告」と「経済諮問委員会報告」

　本書で引用文献として利用されている『米国経済白書』。これは *Economic Report of the President*（大統領経済報告）の邦訳名であるが、この報告の起源やその内容自体、アメリカ経済を知るうえでじつに興味深いものである。
　「大統領経済報告」は、「一般教書」（State of the Union）、「予算教書」（Budget Message）と並ぶ「三大教書」のひとつである。「一般教書」は1790年に初代大統領ジョージ・ワシントン（George Washington）によって出され、内政、外交など全般的な情勢を踏まえた政府の基本方針が示される。「予算教書」は、大統領に予算案の作成と提出を義務付けた「1921年予算及び会計法」（Budget and Accounting Act of 1921）に基づき出される。そして、「大統領経済報告」は、「雇用と生産、購買力の促進を最大限に行うことが連邦政府の責任」と定めた「1946年雇用法」（Employment Act of 1946）によって提出が義務づけられ、1947年にはじまった。いずれの「教書」もその役割は、厳格な三権分立のもとで、行政府の長たる大統領が法案提出の権限を持たないため、議会に対するメッセージである。「一般教書」と「予算教書」は議会に対して法律の制定を勧告するものであるが、「大統領経済報告」はそうしたものではないので「報告」なのである。
　「大統領経済報告」は、大統領による総括ではじまり、「1946年雇用法」によって大統領府に設置された経済諮問委員会（Council of Economic Advisers：CEA）の年次報告（Annual Report）が1949年以降付属されるようになった。「年次報告」には、過去1年間の経済状況の分析が提示され、今後1年間の経済の見通しや政策の方針が詳細に示される。「大統領経済報告」は60年代には20ページ以上あったが、70年代以

降ページ数が少なくなり、近年ではわずか数ページ程度になった。そのため、付属の「年次報告」のほうが「大統領経済報告」として一般的に認識されている。大統領経済諮問委員会のメンバーを見れば、その時々の政権がいかなる経済思想を拠り所にし、どのような経済理論に立脚しながら政策運営を行っているのかが一目瞭然となる。たとえば、ケネディ政権ではウォルター・ヘラー（Walter W. Heller）やジェームス・トービン（James Tobin）のようなケインズ経済学者が名を連ねた。その後のレーガン政権では、反ケインズ経済学派のサプライサイド経済学の唱道者のマーティン・フェルドシュタイン（Martin Feldstein）が委員長に指名されている。また、委員長経験者からFRB議長に3人（Arthur F. Burns, Alan Greenspan, Ben S. Bernanke）が指名されていることからも、政策形成への影響力の大きさがうかがえる。

　最新の「年次報告」が政権の経済認識と政策の方向性を知るための最適のテキストであることはいうまでもないが、過去の「報告」をひも解くこともお勧めする。発行当時の「未来」である現在から「現在」であった過去を見ることで、政策形成や判断のもとになる経済分析が、当時どのようなものであったかを知ることができるからだ。たとえば、2007年と08年の「報告」では大リセッションと世界的な金融危機へと発展した住宅バブル崩壊の予兆に対して、楽観的な認識が示されている。その予兆は06年の住宅関連指数の急激な低下に現れていたが、「報告」では住宅セクター投資の抑制が競合する他のセクターへの資源配分を促すことから成長余地が生まれる、と分析している。その結果、08年「報告」においても、モーゲージ・ローン市場の問題として限定的な理解に終始し、「最善の政策は、市場に調整を任せること」だと結論づけた。

　また、末尾には112の統計表が付録され、一般的な経済統計が網羅されている。経済諮問委員会のホームページは、http://www.whitehouse.gov/administration/eop/cea/、1947年から最新版までのすべての「大統領経済報告」は、http://fraser.stlouisfed.org/publication/?pid=45でダウンロード可能である。日本語翻訳版は、毎日新聞社から『週刊エコノミスト臨時増刊・米国経済白書』として出版されている。

（宮﨑 礼二）

第7章 金融規制の政治経済学
ニューディールからリーマンショックまで
西川 純子 *Junko Nishikawa*

はじめに

　アメリカで銀行業が独占禁止法の対象から外されているのは、1890年のシャーマン反トラスト法成立時において、銀行業はすでに規制産業だったからである。以来、今日に至るまで、規制の中身と程度こそちがえ、銀行業が規制産業であることを止めたことはない。もとより、この場合の銀行業とは商業銀行を意味している。銀行業を広義にとらえれば、商業銀行と並び立つ投資銀行にも注目しなければならない。しかし奇妙なことに、投資銀行は1933年まで一切の規制を受けてこなかった。ニューディール政策のもとで、初めて投資銀行は規制の対象となったのである。銀行規制はニューディールにおいて、金融規制と呼ぶにふさわしい広がりを持つようになったことになる。アメリカの金融規制はニューディール期にひとつの頂点に達したのである。

　営利企業であれば規制はないほうが望ましい。これは金融機関とて同じである。市場の行き過ぎが規制を招いたことは致し方ないとしても、経済が安定してみると、規制は経済成長の足を引っ張る以外のなにものでもなくなる。最初は低く、次第に音量を増してくる規制緩和の声は1980年代に入って大合唱となった。「アダム・スミスに帰れ」を合言葉に、ニューディールの金融規制がつぎつぎと骨抜きにされていくなかで、銀行は自由を取りもどしていった。この動きを正当化したのが新自由主義（ネオリベラリズム）とい

うイデオロギーである。そして2008年、大恐慌以来、最大の金融恐慌がアメリカを襲う。リーマンショックの名のとおり、経済破綻をもたらした元凶であり、したがって恐慌による打撃ももっとも大きかったのは投資銀行であった。2010年には民主党のオバマ政権のもとでドッド＝フランク法が制定され、金融規制は緩和から強化の方向へふたたび転換しようとしている。

　本章では、第1節でニューディール期に成立した金融規制を包括的に検討し、第2節でそれがいかに緩和されてきたかを考察する。第3節では規制緩和がリーマンショックをもたらすに至った過程を明らかにしてみたい。これはリーマンショックがなぜ起こったかを考えると同時に、ニューディール金融規制の問題点を改めて問う作業でもある。

I　ニューディールの金融改革

1　ふたつの銀行改革法

　連邦準備銀行はアメリカに独自の中央銀行制度であるが、これが成立したのは1913年だから、1929年恐慌においてアメリカはすでに中央銀行を持っていたことになる。中央銀行が存在していなかった1907年金融恐慌ならまだしも、中央銀行がありながら、1929年恐慌がアメリカの金融制度を崩壊させるほどの猛威をふるったのはなぜか。これは連邦準備制度が中央銀行の役割を果たせていなかったのではないかとの疑問につながる。中央銀行の役割とは、なによりも「最後の貸し手」たることである。1907年の金融恐慌においては、投資銀行であるJ. P. モルガン商会がウォール街の金融機関に準備金を吐き出させたり、国庫から資金を拠出させたりして救済資金を確保し、中央銀行の代わりに倒産寸前の銀行を救った。しかし、いつまでも個人の力に頼るわけにはいかない。中央銀行設立の機運が一気に高まるのは、1913年に成立する民主党のウィルソン政権のもとにおいてである（西川・松井［1989］136-140頁）。しかし、できあがった連邦準備制度が中央銀行としての期待に添えるものでなかったことは、1929年の恐慌によって明らかであった。

　当然のことながら、ニューディールの金融改革は連邦準備制度の改革を重要な課題としていた。この改革は、1933年銀行法と1935年銀行法のふたつの銀行法によって進められた。ふたつの銀行法は求めるところが必ずしも一致

せず、互いに対立する部分も少なからず認められる。同じように金融恐慌の克服を目指しながら、1933年法は連邦準備制度がその機能を発揮できない障害を取り除こうとしたのに対して、1935年法は連邦準備制度そのものの機能的欠陥を是正しようとしたのである。

　1933年法において、連邦準備制度の機能とは健全な銀行主義を貫くことであり、この点では1913年の連邦準備法とちがうところはなかった。健全銀行主義は大きく3つの議論から構成される。第1に、銀行が割引を行う手形は実際の商取引によって裏づけられる真正手形に限るべきである。第2に、銀行はいつでも預金の払戻し請求に応じなければならないから、貸出しは短期の商業的取引に限るべきである。第3に、商業的貸付けは生産的だが証券投資貸付けは非生産的だから、銀行の貸付けは証券投資にまわすべきではない（西川［2011］73頁）。

　1933年法はグラス＝スティーガル法とも呼ばれるように、カーター・グラス上院議員の銀行改革案とヘンリー・スティーガル下院議員の銀行預金保険法案を合成してできあがったものだが、上述の健全銀行主義に深くかかわるのはグラスの銀行改革案のほうである。グラスの基本的な姿勢は、自分が起草した連邦準備法を改正するよりは、むしろ守ろうとするところにあった。その結果、グラスは商業銀行業務と投資銀行業務を切り離して、連邦準備制度から証券市場にかかわる銀行業務を排除しようとしたのである。

　1935年法が連邦準備制度そのものの変革を目指すとき、1933年法の健全銀行主義と衝突しないはずはなかった。35年法の起草にたずさわったマリナー・エクルズは、健全性を重んずるあまりに信用力を抑制しようとする真正手形主義を排して、連邦準備銀行を真の意味での中央銀行にしようとしたのである（西川［1998］148頁）。そのために連邦準備局は、公定歩合の決定権と公開市場操作の主導権を握らねばならなかった。

　35年法によって真正手形主義は葬り去られ、グラスは面目を失ったが、これによって33年法の重要性が失われたわけではない。商業銀行業務と投資銀行業務の分離規定は、グラスの思惑を超えて、投資銀行の組織再編をうながすことになったし、要求払い預金の金利をゼロにし、定期預金の金利に上限を設けたレギュレーションＱは、銀行間の預金獲得競争を抑えることによって、銀行に集中した預金が証券市場に流れることにブレーキをかけていた。

また、スティーガルが起草した連邦預金保険法も1933年銀行法の重要な柱であった。健全銀行主義を貫けば銀行の倒産はありえないと主張するグラスは、預金保険法に強く反対したが、成立してみれば、1万ドル以下の預金については100％、1万ドル以上5万ドル未満は75％、5万ドル以上は50％をそれぞれ保障する保険制度は、銀行の倒産を防ぐもっとも現実的な方法であった。グラスは預金保険制度への加入を連邦準備制度に加盟する銀行に限ろうとしたが、スティーガルがこれを退けて、連銀に加盟していない金融機関にも加入の道を開いたことも大きな意味を持った。非加盟被保険の金融機関を監督するのは、新設される連邦預金保険公社の役割となった（野村［2011］12-13頁）。

2 証券3法と投資銀行

　ニューディール金融改革のもうひとつの柱は資本市場（＝証券市場）の規制であった。1929年恐慌の引き金をひいたのは、10月にニューヨークの証券取引所で起こった株式価格の大暴落であったから、ローズヴェルトが大統領選挙戦においてかかげた公約には、資本市場の改革が掲げられていた。3つの証券法はこのときすでに予定されていたのである。

　1933年証券法は、新規に発行される証券について情報の公開を義務づけていた。情報の公開とは、企業が新規発行証券を登録するに際して、所定の書式に嘘偽りのない情報を包み隠さず書き入れるということである。情報が事実とちがっている場合には賠償責任が生じる。責任は企業の役員だけではなく、証券引受業者と文書作成にたずさわる専門家にも及ぶものとされた。証券の登録と情報公開だけならこれまでと大差ないと高を括っていた投資銀行は、文書と実際の齟齬が民事罰をともなうと聞いて警戒心を強めた。しかし、彼らが反対を唱える間もなく、証券法はあっさりと議会を通ってしまった。

　1934年証券取引法は、すでに発行されている証券を対象としていた。規制は証券市場と証券業務に拡大したのである。法案の狙いはつぎの5項目に集約される。①ブローカー資金の規制　②株式相場操作の規制　③引受業、ブローカー、ディーラーなどの兼業の禁止　④インサイダー取引の禁止　⑤証券市場の監督機関の設置。議会の公聴会において反対論が集中したのは、①

と③であった。①は、ブローカーズ・ローンを抑えて証券の投機的取引を制限するために、ブローカーが証券を担保に投資家に対して行う融資の比率を引き下げようとしていた。担保証券の価格を融資額が上回るほど投資家が手にするマージンは大きくなる。ブローカーは投資家の購買意欲をあおるためにマージンを大きくする傾向があったから、その行き過ぎを是正するために、マージンを20％もしくは60％に抑えることが提案されたのである。20％は過去３年間の最低価格に基づく場合、60％は現行の価格に基づく場合であり、どちらを選ぶかは自由であった。法案には具体的な比率が示されていたから、公聴会での議論はブローカーズ・ローンの是非よりも、マージン比率の是非をめぐってたたかわされることになる。途中で政府が折れて、マージン率の上限は20％から40％に引き上げられたが、議会での審議が進むうちに、具体的な数字は消えて比率の決定は連邦準備局に任せようということになった。これは法を根拠とする政府の介入が難しくなったことを意味する。

　証券法は、新規発行証券の登録を受けつける政府機関を連邦取引委員会（FTC）と定めていたが、証券取引法は、新しく証券取引委員会（SEC）を設けて、証券法と証券取引法の執行に関する裁量権をこれに与えた。FTCに課せられていた証券登録の役割はSECに移管したのである。この結果、証券と証券市場の規制の手綱は、SECの５人の委員に委ねられることになった。

　1935年公益事業持株会社法は、投資銀行にとってはもっとも手ごわい相手であった。投資銀行は持株会社をとおして公益事業を支配していたから、政府の提案どおりに持株会社が廃止に追いこまれれば、投資銀行による産業支配の構造は一挙に崩れるのである。ローズヴェルト政権が証券改革の最後の大仕事として持株会社に的を絞ったのは、市場の崩壊を招いた不良証券が公益事業の衣をまとった持株会社の株式だったからである。持株会社は独占禁止法によって規制されていたが、20年代に入って電力を中心とする公益事業が急速に発展すると、息を吹き返した。規制産業として独禁法の対象外にあった公益事業は、持株会社にとって絶好の活躍の舞台となったのである。公益事業にとっても、持株会社との結びつきは実利をともなった。持株会社の多くは有名投資銀行によって設立されていたから、持株会社の傘下に入ることで公益事業の証券は市場に進出することが可能になったのである。持株会

社は生産活動を行わないから、その株式は子会社である生産会社の生産力を基盤として発行される。公益事業では生産会社を底辺に、その上に幾重にも連なる持株会社がピラミッド型の支配構造を作り上げていたために、上部になればなるほど持株会社の株式の基盤は脆弱であった。それにもかかわらず、公益事業持株会社の株式は大量に売り出され、証券市場の崩壊とともに紙くずと化したのである。

　公益事業持株会社法案はこのような持株会社を廃止に追い込もうとしていた。その第11条には「SECは存在する必要を証明できないすべての公益事業持株会社を1940年1月1日までに解体しなければならない」と書かれており、これは事実上の持株会社「死刑宣告」であった。この「死刑宣告」をめぐって、5カ月にわたるローズヴェルトと投資銀行のたたかいがはじまった。結論は議会の両院協議会に持ち越されたが、ここでも紛糾した挙句に、持株会社を一社のみに限ることで合意が得られたのである。持株会社は全廃を免れたが、もはや投資銀行の興味をひくものではなくなっていた。持株会社はピラミッド型に連なってこそ、安上がりの産業支配の手段として魅力ある制度だったからである（西川［2012］）。

3　全国住宅法と貯蓄銀行・貯蓄貸付組合

　国法銀行は不動産貸付けを制限されていたから、アメリカでは個人が土地や住宅を購入する資金は、州法銀行と貯蓄銀行および住宅金融を専門とする貯蓄・貸付組合（S&L）によって賄われてきた。貯蓄銀行とS&Lは有利子の定期預金をもとに、不動産と住宅に融資を行う民間の金融機関であり、貯蓄金融機関（thrift）と総称される。1930年までにアメリカ人のほぼ半分が自分の家を持つようになったが、これを可能にしたのは、このような金融機関が20年代の不動産ブームを支えたためである。しかし、発展が急速だっただけに、大恐慌によるショックも大きく、1929年から32年までに倒産したS&Lの総数は597、失われた資産の総額は4億1100万ドルであった。1932年に、フーヴァー大統領は復興金融公社（RFC）と連邦住宅融資銀行を設立して、貯蓄銀行とS&Lに2億7500万ドルの公的資金を投入した（アイヒラー［1994］11頁）。翌年、ローズヴェルト政権はさらに住宅保有者融資公社を設立、2億ドルの資本金をもとに20億ドルの債券を発行して、金融機関の

保有する不良債権を買い取った。2年間に3つの公的金融機関が誕生したことは、住宅金融機関と住宅所有者を襲った危機がいかに大きかったかを示している。

1934年に制定された全国住宅法は、ニューディールの住宅金融政策の骨子を示していた。それはまず、連邦住宅庁を設置して、住宅金融の借り手と貸し手を倒産から守るために抵当保障を与えた。さらに金融機関の保有する抵当資産に流動性を与えるために、これを買い取る機関の設置を定めた。この機関は当初は RFC の傘下に置かれたが、1938年からは RFC の子会社として、連邦住宅抵当公庫（FNMA：通称ファニーメイ）を名乗るようになった。ファニーメイの資金は、買い入れた不動産を担保に債券を発行して調達されたから、流動性に欠ける不動産抵当を証券化しようとする試みは、このときすでにはじまったことになる。

全国住宅法はさらなる住宅金融機関の安定を目指して、連邦貯蓄貸付保険公社の設置を定めていた。貯蓄銀行と S&L が破綻した場合に、預金者は5000ドルまでを保証されるようになったのである。貯蓄銀行は連邦預金保険制度に加盟することができたが、S&L にとっては、連邦貯蓄貸付保険公社が与えられた唯一の保険制度であった。それにもかかわらず、S&L の多くがこの制度への参加をためらったのは、保険料が連邦預金保険制度の場合の2倍であったり、資産構成についてきびしい審査が課せられたりして、いかにも S&L の信用が問われるような条件がついていたためである。しかし、1935年銀行法によって保険料が商業銀行なみに 1/8 ％に引き下げられると、1951年までに S&L の約半数が保険制度に加盟するようになった（野村［2011］22頁）。

ニューディールの金融改革は、1929年恐慌のような金融破綻をふたたび起こさないことを目指していた。そのために、連邦準備制度に中央銀行の機能が与えられた。商業銀行に集まる預金が証券市場に流れて投機をあおることのないよう、預金金利に制限が加えられた。預金者を守るために預金保険の制度が設けられた。商業銀行は証券業務に手出しすることを固く禁じられた。投資銀行は持株会社の設立を制限され、引き受ける証券について SEC に登録することを義務づけられた。また住宅金融を専門とする貯蓄金融機関

に初めて連邦政府の保護と規制が与えられることになった。この目的を遂行するために新しく設けられた制度は、SEC、住宅局、連邦預金保険公社、連邦貯蓄貸付預金保険公社であった。結果として、商業銀行は連邦準備銀行と通貨監督局と連邦預金保険公社、投資銀行はSEC、貯蓄金融機関は住宅局と連邦貯蓄貸付保険公社の監督下に置かれることになった。

　ニューディールの金融改革は、政府が介入して市場に安定と秩序をもたらそうとするものであったが、これは当然のこととして、市場の活性化を妨げる。ニューディールが経済復興の側面で十分な成果をあげることができずに、問題の解決を第2次世界大戦に委ねなければならなかったのは、それなりに理由のあることであった。戦争によって過剰生産と失業の問題は一挙に解決したのである。

II　規制緩和

1　銀行持株会社

　第2次世界大戦後のアメリカ経済は、戦争の終結によって不況がもどるのではないかとの大方の予想に反して成長軌道に乗った。国内では、耐乏生活から解放された国民の消費が爆発し、海外では、戦争によって生産力を破壊された国々がアメリカの商品を待ち受けていた。新しい時代を迎えて、金融機関の成長戦略は、内外の需要に応えながらいかにして国際的な金融市場において優位を築くかに絞られていく。商業銀行が着目したのは持株会社であった。この場合には銀行業が規制産業であることが有利に働いた。すでに見たように、同じ規制産業でありながら、公益事業の持株会社はニューディール立法によって規制されたが、銀行は公益事業の轍は踏まずに、横に連なる複数の金融機関のうえにひとつの持株会社を置いたのである。銀行持株会社が株式の取得をとおして支配する金融機関には、商業銀行だけではなく、投資会社、証券会社、保険会社などのノンバンク金融関連会社も含まれていた。グラス＝スティーガル法が銀行持株会社について言及していないのをよいことに、銀行はノンバンク金融関連会社を取りこむことによって、証券業務への再接近を狙ったのである。

　この動きを察知して、銀行持株会社の普及にブレーキをかけたのが、1956

年銀行持株会社法であった。同法は、傘下にふたつ以上の銀行を持つ複数銀行持株会社について、ノンバンク金融関連会社の株式を手放すことと、連邦準備制度理事会に登録することを義務づけた。では傘下にひとつの銀行しか持たない単一銀行持株会社の場合はどうか。この点について56年法は何も述べていなかったから、複数銀行持株会社を単一銀行持株会社に切り替える動きが活発になった。この結果、1955年から68年にかけて、単一銀行持株会社は117から783に増加した。このうちにはバンク・オヴ・アメリカやチェース・マンハッタン銀行などの6大銀行も含まれていた（U. S. House［1969］pp. 5-6）。この動きは、1970年に56年銀行持株会社法が改正されて、単一銀行持株会社にも複数銀行持株会社と同様の規制が与えられるようになるまで続く。1970年の修正法によって単一銀行持株会社であることの意義は失われたが、持株会社が禁止されたわけではなかった。持株会社が規制される理由が、銀行によるノンバンク金融機関の統合にあるとすれば、統合よりも多角化を強調することによって、持株会社は生き残れるはずであった。問題はどこまで多角化を進めることができるかであり、そのために必要な規制緩和をかちとることが、銀行の新たな目標となる。

　持株会社は貯蓄金融機関にとっても魅力的な統合の手段であった。貯蓄金融機関はレギュレーションQによる預金利子の上限規制を受けなかったから、預金業務において商業銀行に競合するほどに成長していたが、戦後の住宅ブームによって住宅金融がふたたび活発化すると、銀行が多角経営を掲げてこの分野への進出に意欲を示しはじめた。住宅金融を銀行から守るために、貯蓄金融機関は持株会社の設立に踏み切るのである。貯蓄銀行もS&Lも相互会社組織をとっていたから、持株会社を導入するためには株式会社に転換する必要があった。最初の例は1955年に設立されたカリフォルニア州のグレートウエスタン・フィナンシャル・コープである。傘下には保険会社（1社）、土地開発会社（2社）、エスクロウ会社（15社）が加わっていた。エスクロウ会社は、不動産などの商取引を仲介する第三者機関のことである。1959年には、商業銀行の例にならって貯蓄金融機関持株会社法が成立し、複数貯蓄金融機関持株会社を禁じたが、銀行の場合と異なるのは、単一持株会社を規制しようという動きはついになかったことである。単一貯蓄金融機関持株会社の設立は自由であったから、大手小売業シアーズ・ローバッ

クのように、異業種のノンバンク企業がS&Lを買収して自ら持株会社となる例も見られるようになった（井村［2002］86、89頁）。

2 証券化

　住宅金融を拠点に銀行に対抗しようとした貯蓄金融機関がつまずいたのは、ヴェトナム戦争を契機にかつてない規模で物価が上昇し、金融機関から大量の預金が失われたときである。商業銀行は、対抗手段として譲渡性預金証書（CD）やコマーシャル・ペーパー（CP）を発行したが、預金のみに頼る貯蓄金融機関は、インフレーションに弱い構造を露呈してしまった。一般に住宅金融は長期間にわたるが、貯蓄金融機関のように貸付資金を短期の預貯金に依存している場合には、インフレが命取りになる。短期資金借入れの利率は上がるのに長期資金貸出しの金利が据え置かれれば、収支の逆転は当然であった。しかも、より高い利率を求めて預金は逃げていく。1966年金利規制法によって、貯蓄金融機関の預金金利にも上限が定められるようになったことも、大きく影響していた。このような貯蓄金融機関の危機に救いの手をさしのべたのが、政府主導の証券化政策であった。

　すでに述べたように、証券化を最初に試みたのはニューディールのもとで設置された連邦住宅抵当公庫ファニーメイであった。ファニーメイは1968年にRFCから独立して半官半民の組織になったので、それに代わる公的機関として政府抵当金庫（GNMA：通称ジニーメイ）が設けられた。さらに1970年には、連邦住宅融資銀行が連邦住宅貸付抵当公社（FHLMC：通称フレディマック）を設立して、住宅金融分野にふたつの政府支援会社（GSE）と、ひとつの政府所有企業が出そろうことになった。証券化とは、流動性に乏しい資産を資本市場で売買できる商品＝不動産担保証券（MBS）に転化させる金融技法である。GSEは連邦住宅庁と退役軍人省（VA）の保証つき不動産抵当を買い上げ、それをもとに証券を発行するところから出発していたが、1970年の緊急住宅金融法によって市場から抵当資産を買い上げることを許されると、ファニーメイとフレディマックの業務は貯蓄金融機関だけではなく、銀行の信託部や抵当会社にも拡大するようになった。両社の発行する証券に政府保証がついていたわけではないが、元本の還付が約束されていたことは投資家に安心感を抱かせた。企業年金基金がGSEの抵当証券に積

極的に投資するようになったのは、このためである。60年代に急成長した企業年金基金は、保険会社や財団にならぶ機関投資家として頭角を現し、資本市場の動向を左右するようになった。

　銀行と投資銀行が証券化を黙って見ているわけはなかった。彼らにとって証券化は貯蓄金融機関に独占されていた住宅金融に進出するチャンスでもあったのである。そのためにはGSE証券だけではなく、一般の担保証券を作り出す必要があった。住宅の購入者に融資して担保を預かるのは銀行の業務であるが、証券化を導入すれば、銀行は担保物権をただちに投資銀行に売却して現金に換えることができる。担保をもとにさまざまな組合わせで証券のセットを作り上げるのは、投資銀行の仕事であった。安全性の高いものから低いものまで、証券セットをランク付けするのは、スタンダード＆プアやムーディズなどの格付会社である。投資家はこのランク付けを頼りに、投資銀行から住宅担保証券を購入するのである（U.S. Senate［2009］pp. 30-32）。

3　貯蓄金融機関の破綻

　証券化は貯蓄金融機関からはじまったが、銀行が主導権を握る証券化の道筋に貯蓄金融機関の居場所はなかった。それでも70年代後半において貯蓄金融機関が資産を増やしたのは、戦後2度目の住宅建設ブームのせいである。貯蓄金融機関は原点にかえって、小口の預金をもとに地域の必要に応じた住宅金融を行うことで銀行と対抗しようとする。1980年に制定された貯蓄金融機関規制緩和・通貨管理法が、レギュレーションQとともに1966年の貯蓄金融機関金利規制も撤廃したことは、貯蓄金融機関にとって不利に働いた。レーガン大統領が掲げた新自由主義は、ニューディールの規制を取り払って貯蓄金融機関を銀行と対等の立場で競争させようとしたのである。貯蓄金融機関が対抗策としたのは、持株会社による多角化であった。追い風となったのは、1982年預金取扱金融機関法（ガーン＝セント・ジャーメイン法）が、連邦免許のS&Lにかぎって、州の認可がなくとも株式会社に転換することを認めたことである。銀行持株会社とちがい、単一持株会社であれば規制から自由であったから、貯蓄金融持株会社のもとに商業用不動産融資や消費者金融をはじめ、リース会社やクレジット・カード会社や各種サーヴィス会社など、多様なノンバンク金融機関が集合することになる。1980年に52社であっ

た貯蓄金融持株会社は88年に375社に増加した（井村［2002］184頁）。

　持株会社によってノンバンク金融機関と結合するようになった貯蓄金融機関は、預金以外に資金調達の方法を持つことになった。1982年法によって金融市場預金口座（MMDA：Money Market Deposit Account）を持つことが認められてからは、貯蓄金融機関の資金源は金融市場に広がっていく。資金調達の多様化は、短期資金による長期信用のジレンマを解消するかのようであった。しかし、これが逆に貯蓄金融機関の足を引っ張ることになった。MMDAは市場金利連動型であったから、インフレ退治に燃えるヴォルカー連銀議長のもとで、貯蓄金融機関は最高で20.5％にも及ぶ市場金利を払わなければならなかった。一方、抵当貸付けの利子は固定型であったので、市場金利との差は広がるばかりであった（アイヒラー［1994］58、71頁）。金融引締めによって住宅ブームにブレーキがかかり、住宅金融市場は急速に収縮した。貯蓄金融機関に2度目の危機が到来したのである。連邦貯蓄貸付預金保険公社の基金が1986年に底をついたことは、破産した貯蓄銀行とS&Lがいかに多かったかを物語る。

4　グラム＝リーチ＝ブライリー法

　倒産した貯蓄金融機関を待ち構えていたのは商業銀行であった。貯蓄金融機関を銀行持株会社の子会社に加えることによって、銀行は住宅金融における証券化の体系を完璧なものにしようとしたのである。地域に密着した貯蓄金融機関は、住宅担保ローンの裾野を広げるのに役立つはずであった。金融引締めが一定の効果をあげたところで、ヴォルカーに代わって連銀議長となったグリーンスパンが低金利政策に転じると、住宅市場は活気を取りもどした。以来2006年まで、住宅価格は上昇の一途を辿り、住宅は住むためのものから売るためのものに変わっていく。戦後最大の住宅ブームの到来であった。この流れに掉さしたのが証券化である。

　証券化は、70年代にはプライム・ローンを対象としていた。90年代に入り、銀行が証券化の主導権を握ると、その範囲はサブプライムやノンプライムと呼ばれる危険なローンに広がっていった。危険というのは返済能力が疑わしいという意味である。かつては慎重に借り手の財務状況を調べていた銀行が、相手を選ばずローンを勧めるようになったのは、証券化が危険という

言葉を払拭してしまったからである。ローンは証券化によって銀行の手を離れ、投資銀行によって利回りのよい担保証券に仕立てられて、投資家の手に渡る。もしもこの手順に狂いが生じたときには、保険会社が損失を補塡してくれるはずであった。

　銀行は証券化を主導することによって、すでにグラス＝スティーガル法に違反していたといえるであろう。しかし、政府と議会はこれをとがめるどころか、グラス＝スティーガル法を変更したのである。1999年に成立した金融サーヴィス近代化法（グラム＝リーチ＝ブライリー法）は、グラス＝スティーガル法の第20条を撤廃して商業銀行による証券業務を正式に解禁した。法律に署名したのはクリントン大統領である。

　グラム＝リーチ＝ブライリー法は銀行持株会社法にも大きな修正を加えた。1956年銀行持株会社法の第4条に「金融持株会社」の項目が追加されて、銀行持株会社は金融持株会社に転換すれば、事実上の金融的業務にたずさわる企業を何であれ傘下に取り込むことができるようになったのである。事実上の金融的業務とは、保険、証券の引受・販売、投資サーヴィスなどであり、その妥当性を判断するのは連邦準備制度理事会であった。転換に際して銀行持株会社に課せられる条件は、子会社である銀行と貯蓄金融機関が資本と経営の両面において良好な状態にあること、および金融持株会社に改組する旨を連邦準備制度理事会に届け出ることであった。

Ⅲ　リーマンショック

1　証券化の落し穴

　グラム＝リーチ＝ブライリー法によって証券化が加速されたことは疑いない。銀行を先頭に、事実上の金融業務にたずさわるすべての機関がなんらかの形で証券化にかかわり、証券化から利益を得る仕組みができあがったのである。証券化は海外にも広がっていった。海外の投資家は、最初はGSEの担保証券を買っていたが、利益の大きさに目がくらみ、保険会社から安心を買ったうえでアメリカの投資銀行と格付会社を信用することにしたのである。

　雲行きがおかしくなったのは2006年であった。右肩上がりだった住宅価格

が下降しはじめた。上がる一方の住宅価格に連動して家計に占める住宅ローンの比率が上昇し、それが限度に達したところで住宅の買控えがはじまったのである。住宅の価格が下がってもローンの金額は変わらなかったから、ローンが資産を上回る逆転現象が生まれることになった。とりわけ苦境におちいったのは、サブプライム・ローンを組んで持ち家の獲得に夢を抱いた低所得者層である。サブプライム・ローンは信用度が低い分だけ利率が高かったから、金融業者は当初の利率を低く設定して、住宅の価格が上がれば利率の安いプライム・ローンに切り替えることを提案していたが、これが裏目に出たのである。ローンを支払えなくなった人々の住宅は差し押さえられて銀行の不良資産となった。

　住宅バブルの崩壊は、これまでに何度か繰り返されてきたことであり、それだけなら恐れるほどのことはなかった。しかし、2006年の住宅不況は回復するどころか、2008年の金融危機につながった。これは危機をもたらした主要な原因が、バブルの消滅よりも証券化の崩壊にあったことを物語る。証券化崩壊の因子は証券化それ自身に内包されていたといえるであろう。崩壊の因子とは、第1に、担保証券を担保にさらに証券を発行する再証券化である（井村［2008］20-21頁）。再証券化が繰り返されるごとに証券と抵当資産の関係は薄くなり、裏付けを失った証券が大量に出回ることになった。第2は、資金調達を市場に依存したことである。銀行と貯蓄金融機関以外の金融機関は預金を持たなかったので、金融市場ファンド（MMF）やCPを通して投資家の資金を集めるほかなかった。第3は、証券化に巣食うさまざまな金融派生商品（デリバティヴ）である。たとえばクレジット・デフォルト・スワップ（CDS）は、投資家の損失を元本補償することを約束して保証金を受け取る新商品であった。第4は、証券化の全体をおおう信用の膨張構造である。バーナンキ連銀議長がいうように、そこでは「あまりに多くのレヴァレッジ（梃子）が使われていた」のであった（バーナンキ［2012］90頁）。

2　2008年金融恐慌

　証券化に支えられた資本市場はいつ破綻してもおかしくなかった。2008年3月にベア・スターンズ社が資金難におちいったのがその前兆であった。しかし、このときは、連銀の支援を受けてJ. P. モルガン＝チェース銀行が買

収することで収まったかに見えた。8月になり、リーマン・ブラザーズ社が倒産寸前に追い込まれると、危機はたちまちメリルリンチ、ゴールドマン・サックス、モルガン・スタンレーに及んで、四大投資銀行のすべてに火の手があがった。2008年金融恐慌は投資銀行からはじまったのである。

　これはニューディールの金融規制が投資銀行については非常に緩やかであったことと無関係ではないであろう。証券法は投資銀行にSECへの登録を義務づけたが、SECには監督権が備わっていなかった。しかも、1982年に導入された一括登録制度は、登録証書の有効期間を2年間に延長することによって、情報公開による締付けすらも弱いものにしていた。規制緩和によって投資銀行と同じ業務を行うようになっていた銀行が、預金を持つゆえに連銀と連邦預金保険公社の監督下に置かれていたのと対照的に、投資銀行は何者にも監視されていなかったのである。預金を持たない投資銀行にとって主な資金源はMMFとCPであったが、証券の市場価格が急落し、投資銀行の信用に疑念が広がると、一時は3兆5000億ドルにも及んだ資金を国内および海外の投資家が引き上げはじめた。これは銀行でいえば預金の取付けに相当する。資金繰りに窮した投資銀行には、紙くずと化した抵当証券と顧客に対する保証債務だけが残った。

　政府や連銀が手をこまねいていたわけではないが、監督機関を持たない投資銀行を救済する大義が見当たらなかった。ウォール街はウォール街によって守られねばならなかったのである。不幸にして救世主が現れなかったリーマンは、倒産して消えることになった。メリルリンチはバンク・オヴ・アメリカに吸収された。ゴールドマン・サックスはヘッジファンドのウォーレン・バフェットから融資を得ることになり、モルガン・スタンレーには三菱UFJ銀行が投資することが決まった。しかしこれだけでは十分ではない。ゴールドマン・サックスとモルガン・スタンレーは銀行持株会社に改組して、連邦準備制度の監督下に入り、市場の信任をつなぐことになった。

　銀行持株会社であれば安泰であったわけではない。シティグループをはじめ、ワコビア・コーポレーション、ワシントン・ミューチュアルなどの銀行持株会社は、多角化をとおして積極的に証券化にかかわることによって、連邦預金保険公社でカヴァーできないほどの損失をこうむったのである。ワコビアは同じく銀行持株会社のウェルズ・ファーゴに買収され、ワシントン・

ミューチュアルは J. P. モルガン゠チェースに買収されて子会社となった。

　危機におちいったのは投資銀行と商業銀行だけではなかった。アメリカン・インターナショナル・グループ（AIG）は、その名のごとく国際的に展開する保険会社であるが、CDSを用いて抵当証券を保証する新手の手法は、証券の値下がりを想定していなかったから、市況の悪化に対して無防備であった。AIGに担保証券の値下がり分をすべて保証することなどできるはずもなかったのである。AIGは投資銀行と同じく監督機関を持たなかったが、これを放置すれば世界恐慌につながることは必至であった。

　同様に、マイナスの影響力が大きすぎて放置できなかったものに、公的金融機関がある。それはGSEのファニーメイとフレディマックであった。政府の信用をバックに、安全と元金保証を謳って住宅抵当証券を売っていたGSEがつまずいたのは、公的な組織の限界を超えて証券化の波に乗ろうとしたためである。GSEは独自の資金源を持たなかったから、銀行主導の証券化に加わって民間の危険な抵当証券を購入することで自己資金を増やそうとしたが、証券価格が下落すると、顧客への元金保証の義務だけが残ったのである。ブッシュ大統領は、ニューディールの亡霊のような公的な金融機関が存在することに我慢がならなかったようである（ポールソン［2010］19-20頁）。しかし、GSEの破綻はニューディールのせいというよりは、公的機関が持家政策という本来の使命を忘れて、証券化の片棒をかついだためであった。

　2008年10月に議会を通過した金融安定化法は、不良資産救済プログラム（TARP）を骨子としていた。TARPは預金保護の上限を25万ドルに引き上げたうえで、財務省に7000億ドルの公的資金を動かす権限を与えていた。このうち2500億ドルが投資銀行と商業銀行の救済のために充当された。投資銀行には後始末の費用として、ゴールドマン・サックス、モルガン・スタンレー、メリルリンチにそれぞれ100億ドルが配られた。商業銀行はシティグループを除けば、むしろ他行を救済する立場であったが、とくに最大手の4行を選んで公的資金の注入が行われたのは、大手銀行が安泰であることを市場に知らせる必要があったからである。J. P. モルガン、ウェルズ・ファーゴ、シティグループにそれぞれ250億ドル、バンク・オヴ・アメリカに150億ドルが配分された（ポールソン［2010］462頁）。政府がこれほどの大金を私的企

業につぎ込んだのは、ニューディール政策にも例のないことである。ブッシュ政権は金融機関の国有化に踏み切ったと思われることをきらったから、資金の注入は銀行側の自発的な要請によるものであることを強調することを忘れなかった。

　AIGには、連銀法の「異例かつ緊急の状況」における例外規定を適用して、連銀が850億ドルのつなぎ融資を行うことになった。またファニーメイとフレディマックは新たに制定された住宅公社支援法によって、優先株と引換えにそれぞれ1000億ドルの公的資金を受け取り、身柄を連邦住宅金融庁に預けることになった（ポールソン［2010］219、310-311頁）。

おわりに

　新自由主義を標榜するブッシュ政権のもとで公的資金の大量散布が行われたことは、2008年の金融恐慌がいかに深刻なものであったかを示している。ブッシュ大統領が、レーガン政権にはじまり、クリントン政権によって推進された金融規制緩和を自分の手で終わらせなければならなかったのは不運なことであった。多くの期待を受けて登場したオバマ大統領が提起した金融規制の大方針は、ヴォルカー・ルールであった。インフレ退治で名を馳せたヴォルカーの登場は、ニューディーラーの再来を思わせる。ヴォルカーの提案は、預金保険に加盟している金融機関とその子会社が、自己資本によって投機的な業務を行うことを禁止するというものであった。投機的な業務とは、証券、商品、デリバティヴなどを扱う取引のことである（*The Wall Street Journal*, Feb. 2, 2010）。ヴォルカーが目指したのは、行き当たりばったりの銀行救済ではなく、構造改革による金融システムの安定化であったといえよう。これは廃棄されたグラス＝スティーガル法にきわめて近い。しかし、ヴォルカー・ルールは議会の討論に付される過程で骨抜きにされていった。2010年7月に成立したドッド＝フランク・ウォール街改革・消費者保護法（ドッド＝フランク法）において、ヴォルカー・ルールの痕跡は第6条の619項に残されるにとどまった。そこには1956年持株会社法の修正として、銀行による投資ファンドの上限を自己資本の3％以下とすることが書き込まれている。ドッド＝フランク法が2008年の金融安定化法の延長線上にあること

は、ふたつの法律の作成にたずさわった主要な人物が、財務長官のティモシー・ガイトナー、連銀議長のベン・バーナンキ、上院銀行住宅都市委員会議長のクリストファー・ドッド、下院金融サーヴィス委員会議長のバーニー・フランクであったことからも明らかであろう。彼らの狙いが、金融の安定化のために「潰そうにも潰せない」金融機関を潰さずにおくための規則作りにあったとすれば、これと対抗するために、オバマの金融改革は本来のヴォルカー・ルールをとりもどさなければならないのである（佐賀［2012］11頁）。

【参考文献】

アイヒラー、ネド　柿崎映次・呉天降訳［1994］『アメリカの貯蓄貸付組合（S&L）――その発展と崩壊』御茶ノ水書房。

井村喜代子［2008］「サブプライムローン問題が示すもの――実体経済から独立した金融活動」『経済』153号、6月、14-31頁。

井村進哉［2002］『現代アメリカの住宅金融システム』東京大学出版会。

佐賀卓雄［2012］「ドッド＝フランク（DF）法における破綻処理スキームについて」『証券経済研究』79号、9月、1-15頁。

西川純子［1998］「真正手形主義についての一考察（2）」『証券経済研究』第30号、3月、131-151頁。

―――［2011］「ニューディールの金融改革――1935年法を中心に」『経済史研究』第14号、1月、67-99頁。

―――［2012］「ニューディールの金融改革――証券三法とニューディーラー」『アメリカ経済史研究』第10号、5月、21-45頁。

西川純子・松井和夫［1989］『アメリカ金融史』有斐閣。

野村重明［2011］『アメリカの連邦預金保険制度』日本経済評論社。

バーナンキ、ベン　小谷野俊夫訳［2012］『連邦準備制度と金融危機』一灯舎。

ポールソン、ヘンリー　有賀裕子訳［2010］『ポールソン回顧録』日本経済新聞出版社。

U. S. House, Staff Report for the Committee on Banking and Currency [1969] *The Growth of Unregistered Bank Holding Companies: Problems and Prospects*, 91st Cong., 1st Sess., Washingtom, D.C.

U. S. Senate, Committee on Banking, Housing, and Urban Affairs, Subcommittee on Securities, Insurance, and Investment [2009] *Hearings, Securitization of Assets: Problems and Solutions*, 111th Cong., 1st Sess., Washington, D. C.

column 6
フリードマンのマネタリズムと制度主義

　制度主義とマネタリズムは水と油のようだが、ミルトン・フリードマンについてみると両者は意外なところでつながっていることがわかる。シカゴ大学で修士号をとったフリードマンがニューヨークのコロンビア大学にやってきたのは、1933年のことであった。コロンビアを選んだのは奨学金がとれたためでもあるが、それ以上に博士論文のテーマを見つけるための武者修行が目的であった。フリードマンは恩師のジェイコブ・ヴァイナーに宛てて、「シカゴ大学から来てみるとコロンビア大学の雰囲気は制度主義的で別世界のようです。その故かここでは理論的な訓練がまるで欠如しています」(1933年12月8日、ヴァイナー文書、プリンストン大学)と書き送っている。

　制度主義は、市場メカニズムによる均衡を主張する新古典派経済学に対して、制度の動的な変化を重視する。この立場からすれば、産業の制度が金融の制度によって支配されるようになったアメリカの資本主義が1929年に大恐慌に見舞われたのは当然の結果であった。フリードマンがコロンビア大学でもっとも影響を受けたのは、ウェズレー・ミッチェルの景気循環論であった。「ミッチェルは事実を既成の理論によらずに考察すべきであると主張してやみません。事実の検討を終えてはじめて結論が導きだされ、理論がつくられるというのです」(同上)と彼は述べている。

　1963年にフリードマンは『合衆国の貨幣史』を出版するが、そのために彼は共著者のアンナ・シュウォーツとともに7年を費やしてミッチェルの教えを実践している。800ページに及ぶ膨大な実証研究にきっかけを与え、出版の機会を与えてくれたのは、ミッチェルが初代の所長を務めた全米経済研究所(NBER)であった。この研究でフリードマンが注

目したのは、景気変動と貨幣政策の連関である。19世紀以降のアメリカにおける景気の山と谷をすべて検証することによって、彼は貨幣の量的な調節が適当に行われれば、景気の変動は最小限に抑えられるはずだという結論に達する。彼によれば、大恐慌は貨幣の「大収縮」と同義であり、連邦準備制度の硬直した金融政策がそれをもたらした元凶なのであった。マネタリスト、フリードマンの誕生である。

しかし、彼のマネタリズムが世の注目を集めるにはさらに10年の歳月が必要であった。『合衆国の貨幣史』がケインズ全盛の時代をよく生き残ったのは、文句のつけようがない実証に裏付けられていたためである。インフレを克服できなかったケインズ主義が70年代に退潮すると、フリードマンの時代がやってきた。80年代のレーガノミクスを主導したのは、フリードマンのマネタリズムである。資本主義にとって必要なのは金融政策であり制度の改革ではないと言いきるとき、フリードマンは制度主義と完全に袂を分ったのである。

(西川 純子)

第8章 低所得コミュニティの開発と金融

中本 悟 *Satoru Nakamoto*

はじめに

10年に一度行われる国勢調査のための地域区分である国勢調査地区（2万5000〜8000人規模）の貧困率が20％以上の国勢調査区かつ／または、その世帯の中位所得が州全体の世帯の中位所得の80％未満の国勢調査区を低所得コミュニティとする政府区分がある。これによれば、低所得コミュニティは、全米の国勢調査地区の39％、全米人口の36％に及ぶ。低所得コミュニティの住民を排除するのではなく社会的に包摂した開発では、民間による資金供給側には、その事業の低収益性や高い投融資リスクが生じる。したがって、こうしたコミュニティの再開発には、政府財政からの公的資金が投入されることになり、アメリカでもさまざまな政府機関のプログラムが実施されてきた。

とはいえ、アメリカの低所得コミュニティ開発は政府主導ではなくて、コミュニティ開発法人（CDC：Community Development Corporation）と呼ばれる民間のNPO（Not for Profit Organization）やコミュニティ開発金融機関（CDFI：Community Development Financial Institutions）などが主導する。コミュニティ開発における政府の役割は、コミュニティ開発法人をはじめとする民間主導の再開発とそのための民間資金を誘導することにある。

本章では、低所得コミュニティの開発の基本的な仕組みとそのための資金

調達について検討する。とくに低所得コミュニティ開発のための民間資金動員を、1977年コミュニティ再投資法と1994年に財務省に設置されたCDFIファンドおよび2000年に創設された「新市場税額控除」(NMTC：New Market Tax Credit) プログラムに焦点を絞り、その背景と仕組み、意義について検討する[1]。

まず第Ⅰ節では、そもそもアメリカにおいて政府が低所得コミュニティの開発に取り組むようになった歴史的経緯を見る。第Ⅱ節では、低所得コミュニティ開発の担い手として不可欠の役割を果たしてきたコミュニティ開発法人について、その誕生の背景、その仕組みと活動を紹介する。そのうえで第Ⅲ節では、銀行に対してコミュニティ開発へ融資、投資、金融サービスの提供を定めた1977年コミュニティ再投資法の意義について論じる。また、クリントン政権が1994年に低所得コミュニティ開発金融機関へのてこ入れのために創設したCDFIファンド (Community Development Financial Institutions Fund) および民間資金を広く投資資金として動員すべく2000年に創設された新市場税額控除プログラムの成果と意義を検討する。

Ⅰ 「もう一つのアメリカ」の発見と低所得コミュニティの開発

1929年大恐慌を経て、1933年に誕生した民主党のフランクリン・D. ローズヴェルト大統領政権のもとで、ニューディール政策が展開された。それには、経済安定化のために積極的に連邦政府財政を運営してゆくという、それまでの財政均衡主義からの転換（財政革命）が必要であった。また、経済自由主義から脱却し、連邦政府による経済過程への規制的介入を強めることも必要であった。こうした政策思想の大転換のもとで、老齢者年金、失業保険、公的扶助といった社会保障制度が成立し、また1935年ワグナー法によっ

---

1) 日本では、都市計画研究者によるコミュニティ開発法人の現地調査はかなり多い。また、コミュニティ開発金融にも優れた研究がかなりあり、日本の地域再投資に対する含意についても論及されている（高田 [1993]、福光 [1993]、柴田 [2001]、小関 [2010] など)。しかし、低所得コミュニティの開発をめぐる政府、コミュニティ開発法人、金融機関、投資家、住民など関係者の基本的な関係とその変容について分析した研究は少ない。そのなかにあって、松田 [2004] は地域開発への資金供給を財政と金融の双方から総合的にとらえている。

て労働者の権利が認められるようになった。こうしてアメリカにおける福祉国家は誕生した。

　1930年代大不況からの経済回復は、戦時経済に突入してからのことであったが、それもまた「財政革命」を前提とした巨額の軍事財政支出の結果であった。戦勝国としてのアメリカは、戦後から1960年代にかけて国際的に隔絶した経済的繁栄の時代を迎えた。しかし、その繁栄のアメリカの内部では、貧困が深く進行していた。社会評論家マイケル・ハリントンは1962年に出した『もう一つのアメリカ』(Harrington [1962]；内田・青山訳 [1965]) において、1930年代に誕生した福祉国家のもとでも救済されず、貧困に喘ぎながらも社会からは見過ごされた多数の人々が、都心部にそして山深く住んでいることを告発した。

　ハリントンは「福祉国家の逆説」をいう。福祉国家によって、都市の中間３分の１階層を形成する組織労働者および田舎の上位３分の１階層の農場経営者は救済されたが、極端な低賃金労働者など、もっとも助けを必要とする人々には福祉国家は利益をもたらさなかったと (Harrington [1962] pp.9, 161；内田・青山訳 [1965] 13、247頁)。たしかに福祉国家は資本主義体制の危機への処方策として、組織労働者や農業経営者を救済した。しかし、戦後南部農村から北部や西部の都市に大量移動したアフリカ系アメリカ人は、人種差別、雇用と所得の悪化と不安定に遭遇し、スラム化した居住地区に押し込められたが、そこには救済の手は届かなかったのである。都市研究者のジェーン・ジェイコブがいうように、彼らを受け入れた北部と西部の都市は、まさにそのとき経済的に衰退しつつあったのである。その結果、アフリカ系アメリカ人を受け入れた都市にとっては、福祉・その他の社会サービスを提供することは大きな負担となった (Jacobs [1984] pp. 84-85；中村・谷口共訳 [1986] 101頁)。

　この都市部の人種的貧困地区に対する連邦政府の取組みが本格化するのは、1960年代になってからである。J. F. ケネディ民主党政権 (1961～63年) がこの問題への取組みを開始し、1963年に凶弾に倒れたケネディのあとを継いだL. B. ジョンソンは「偉大な社会」計画を提唱し、「貧困との戦争」(War on Poverty) を掲げ、ケネディ大統領が提起した政策を実現するための立法化を進めた。議会もこれに応え、1964年公民権法、1965年投票権法によって

人種差別の是正を図った。人種差別とそれによる貧困問題は、「黄金時代」のアメリカ社会が直面した多民族国家の社会的統合の危機であり、この意味で特殊アメリカ的な危機であった。この社会的危機への対策として、都市部の貧困地区の開発が不可欠であった。そして、そこに住む住民が適度な条件の住宅を入手することは何よりも重要であった。また零細企業を育成し、雇用を創出したり、商業施設の建設などの生活基盤整備が不可欠であり、このために連邦資金が投じられた。

そこで、低所得コミュニティのなかから都市問題や地域の貧困対策に取り組むコミュニティ開発法人が全国の都市に生まれ、都市内部の低所得地区の再開発の中心的な担い手となった。これらの法人は、当初から経済団体としても資産の所有と形成を目的としており、生産施設の所有やコミュニティの利益代表を目的として掲げていた（Alperovitz［2005］p. 101）。今日、代表的なコミュニティ開発法人であるニューヨークの Bedford-Stuyvesant Restoration Corporation は1967年に設立され、また現在全米で最大規模のニュージャージー州ニューワークの New Community Corporation は、1968年に設立された。

II コミュニティ開発法人の発展

1 コミュニティ開発法人の特徴

低所得コミュニティの開発を担う中心的組織は、コミュニティ開発法人であり、それと民間企業、民間金融機関、政府とが協力体制を組む。コミュニティ開発法人の基本的な諸特徴を見てみよう（National Congress for Community Economic Development（NCCED）［2005］）。2004年末時点で全米で4600のコミュニティ開発法人があり、これらのコミュニティ開発法人の過半数は、設立時からコミュニティ開発法人であったが、非営利の住宅開発団体であったものも同じく過半を占める（複数選択可能なアンケートによる）。このことは低所得のコミュニティ開発にとって、住宅整備の重要性を示している。

コミュニティ開発法人のほとんどは、きわめて小規模であり、フルタイムのスタッフの中位数は7人、全体で15万3000人、パートタイムのスタッフの

中位数は3人、全体で4万6000人、ボランティアの中位数は5人、全体で13万2000人であり、多くのボランティアによって支えられている。コミュニティ開発法人の事業対象地区人口の36％は低所得地区、29％は最低所得地区、22％は貧困地区に住んでいる。

　コミュニティ開発法人の伝統的な業務は住宅供給であり、住宅の建設、所有、運営などは今日もなお主たる業務である。1987年末〜2004年末までに、全米で累計125万2000戸の住宅を供給してきた。これらの住宅供給は、新築、既存住宅の買取りによる供給、建替え、修理、などによる。

　1990年代半ば以降になると、コミュニティ開発法人は住宅供給以外の事業を拡大してきた。業務用オフィスや小売業施設を供給するほか、他のコミュニティ団体と連携してコミュニティ施設（児童養護センター、保健センター、芸術・文化センター、娯楽施設、老齢者施設）を供給してきた。またコミュニティ開発法人の39％はビジネス開発に関与、24％はコミュニティ開発法人自身の企業を所有、21％は企業経営を担い、70％は企業向けの経営支援を行っていた（NCCED［2005］pp. 14-15）。そのほかにも、コミュニティ開発法人の62％はコミュニティの組織化・政策提言といった伝統的な活動を行い、59％は持ち家相談、54％は予算・信用相談、53％は教育・訓練活動、47％は地元政府に対する政策提言を行っている（NCCED［2005］p. 18）。

2　コミュニティ開発法人に対する優遇税制

　低所得地区の開発を目的とするコミュニティ開発法人にとって、税制優遇措置の果たす役割は大きい。コミュニティ開発法人は、IRS（内国歳入庁）が定める税制コードの501C(3)法人と認められれば、優遇税制の対象となるNPOとなる。このカテゴリーのNPOは、社会福祉、医療、教育、宗教などの公益事業法人や財団が対象であり、以下のような税制上の優遇措置を受ける[2]。

　すなわち第1に、501C(3)法人は、営利活動からの収入であっても、それが組織の目的に合致するかぎりはその収入は非課税となる。

　第2に、個人、企業、財団などがこの種のNPOに、たとえば運営費など

2）アメリカのNPOに対する税制優遇措置については、塚谷［2012］を参照。

のために寄付を行うと、寄付をした個人、法人、財団などは、課税対象所得の50％を上限としてその寄付額は所得控除される[3]。その結果、以下のような節税のケースが生じる。たとえば、課税対象所得20～23万ドル未満の限界税率が30％で、ある個人の課税対象所得が22万ドルの場合、6万6000ドルの所得税（22万ドル×0.3）が賦課される。ところが、いま2万ドルの寄付をすると、この金額が所得から控除されて、課税対象所得は20万ドルとなり所得税は6万ドル（20万ドル×0.3）に減額される。その結果、6000ドルの節税となる。仮に2万ドルではなくて2万5000ドルの寄付をした場合には、課税対象所得は19万5000ドルとなる。そして課税対象所得18～20万ドルの限界税率が27％とすれば、5万2650ドルの所得税（19万5000ドル×0.27）となる。この場合には1万3350ドルの節税（6万6000ドル－5万2650ドル）となり節税額は急増する。これは、課税対象所得である調整所得のブラケットが1段階落ちて、限界税率が低下したからである。

このような租税優遇措置は政府からすれば減税となり、間接的に政府が当該コミュニティ開発法人に財政支援をすることを意味する。ただし、政府の直接的な補助金支出とは異なり、あくまでも寄付者の寄付先の選択が前提であり、政府にはその選択権はない。アメリカ社会では、慈善事業に対する寄付行為が広範に根付いており、低所得層であっても寄付は広く行われており、コミュニティ開発法人の基礎的運営費においても政府の補助金や事業収入のほかに、個人、法人、財団、中間支援組織（これについては後述）からの寄付に依存することが多い。

3 コミュニティ開発法人の事業資金の調達

コミュニティ開発法人の事業のための主要な資金調達には、**表8-1**に示すように、連邦政府、州政府、地元政府の補助金や銀行、財団、中間支援組織からの投融資が多く利用されている。とくに中間支援組織への資金依存が多くなっている点が注目される。

連邦政府の低所得コミュニティ開発のための財政支出プログラムには、住

---

3) 所得控除とは、課税対象となる所得額から一定金額を差し引くこと。これに対して、税額控除とは、税額（課税対象額×税率で算出された額）から直接一定の金額を差し引くこと。このいずれも、税収減となる。

表8-1 コミュニティ開発法人の事業資金の調達源(%)

	1993年末	1997年末	2004年末
連邦政府	77	90	88
州政府	51	46	38
銀行	48	49	49
財団	45	46	49
地元政府	40	31	30
中間支援組織	27	41	44
企業	26	24	26
宗教団体	15	13	12

注1) 5万ドル以上の補助金、投資、ローンなどを受けたCDCが対象。
注2) 各機関から資金調達した件数の比率。
出所) NCCED [2005] p. 19.

宅都市開発省、農務省、保健福祉省の補助金のほか、内国歳入庁所轄の低所得者用住宅投資税額控除(LIHTC：Low Income Housing Tax Credit)など数多くある。低所得コミュニティの開発のための政府財政支出には、補助金といった直接的な政府財政支出と、低所得者用住宅投資税額控除(LIHTC)のようないわば間接的な支出がある。税額控除は、個人や法人が特定の投資を行う場合には、一定額を税額から控除するものであり、ひとつの租税優遇措置である。税額控除分だけ政府にとっては減収になり、政府はその分を租税支出(tax expenditure)を行ったと見做して、政府の財政支出に算入する。なかでも低所得者用住宅投資税額控除(LIHTC)は、コミュニティ開発法人が低所得者向けの住宅を建設する際の資金調達のための主要なプログラムである。これは1986年税制改革法で導入され、低所得者向け賃貸住宅の新設・修復の民間プロジェクトへの投資に対して一定の条件に基づき10年間の税額控除を与えるものである。毎年、連邦政府が州政府ごとに低所得者用住宅所得控除枠を与える。一方、コミュニティ開発法人は、州政府に低所得者向け住宅建設の計画について税額控除の申請を行い、競争的申請の結果認められた税額控除を投資家に販売して民間資金を調達する一方で、そのプロジェクトの管理を行うのである。この税額控除を得たコミュニティ開発法人のプロジェクトには、州政府や地元政府も補助金を供与し支援することが多

い。

　低所得者用住宅投資税額控除を含む低所得コミュニティの開発向けの連邦政府の財政支出は、図8-1が示すとおりであるが、ここには3つの大きな波が見られる。まず第1波は、1960年代後半から毎年増加し1970年にピーク（2007年価格で90億ドル）を打ち、その後減少する波である。第2波は1975年からふたたび増加し、1978年にピーク（同140億ドル）に達し、その後1980年代のレーガン政権期に急減し、1990年には3分の1以下にまで減る波であり、そして第3波は、1994年のクリントン政権成立以降ふたたび上昇し、その金額は2007年には120億ドルに達する波である。

　この財政支出動向の変動は、その構成の大きな変化をともなった。1970年代半ばまではUrban Renewal（1949年～）とModel Cities（1968～74年）のプログラムが、そして1970年代半ばから1990年代初頭までは住宅都市開発省のコミュニティ開発一括補助金（CDBG：Community Development Block Grant, 1974～）が財政支出のほとんどを占めていた。これらは州政府や市政府への補助金であった。この一括補助金方式はその配分について州政府に委ねられるものの、その補助金を超えるような施策については州政府の税収に委ねるものであり、一面では連邦政府によるナショナルミニマムの維持責任放棄を意味する。この「税収分割」によって地方分権を強化するというよりも、連邦政府の責任を放棄する税収配分は「新連邦主義」と呼ばれた（地主・村山・加藤編著［2012］158頁）。この傾向は1980年代に強まり、一括補助金の削減が続いた。

　1990年代以降になると、年を追って低所得者用住宅投資税額控除（LIHTC）が拡大し、2007年の総額120億ドルの財政支出のうち56億ドル（47％）を占めるに至り、Rehabilitation Tax Credit（1977年～）という税額控除プログラムを含めれば、税額控除は財政支出の56％に達した（Abravanel, Pindus and Theodos［2010］p. 6）。

　このように、1980年代のレーガン政権のもとでは、コミュニティ再生への補助金という直接的な財政支援が減少し、1990年代のクリントン政権では、それを引き継ぎながらも税額控除という間接的財政支援を増加させた。このような連邦政府の直接的な財政支出の削減は、当然のことながらコミュニティ開発法人の活動にも以下のような影響を及ぼした（Grogan and Proscio

図8-1 9種類のコミュニティおよび経済開発のための財政および租税支出

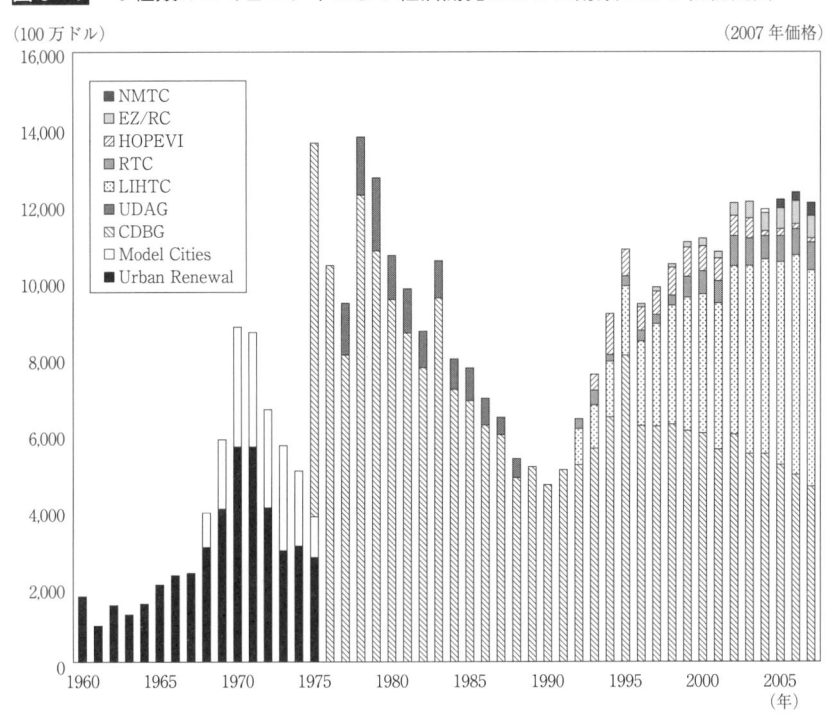

(100万ドル) (2007年価格)

凡例:
- NMTC
- EZ/RC
- HOPE VI
- RTC
- LIHTC
- UDAG
- CDBG
- Model Cities
- Urban Renewal

注) NMTC：New Market Tax Credit（2000年～）
EZ/RC：Empowerment Zone/Renewal Community（1993年～）
HOPE Ⅵ（1993年～）
RTC：Rehabilitation Tax Credits（1977年～）
LIHTC：Low Income Housing Tax Credit（1986年～）
UDAG：Urban Development Action Grant（1977～1986年）
CDBG：Community Development Block Grant（1974年～）
Model Cities（1966～1974年）
Urban Renewal（1949年～）
出所) Abravanel, Pindus and Theodos [2010] p. 5.

［2000］pp. 86-87)。

第1に、1980年代には多くのコミュニティ開発法人が、事業資金や一般経費を資金調達するために、資金調達源の多様化を図り、各種の慈善団体、銀行やその他の金融機関、企業、市政府、州政府など広範な資金源を追求する

ようになった。その結果、現在ではコミュニティ開発法人をめぐって多くの利害関係者が関与するようになった。第2に、コミュニティ開発法人は近隣地区住民や市政府の支援を維持するために、小規模かつ目に見えるプロジェクトを確実に成功させることに活動を限定するようになった。そして第3に、広報活動の縮小ゆえに、コミュニティ開発法人に対する過大な期待を回避できるようになった。コミュニティ開発法人はいまでは、「都市のコミュニティ問題解決のための広範囲にわたる新しい分権的装置」（Grogan and Proscio［2000］p. 87）として活動している。

　また同時期に、財団主導でコミュティ開発法人と連邦・地方政府、投資家、金融機関を連結させる民間の中間支援組織が成立した。たとえば、フォード財団は1979年末に Local Initiatives Support Corporation を、そして1982年には著名な開発業者であるジェイムズ・ローズ（James Rouse）は Enterprise Foundation を、それぞれ創設した。これらの財団はいまでは全国規模となっており、全米規模で Local Initiatives Support Corporation は30支店を、Enterprise Foundation は23支店を各々擁している。これらの組織は巨大資本市場、中小金融機関、営利もしくは非営利の開発会社、地域の投資家、政治家、政府の都市計画担当者、コミュニティ団体、住宅購入者、テナントなど関係者に情報交換の場を提供する（Frisch and Servon［2006］p. 92）。そのうえで、低所得コミュニティ開発プロジェクトを評価し、これに与えられた税額控除を束ね、それを投資家に売却し、資金を調達する。さらにコミュニティ開発法人のスタッフの教育も行っている。このように中間支援組織は、低所得コミュニティ開発のための民間資金動員のために、コミュニティ開発法人と金融機関、投資家、財団、篤志家、あるいは政府関係者とのリエゾン機能を担う文字どおり中間の支援組織なのである。多くのコミュニティ開発法人はこれらの中間支援組織の支店の支援を得ている。

　以上のような低所得コミュニティの開発をめぐる各機関の基本的な関係を図示すると図8-2のようになる。①連邦政府は、NPOとして認可されたコミュニティ開発法人の利益に対して免税とする。また、連邦政府や州政府、地方政府は各種の補助金をコミュニティ開発法人に提供する。②民間企業や投資家はコミュニティ開発法人の開発プロジェクトに投資や寄付を行う。③コミュニティ開発法人に寄付をする個人や企業に対しては、政府はその寄付

図8-2 コミュニティ開発をめぐる政府と民間

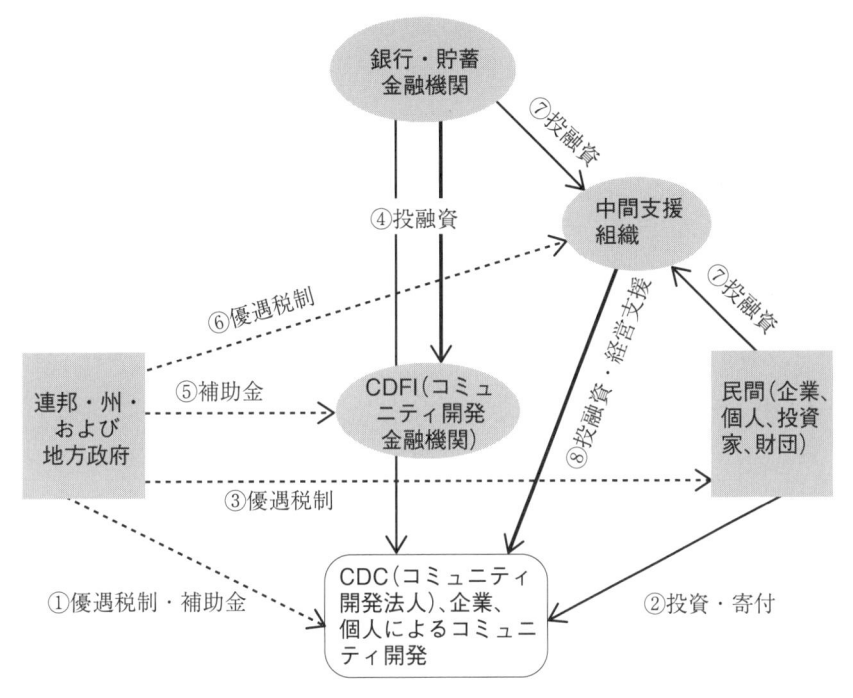

```
                            銀行・貯蓄
                            金融機関
                                │        ⑦投融資
                                │           ↘
                         ④投融資              中間支援
                                              組織
              ⑥優遇税制                     ↗
                    ┄┄┄┄┄┄┄┄→         ⑦投融資
    連邦・州・   ⑤補助金    CDFI(コミュ              民間(企業、
    および     ┄┄┄┄→   ニティ開発              個人、投資
    地方政府               金融機関)              家、財団)
              ┄┄┄┄┄┄┄┄┄┄┄┄┄┄┄→
                    ③優遇税制
           ┄┄┄┄┄┄→ CDC(コミュニティ
       ①優遇税制・補助金  開発法人)、企業、    ②投資・寄付
                      個人によるコミュニ
                      ティ開発
```

注）点線は政府の補助金と優遇税制、実線は資金の流れ。
出所）著者作成。

額を所得控除する。また投資に対しては、一定の税額控除を行う。④銀行は1977年コミュニティ再投資法によって低所得コミュニティへの投融資を義務づけられている。その際、コミュニティ開発法人や企業に直接投融資するだけでなく、コミュニティ開発金融機関（CDFI）との投融資の協調体制を組むことが多い。⑤連邦政府は財務省管轄のCDFIファンド（Community Development Financial Institutions Fund）を通じて、コミュニティ開発金融機関（CDFI）のなかから「認定CDFI」を選定し、これらの認定CDFIの活動を支援するために補助金を供与する。⑥政府は低所得者用住宅投資税額控除枠をアフォーダブル住宅を建設するコミュニティ開発法人に与える。また政府は、CDFIファンドを通じて、「新市場税額控除」（NMTC）という

低所得コミュニティの開発のための税額控除枠を中間支援組織に供与する。⑦と⑧低所得者用住宅投資税額控除枠を与えられたコミュニティ開発法人に代わって、全国ネットを持つ中間支援組織がこれらの税額控除を投資家に販売し、資金を集め、それをコミュニティ開発法人に投資する。「新市場税額控除」(NMTC) についても同じように、中間支援組織は税額控除を利用して広く投資家から投資資金を募り、それを低所得コミュニティの企業等に投融資する。

次節では、低所得コミュニティ開発のための④〜⑧にわたる民間資金の動員について検討する。

III 低所得コミュニティ開発のための民間資金の動員
―――コミュニティ再投資法 (1977年)、CDFI ファンド (1994年)、新市場税額控除 (2000年) を中心に

1 1977年コミュニティ再投資法 (CRA)
(1) コミュニティ再投資法の基本

低所得コミュニティへの資金供給で画期的だったのは、「1977年コミュニティ再投資法」(Community Reinvestment Act of 1977、CRA と略記されることが多い) である。コミュニティ再投資法はその名のとおり、当該地域から生じた資金を地域に再投資し、地域資金循環を目指すものであり、その仲介者の役割を金融機関（商業銀行〈commercial bank〉と貯蓄金融機関〈thrift〉）に社会的義務として課すものである。先の図8-2でいえば、金融機関によるコミュニティ開発法人などへの投融資（④）を、金融機関に義務として課した法律がこれである。

この1977年コミュニティ再投資法は、1960年代の人種差別是正運動の高まりのなかで誕生した。アメリカの銀行は、1930年代以降アフリカン・アメリカ人居住区を赤線で囲い (redlining)、そのなかの住民に対しては差別的な住宅抵当貸付けや金融サービスを行っていた。しかし、1968年公正住宅法 (Fair Housing Act of 1968) にはじまり、1974年平等信用機会法 (Equal Credit Opportunity Act of 1974)、1975年住宅抵当貸付公開法 (HMDA: Home Mortgage Disclosure Act) に至る銀行の差別的な住宅抵当貸付慣行

禁止の一連の法律が成立した。これらの法律を受けて成立したのが、1977年コミュニティ再投資法である。1977年コミュニティ再投資法は、8条からなる簡単なものである[4]。

　本法の目的は、第1に「被規制金融機関」に、その預金取扱い業務施設の設置が許可されているコミュニティの預金サービスや融資サービスにかかわる便宜とニーズに応じること、そしてコミュニティの信用需要に応じる「継続的かつ積極的な義務」を課したことにある。ここでいう「被規制金融機関」とは、預金保険公社によって「預金が保証されている金融機関」を指す。本法の背景には、預金が保証されたり、連邦準備銀行を「最後の貸し手」として依存しうる金融機関には、その「見返り」(quid pro quo)として、預金取扱い業務施設の設置が許可されているコミュニティの信用需要に応じる「公的義務」(public obligation)があるという考え方があったのである（Brown [1991]）。実際、議会におけるコミュニティ再投資法の立法化過程で、ある銀行は低所得者の居住地域から集めた預金額の10％程度しか同地域に融資せず、そのほとんどが他地域に融資されていた例が問題となったのであった。

　他方では、コミュニティ再投資法は金融機関に低所得区域向けの信用割当てを強いて、金融機関の経営を危うくするとの批判が銀行業界から高まった。その結果、法案からは定量的な融資枠という条項は削除され、金融機関のコミュニティの信用需要への対応は、金融機関の「安全かつ健全な業務と両立しながら」(consistent with the safe and sound operation)行うことになったのである。また金融機関が、コミュニティの信用需要に応じる具体的方法は特定せず、銀行の方針に委ねている。

　第2に、同法は金融機関のコミュニティの信用需要への対応実績を検査する権限を、「該当する各々の連邦金融機関監督当局」に与えた。具体的には、財務省通貨監督局（OCC：Office of the Comptroller of the Currency）は国法銀行を、連邦準備制度理事会（Board：Board of Federal Reserve System）は連邦準備制度加盟の州法銀行と銀行持株会社および貯蓄貸付組

4）もともとは、Housing and Urban Development Act of 1977のTitle Ⅷ（第8章）として立法化された。現在は、「合衆国法典」第12編第30章が、1977年コミュニティ再投資法にあたる（http://www.law.cornell.edu/uscode/text/12/chapter-30）。

合持株会社を、連邦預金保険公社（FDIC：Federal Deposit Insurance Company）は連邦準備制度非加盟の州法銀行および州法貯蓄貸付組合および州法貯蓄組合をそれぞれ担当し、それぞれの金融機関がコミュニティの信用需要に対応しているかを、金融機関の事業記録に基づいて審査する（ただしのちに、貯蓄金融機関監督局〈OTS：Office of Thrift Supervision〉が貯蓄貸付組合を検査することとなった）。

　第3に、本法は前記のように、「被規制金融機関」に対して「コミュニティの信用需要」を充足することを求めているが、「コミュニティの信用需要」についての具体的記述はない。ただし、同法成立の経緯からしてマイノリティが集住する低所得区域への信用供与が焦点であり、なかでも住宅ローン需要の充足が最重点であったことは当然である。その後の金融機関監督機関による金融機関のコミュニティ再投資関連活動の評価対象は、住宅ローンに加えて、小企業貸付けや環境整備への貸付けなど広範にわたるものである。低所得コミュニティの信用需要の内容が変わっても、それに「継続的かつ積極的に」応じる法的義務を銀行に課しているのである（この点は、柴田［2001］が強調）。

　第4に、同法は低所得・低中所得コミュニティの信用需要に応じるという法的義務を遂行しない被規制金融機関に対して、直接的な罰則を定めてはいない。その代わりに、被規制金融機関の設立、州法銀行や貯蓄貸付組合に預金保険を付けること、被規制金融機関による預金取扱い国内支店およびその他の施設の開設、被規制金融機関の本・支店の移転、被規制金融機関の合併・統合・買収・債務引受け、被規制金融機関の株式や資産の取得、などの申請に際しては、金融機関監督当局は、低所得コミュニティへの信用供与実績を考慮して、その申請を認可あるいは非認可、あるいは認可の延期や条件付き認可を決定するのである。このようにして、金融機関監督当局が持っている許認可権限を使って、監督下の金融機関による低所得コミュニティへの信用供与を促進するのである。

(2) コミュニティ再投資法の運用強化

　コミュニティ再投資法は1977年の成立以来、所期の目標である銀行による人種差別的な信用供与の慣行の是正が不十分だというコミュニティ運動団体

や議会の主張、コミュニティ再投資活動に対する金融機関監督当局の評価が一貫していないとの銀行側からの批判、コミュニティ再投資法に基づく銀行側の文書・データ作成の過重負担、などが問題となった。これらの批判や問題を受けて、コミュニティ再投資法の修正や金融機関監督当局による検査方法の変更が行われた（中本［2012］5-15頁）。

　コミュニティ再投資法によって、人種差別的な信用供与の慣行が是正されたのか。多くのコミュニティ再投資法関係者は、1980年代を通じてあまり成果があがらなかったという点で一致している[5]。しかし1990年代末になると、多くの銀行はコミュニティ再投資活動への強化に取り組むようになった。この変化には、3つの要因が作用した（Belsky, Lambert and Hoffman［2003］pp. 8-21)[6]。

　第1は、1987年に多くの貯蓄貸付組合（Saving and Loan Association）が破綻したあと、1989年に成立した「金融機関改革・再生法（FIRREA：The Financial Institutions Reform and Recovery Act)」によって、1975年の「住宅抵当貸付公開法」（HMDA：Home Mortgage Disclosure Act）が強化されたことである。同法は銀行に対して、①住宅ローンの申込みに関して、認可、取下げ、拒否の内訳、②住宅ローン申込み者に関して、所得水準、性別、人種の内訳の情報収集を課した。そして、コミュニティ再投資法による金融機関の評価の格付けを公開することを求めた。その後、1990年代初めには、デジタル情報として、これらの銀行の情報が公開されるようになり、従来この種の情報が入手できなかった一般人にも利用可能となった。

　この結果、この公開情報によりコミュニティ団体や地元の新聞が銀行に対して、低所得コミュニティへの信用供与を行うよう圧力をかけた。他方、銀行側は人種差別を行っているとの批判を被ることがその社会的地位を脅かすとともに、事業拡大を難しくすると認識し、低所得コミュニティへの貸付対

5）*Atlanta Constitution* 紙の1988年5月1日から4日までのBill Dedmanによる記事 "The color of money" は、1980年代においても銀行の人種差別的な融資慣行がなお根強く残っていることを暴露した。本記事は、翌年のジャーナリズム部門のピュリツァー賞を受賞した。
6）ハーバード大学の住宅総合研究センター（Joint Center for Housing）が主催して、2000年にニューヨーク3回、ワシントンD.C. 2回、アトランタ3回、サンフランシスコで3回行った討議である。

応を強化した。

　第2に、銀行によるコミュニティ再投資を重視したクリントン大統領の指示のもとで、1995年にコミュニティ再投資法の検査方法が改革された。そして銀行のコミュニティ再投資法関連活動の評価について、①その成果よりも手続きを重視する、②評価の一貫性の欠如、③評価資料作成の過重負担、といった銀行側の批判に対応した。その結果、1997年からは、大銀行は、融資、投資、金融サービスの3つの分野について評価されるようになった（詳しくは、中本［2012］14頁）。評価点の配点では、融資に重点が置かれた。また、小規模銀行は融資検査だけとなった。

　さらにまた銀行は、コミュニティにおける住宅抵当貸付けだけではなく、小規模ビジネス、小規模農業、消費者ローンの件数と金額について、その地理的、所得階層別構成を評価されることになった。銀行の直接的な貸付けだけではなく、もっぱら低所得コミュニティで活動することをミッションとするCDFI（コミュニティ開発金融機関、これについては後述）への投融資もコミュニティ再投資の一部として評価（CRAクレジット）されるようになった[7]。こうした改革は、銀行がコミュニティ再投資活動を強めることにつながった。

　第3に、「1994年リーグルニール州際銀行業・支店業務効率化法」（The Riegle-Neal Interstate and Branching Efficiency Act of 1994）の成立である。同法によって、銀行は州を越えて全国的に支店網を設置することが可能となった。ただし、銀行の他州への支店設置申請が金融機関監督当局によって認可されるためには、銀行はコミュニティ再投資活動の4段階評価で、上から2段階目の評価であるSatisfactory（良好）以上の格付けが必要である。この法律もまた、銀行ならびに住民運動活動家にとっては、銀行がコミュニティ再投資関連活動を強めるうえで、てことなった。

　以上のように、1977年コミュニティ再投資法は、所期の目的である銀行の人種差別的な融資を是正し、低所得コミュニティに対して信用と金融サービ

7）たとえば、国法銀行が資本金1000万ドルのCDFIに10万ドル出資（出資比率1％）し、そのCDFIが今度は1500万ドルのコミュニティ開発融資を行った場合には、銀行は1500万ドルの1％に当たる15万ドルのコミュニティ融資を行ったと評価され、当初の10万ドルの出資に対してレバレッジ効果が生じるようになった。

スの提供を実現するために、より実効的な改革が行われてきた。そして現在では、大銀行に求められるコミュニティ再投資活動は、コミュニティ開発融資（アフォーダブル住宅建設融資、CDC や CDFI への融資、低所得コミュニティ施設支援融資、低所得コミュニティ開発関連 NPO への融資など）、コミュニティ開発投資（CDC、CDFI への投資、低所得者用住宅投資税額控除プロジェクトへの投資など）、コミュニティ開発サービス（CDC への経営支援、アフォーダブル住宅関連融資実務支援、学校貯蓄プログラムなど）の3大領域で多様な対象があり、コミュニティ再投資法が謳う「コミュニティの信用需要」は多岐にわたっている。

　これらの結果、1990年代末には、大手銀行による低所得コミュニティ開発事業への投融資のほとんど多くは、CDFI を通じて、あるいは銀行と低所得コミュニティを結合するブローカー的役割を果たす中間支援組織を通じて実行するようになってきた。既述のとおり、CDFI や中間支援組織への投融資が、CRA クレジットとして認定されるようになったからである。そして、大手銀行側にしてみれば、低所得のコミュニティの現場に通じており、また低所得コミュニティ金融の専門的経験を持つ CDFI や中間支援組織を利用したほうがリスクが低くなるのである。こうして、コミュニティ再投資法が成立した頃は、銀行と低所得コミュニティ団体との関係が焦点であったが、1990年代末になると中間支援組織や CDFI との関係が重要となってきたのである（Belsky, Lambert and Hoffman ［2003］ p. 21）。

　もうひとつ重要だったのが、前記のように1989年に「1975年住宅抵当貸付公開法」が強化されたことであった。これによって、各銀行のコミュニティ再投資関連業務の実態と金融機関監督当局による評価の格付けが公開され、住民団体や報道機関が銀行の行動を批判し、住民団体が銀行や金融機関監督当局とそれをめぐって交渉できるようになった。この意味で、コミュニティ再投資法は、「知る権利の法律」となったのである（Fishbein ［2003］）。コミュニティ再投資法が、低所得コミュニティの開発のための資金供給に資するかどうかは、金融行政という「上からの規制」だけでなく、住民団体の行動という「下からの規制」が不可欠だった。

2 CDFIファンド (1994年) による低所得コミュニティ開発金融の支援
(1) CDFI (コミュニティ開発金融機関) の発展

　低所得者や低所得コミュニティへの資金供給で、コミュニティ再投資法と並んでもうひとつ重要なのが1994年に創設されたCDFIファンド（Community Development Financial Institutions Fund）、そしてこれを基礎にして2000年に創設された新市場税額控除（NMTC：New Markets Tax Credit）プログラムである。

　あらかじめコミュニティ再投資法とCDFIファンドならびに新市場税額控除（NMTC）との異同を明らかにしておく。これら3者ともに、低所得コミュニティへの民間資金の誘引を意図したものである。ただしコミュニティ再投資法は、それを民間銀行の法的義務として課しているのに対して、他の2者は連邦政府資金を財源とする競争的資金を通じて、低所得コミュニティへの民間資金の供給を誘発しようとするものである。

　CDFIファンドを論じる前に、CDFIについて見ておこう。CDFI（Community Development Financial Institutions）、すなわちコミュニティ開発金融機関とは、低所得居住者が集住し、経済的に衰退している地域で、地域住民や企業が通常の銀行からの金融サービスを受けられないようななかで、もっぱらこれらの地域住民や企業に対して金融サービスを行うことをミッションとする金融機関を指す。CDFIには、①コミュニティ開発銀行、②コミュニティ開発信用組合、③コミュニティ開発貸付ファンド、④コミュニティ開発ベンチャ・キャピタルというタイプがある。

　①コミュニティ開発銀行は、取締役会にコミュニティの代表を置く営利金融機関であり、その預金は連邦預金保険公社によって保証され、関連金融機関監督当局の監督下にある。②コミュニティ開発信用組合は、低所得コミュニティで活動する組合員所有の非営利団体であり、連邦機関の監督下にある。③コミュニティ開発貸付ファンドは、コミュニティ代表が入った取締役会によって運営され、そのほとんどは非営利であり規制と監督を受けない。④コミュニティ開発ベンチャ・キャピタルは、低所得コミュニティの中小企業への出資などを行う営利機関であり、多くは有限責任会社または有限責任パートナーシップであり、規制を受けない。

　CDFIについては正確なデータはないが、CDFI業界の推計によれば、

2010年4月30日時点で、360のコミュニティ開発銀行、295のコミュニティ開発信用組合、560のコミュニティ開発貸付ファンド、80のコミュニティ開発ベンチャ・ファンドなど総計で1295件を数える（CDFI Data Project［2010］p. 7）。CDFIのほとんどは零細な金融機関であり、CDFI全体の資産は全米の金融機関の総資産の0.2％弱に過ぎない。

(2) CDFIファンド（1994年）の設立

　低所得コミュニティ開発のために政府の財政支出によってCDFIをてこ入れしようとするのが、財務省の管轄で運営されるCDFIファンドである。この基金は、クリントン政権下で成立した「1994年リーグル・コミュニティ開発・規制改革法」（Riegle Community Development and Regulatory Improvement Act of 1994）に基づいて創設された。このCDFIファンドは、つぎのような活動を行っている（CDFI Fund［2012］）。

① CDFIファンド・プログラムの実施

　アフォーダブルな金融商品やサービスへのアクセスを欠いている低所得者や低所得コミュニティに対応するCDFIに対して、連邦政府財源によって財政的支援や能力向上を図る。これには下記の2種類の補助金があり、1994年から2012年までに総額で10億ドルの補助金を支出した。

(a) 財政支援補助金（FA：Financial Assistance Awards）

　CDFIファンドがあらかじめ認定した「認定CDFI」（Certified CDFI）に対して、認定CDFIのニーズに則して、投資、貸付け、預金、補助金を供与する。これを受けた認定CDFIは、同額かつ同形態の連邦資金をともなわない民間のマッチング・マネーを準備し、低所得コミュニティにおける金融商品や金融サービスの需要を満たす必要がある。1件で200万ドルまでの申請ができる。

(b) 経営支援補助金（TA：Technical Assistance Awards）

　この補助金は、認定CDFIもしくはそれを目指すCDFIに対して、10万ドルドルまでを提供する。この補助金を利用して、備品購入やコンサルティング契約、従業員の給与や付加給付の支給もできる。

② 新市場税額控除（NMTC：New Markets Tax Credit）

　2000年に創設され、2002年から実施されているNMTC、すなわち新市場

税額控除プログラムによって、認定されたコミュニティ開発会社（CDE：Community Development Entities）に投資税額控除配分を与え、つぎにはこのコミュニティ開発会社が投資家から投資を募り、これらの資金を低所得コミュニティ開発に投じるのである。

③ **銀行補助金**（BEA：Bank Enterprise Awards）

FDIC（預金保険公社）によって預金を保証されているすべての預金金融機関が申請することができる補助金であり、それを獲得した預金金融機関が、困窮地区の (a) 認定CDFIに対して資本投資、貸付け、助成金、預金、経営支援をする、(b) アフォーダブルな住宅抵当貸付け、小企業貸付け、住宅修理貸付け、商業用不動産貸付け、教育貸付けをする、(c) 預金、金融サービスをする、以上のことを促進する。

④ **先住民支援**（Native Initiatives）

先住民のCDFIもしくはCDFIを指向する金融機関に対して財政支援、経営支援、訓練を行う。

(3) CDFIファンドによるCDFIへの支援

前述のように全米のCDFIは2010年時点で1295件あり、そのなかでCDFIファンドによって認定され、財政支援などを申請する資格がある認定CDFIは、68のコミュニティ開発銀行、170のコミュニティ開発信用組合、567のコミュニティ開発貸付けファンド、25のコミュニティ開発ベンチャ・ファンド、30の預金機関所有企業持株会社の総計860件であった（CDFI Data Project [2010] p. 7)。このように、認定CDFIの件数ではコミュニティ開発貸付けファンドが圧倒的に多く、CDFIファンドのプログラムへの申請と認可実績でも、件数および認可額の双方でコミュニティ開発貸付けファンド向け支援が圧倒的に多い。財政的支援（FA）を得た貸付けファンドは、主としてアフォーダブル住宅の建設や中小企業向けの貸付けを行う（Community Development Financial Institutions Fund [2012] p. 25)。CDFIファンドの経営補助金（TA）でも、申請と認可実績の件数および認可額の双方で、貸付けファンド向け支援が圧倒的に多い。この経営支援補助金の使用目的は多様であるが、金額ベースでは59％が従業員の給与、16％が専門的なサービス提供に使用された。

このような CDFI ファンドによる CDFI への政府補助金は、倍率の高い競争的資金である。補助金を認可された CDFI は、その経営が高く評価され、他の民間資金も獲得しやすくなる。また財政的支援（FA）は、そのプログラム自体に、補助金に対するマッチング・マネーを組み込んでおり、民間資金の動員を目的としている。

　一方、伝統的な銀行にとっては、CDFI への貸付けや投資は CRA クレジットとしてカウントされるので、これが CDFI への投融資の誘因となる。コミュニティ開発貸付けファンドは、コミュニティの顧客の実情に通じており、顧客の運用資産をしばしばモニタリングし、顧客に経営支援を行う。このようなコミュニティ開発貸付けファンドは、銀行にとっては安全な投資機構であり、また柔軟なパートナーである。この意味では、コミュニティ開発貸付けファンドをはじめとする CDFI は、銀行によるコミュニティ再投資のための中間支援組織としての役割を果たしている（Rubin［2009］pp. 3-4）。

3 新市場税額控除（NMTC：New Markets Tax Credit）

　低所得コミュニティにおいてコミュニティ開発法人や一般企業が新規ビジネスや不動産開発事業を作り出し、「新市場」を拡大するために創設されたのが「新市場税額控除」である。このプログラムは、「2000年コミュニティ再生減税法」（Community Renewal Tax Relief Act of 2000）によって成立した。当初は5年間の時限立法であったが、その後も議会により延長が続いてきた。

　NMTC の毎年の税額控除枠は議会によって決められ、その税額控除を配分するのが CDFI ファンドである。CDFI ファンドから NMTC による税額控除枠が配分されるためには、その申請組織が CDE（Community Development Entity：コミュニティ開発会社）として認定されなければならない。そのためには、その組織は、①国内法人もしくはパートナーシップである、②そのミッションはもっぱら低所得コミュニティへの業務を行うことにある、③組織の取締役会もしくは評議会に低所得コミュニティの住民代表を入れる、このような条件をクリアする必要がある。認定された CDE は、2010年では累計で1011件である（U. S. Government Accountability Office［2012］pp. 4-5）。

図8-3 新市場税額控除（NMTC）の仕組み

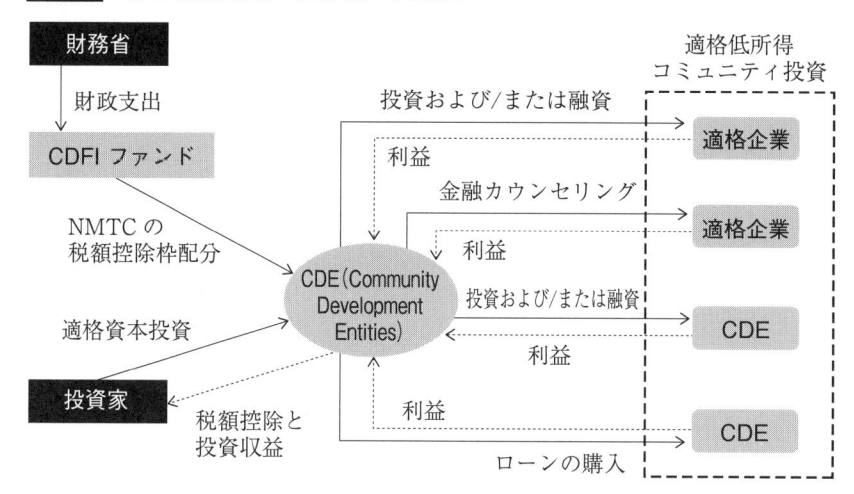

```
財務省
  │財政支出
  ▼
CDFI ファンド ──NMTCの税額控除枠配分──▶ CDE (Community Development Entities)
                                    
投資家 ──適格資本投資──▶ CDE
       ◀──税額控除と投資収益──

          投資および/または融資──▶ 適格企業
          ◀──利益──
          金融カウンセリング──▶ 適格企業
          ◀──利益──
          投資および/または融資──▶ CDE
          ◀──利益──
          ◀──利益──
          ローンの購入──▶ CDE

          （右側は適格低所得コミュニティ投資）
```

注）低所得コミュニティ・ビジネスに投融資する最終的なCDEは、営利組織でなければならない。
出所）著者作成。

　CDEがNMTCを獲得するためには、事業計画と資金計画を盛り込んだ税額控除額をCDFIファンドに申請し、審査を経て税額控除枠配分が認められる。第1回目の配分が行われた2003年以来、毎年の税額控除配分希望額は税額控除予定額の最低でも4.5倍という競争倍率の高い税額控除枠である（U. S. Government Accountability Office［2010］p. 4）。NMTCの創設以来2011年度までに9回の配分があり、累計で330億ドルの配分枠に対して投資家への未販売額は8％という投資家にとっては魅力的な投資商品である。

　CDEに対して配分された税額控除額は、**図8-3**のような流れを経て最終的に低所得コミュニティの新事業資金として利用される（U. S. Government Accountability Office［2010］pp. 4-5）。まずCDFIファンドがCDEに対して税額控除額を割り当てる。つぎにCDEは、個人や企業、銀行などに税額控除を組み込んだ投資を募り、それに応じた投資家はCDEに資本投資をする。投資家の投資に対しては、7年間の税額控除が認められる。すなわち、最初の3年間は投資金額の毎年5％、あとの4年間は毎年6％、合計で39％の税額控除が受けられるのである。ただし、当然のことながら投資家は最低

188　第Ⅲ部　財政・金融・バブル経済

7年間は、この投資を売却はできない。

　投資家から投資資金の払込みを得たCDEは、その払込金の85％以上を1年以内に低所得コミュニティのビジネス（これを「適格企業」[8]という）に投資や融資しなければならない。この投融資を「適格低所得コミュニティ投資」（Qualified Low-income Community Investment）という。「適格低所得コミュニティ投資」には、低所得コミュニティ・ビジネスに金融カウンセリング、財務分析、ビジネス計画などの経営支援を行うことも含まれる。投資税額控除を組み込んだ投資払込金を最終的に低所得コミュニティ・ビジネスに投融資するCDEは、営利組織でなければならない。これは投資の収益性を確保するためである。

　実際の低所得コミュニティ・ビジネス開発にこのNMTCを利用する場合には、これを単独で使うことは少ない（NMTCを利用した低所得コミュニティ開発事業への資金調達・利用、については、金［2012］が詳しい）。NMTCを利用した投資払込金は、プロジェクト資金のうち財団や個人からの寄付、銀行からの借入金、州政府や地元政府からの補助金などから得られる資金と実際の必要資金とのギャップを埋めるために使われるケースが多い。結果的には、プロジェクトの必要資金の20〜30％程度をこのNMTCを利用した投資資金で補充しているという（U. S. Government Accountability Office［2010］p. 14）。低所得コミュニティ開発の側にとっては、このNMTCによって市場金利よりも低い金利でコミュニティ開発事業に投融資できる。またNMTC枠を獲得することによって、いわば政府のお墨付きを得て、他の財源からの調達も促進される。

　一方、銀行や投資家にとっては、7年間で資本投資の39％の税額控除があるというのが最大の魅力であり、2008年では1ドルのNMTCに対しては0.75〜0.80ドルで市場取引が行われたが、その後の金融危機のなかで市場取引価格は低下し、2009年では0.65〜0.7ドル、場合によっては0.5ドルにまで下がった（U. S. Government Accountability Office［2010］p. 23）。もちろ

8）「適格企業」（Qualified Active Low-income Community Businesses）とは、①低所得コミュニティに所在し、②総売上げの50％以上を低所得コミュニティから得ており、③固定資産の利用やサービスの提供の40％以上が低所得コミュニティ内である、などの条件を満たす必要がある。

ん、低所得コミュニティの現場を熟知するコミュニティ開発会社（CDE）がNMTCを管理しているというのも、投資家や融資側にとっては、低リスクとなる。NMTC関連団体によれば、2003～2010年の間にCDEは203億ドルの税額控除配分を受け、450億ドル相当の事業を展開した。プロジェクトの総計は2914件で、そのうちの1110件（38％）は商工業（不動産、小売業、製造業）であり、ついでコミュニティ・サービス250件、ヘルスケア227件、教育220件、芸術・観光・リクレーション施設210件、サービス業162件、輸送・倉庫・物流関連152件、など多岐に及んでいる（New Markets Tax Credit Coalition［2012］p. 2）。

おわりに

　本章では、1960年代の「もう一つのアメリカ」の発見以来の低所得コミュニティ開発の取組みとそのための金融について、主たる制度や機関の役割の変遷を分析した。アメリカの低所得コミュニティ開発およびその開発金融の特徴として、以下の諸点が浮かび上がる。

　第1に、低所得コミュニティの開発には、小規模ではあるが、コミュニティの実情に通じ、地域住民を包摂するコミュニティ開発法人が主体となっている。これは、多様なコミュニティの開発には有益であり、地方分権と地域民主主義の一翼を担っている。それだけに、低所得コミュニティへの金融サービスをミッションとする零細なCDFI（地域開発金融機関）の役割もまた重要である。

　第2に、低所得コミュニティへの財政支出は、1990年代以降、従来の補助金支出から低所得者用住宅税額控除（LIHTC）などの租税支出（税額控除）にシフトした。2000年に創設されたNMTCもこの流れにある。民間資金の誘引対象がLIHTCでは住宅投資に限定されているが、NMTCではもっと広範な事業が対象である。このような税額控除は、たしかにコミュニティ開発のための公民連携を支える財政的支援である（金［2012］66頁）。しかし、これらの投資税額控除による資金調達には、投資家に対する収益性の確保が前提であり、投資先は不動産やビジネスになりがちであり、また開発が投資市況に左右されるという大きな限界もある。

第3に、伝統的な通常の銀行に対して、「コミュニティの信用需要」を充足する社会的責任を課した1977年コミュニティ再投資法の成立は画期的であった。しかし、この法律が実効的となるには、1989年の「1975年住宅抵当貸付公開法」の強化が必要であった。公開された情報に基づいて住民団体や報道機関が銀行のコミュニティ再投資活動に関する社会的責任を問えるようになり、銀行もまたその評価を考慮するようになったからである。地域民主主義のためには、このような情報公開が必要であった。これによって金融機関監督当局による検査という「上からの規制」だけでなく、住民による「下からの規制」も実現できるからである。
　第4に、通常の大手銀行や投資家が低所得コミュニティ開発に投融資するうえで、現場の実情に通じた零細なCDFIとの連携が発展している。CDFIは、大手銀行や投資家の低所得コミュニティへの投融資を誘引するうえで水先案内人であり、通常の銀行と低所得コミュニティとを繋ぐ中間支援組織なのである。したがって、CDFIファンドのようなCDFIに対する財政的支援もまた不可欠である。

＊

　本章は、中本悟［2013］「アメリカにおける低所得コミュニティの開発と金融」（上）（下）『立命館経済学』61巻5号、同6号、を改稿したものである。

【参考文献】

明石芳彦［2012］「コミュニティ再生における社会的企業・中間支援組織の活動と資金調達」「社会的企業・中間支援組織のコミュニティ再生・支援活動と社会的インパクト」矢作弘・明石芳彦編著『アメリカのコミュニティ開発』ミネルヴァ書房、第4章、第5章。

金淳植［2012］「コミュニティ開発の支援制度としてのNMTC」矢作弘・明石芳彦編著『アメリカのコミュニティ開発』ミネルヴァ書房、第2章。

小関隆志［2010］「アメリカのコミュニティ開発金融政策とCDFI」明治大学『経営論集』57（3）。

地主敏樹・村山裕三・加藤一誠編著［2012］『現代アメリカ経済論』ミネルヴァ書房。
柴田武男［2001］「コミュニティ・バンキング概念について──銀行と地域社会との関係を巡って」『聖学院大学論叢』14巻1号
高田太久吉［1993］「銀行と地域──米国『地域再投資法』をめぐる最近の動向」『中央大学企業研究所年報』第14巻第7号。
塚谷文武［2012］「アメリカのNPOと租税優遇措置」渋谷博史・根岸毅宏編［2012］『アメリカの分権と民間活用』日本経済評論社、第2章。
中本悟［2012］「アメリカの地域開発における銀行の社会的責任──CRAの成果と意義」矢作弘・明石芳彦編著『アメリカのコミュニティ開発』ミネルヴァ書房、第1章。
馬場宏二［2011］『宇野理論とアメリカ資本主義』御茶の水書房。
福光寛［1993］「CRA（地域再投資法）について」『立命館経済学』42巻1号。
松田岳［2004］「米国の地域コミュニティ金融──円滑化策とそれが機能するための諸条件」Discussion paper series、Volume 14、金融庁金融研究研修センター。
三瓶弘喜［2006］「アメリカにおける連邦制的地域統合の特質──地域金融・地域的資金循環構造の観点から」熊本大学『文学部論叢（歴史学編）』Vol. 89。
Abravanel, Martin D., Nancy M. Pindus and Brett Theodos ［2010］ *Evaluating Community and Economic Development Programs*, Urban Institute.
Alperovitz, Gar ［2005］ *America Beyond Capitalism: Reclaiming Our Wealth, Our Liberty, and Our Democracy*, Hoboken：John Wiley & Sons, Inc.
Avery, Robert B., Glenn B. Canner, Shannon C. and Dan S. Sokolov ［2005］ "Community Banks and Rural Development：Research Relating to Proposals to Revise the Regulations That Implement the Community reinvestment Act," *Federal Reserve Bulletin*, Spring.
Belsky, Eric S., Matthew Lambert, Alex von Hoffman ［2003］ "Insights into the Practice of Community Reinvestment Act Lending：A Synthesis of CRA Discussion Groups," *Harvard Joint Center for Housing Studies*, September.
Benjamin, Lehn (Cornell University), Julia Sass Rubin (Rutgers University), Sean Zielenbach (Housing Research Foundation) ［2004］ "Community Development Financial Institutions：Current Issues and Future Prospects," *Journal of Urban Affairs*, Vol. 26, Number 2.
Brown, Jonathan ［1991］ "Community Benefit Requirements for Banking Institutions：The U. S. Experience," Washington, D. C, Essential Information/Banking Research Project.
CDFI Data Project ［2010］ *Providing Capital Building Communities, Creating Impact.*
Community Development Financial Institutions Fund ［2012］ *CDFI Program Awards,*

FY 2012 Awards.

Evanoff, Douglas D. and Lewis M. Segal [1996] "CRA, and fair lending regulations : Resulting trends in mortgage lending," FRB of Chicago, Economic Perspective, Vol. 20, November.

Federal Reserve Bank of Dallas [2005] A Banker's Quick Reference Guide to CRA.

―― [2009] "The CRA and Subprime Lending : Discerning the Difference," Banking and Community Perspective, issue 1. 2009 (http://www.dallasfed.org/ca/bcp/2009/bcp0901.pdf).

Fishbein, Allen J. [1992] "The Community Reinvestment Act After Fifteen Years : It Works, But Strengthened Federal Enforcement in Needed," Fordham Urban Law Journal, Vol. 20, Issues 2.

―― [2003] "The Ongoing Experiment with 'Regulation from Below' : Expanded Reporting Requirements for the HMDA and CRA," Housing Policy Debate, Vol. 3, Issue 2.

Frisch, Michael and Lisa J. Servon [2006] "CDCs and the Changing Context for Urban Community Development : A Review of the Field and the Environment," Community Development, Vol. 37, No. 4, Winter.

Garwood, Griffith L. and Dolores S. Smith [1993] "The Community Reinvestment Act : Evolution and Current Issues," Federal Reserve Bulletin, April 1993.

Grogan, Paul S. and Tony Proscio [2000] Comeback Cities: A Blueprint for Urban Neighborhood Revival, Boulder : Westview Press.

Harrington, Michael [1962] The Other America: Poverty in the United States, New York : Macmillan, 1962 (内田満・青山保訳 [1965] 『もう一つのアメリカ——合衆国の貧困』日本評論社).

Jackson, Kenneth T. [1985] Crabgrass Frontier, New York : Oxford University Press.

Jacobs, Jane [1984] Cities and the Wealth of Nations: Principles of Economic Life, New York : Random House (中村達也・谷口文子訳 [1986] 『都市の経済学』TBS ブリタニカ).

Lacker, Jerry M. [1995] "Neighborhood and Banking," Federal Reserve Bank of Richmond, Economic Quarterly, Vol. 81/12.

Ludwig, Eugene, A. James Kamihachi, and Laura Toh [2009] "The Community Reinvestment Act : Past Successes and Future Opportunities," in Federal Reserve Banks of Boston and San Francisco, Revisiting the CRA: Perspectives on the Future of the Community Reinvestment Act.

Marples, Donald J. [2012] "New Markets Tax Credit : An Introduction," CRS Report for Congress, Congressional Research Service.

NCCED [2005] *Reaching New Heights: Trends and Achievements of Community-based Development Organizations, 5th National Community Development Census.*

NCRC [2007] CRA Manual (http://www.ncrc.org/images/stories/pd f/cra_manual. pdf).

New Markets Tax Credit Coalition [2012] *The New Markets Tax Credit: Economic Impact Report 2003-2012.*

Olson, Jhon, Prabal Chakrabarti, and Ren Essene [2009] "A Framework for Revisiting the CRA," in Federal Reserve Bank of Boston and San Francisco, *Revisiting the CRA: Perspectives on the Future of the Community Reinvestment Act.*

Rubin, Julia Sass [2009] "Shifting Ground : Can Community Development Loan Funds Continue to Serve the Neediest Borrowers?" Federal Reserve Bank of San Francisco, Community Development Investment Center, *Working Paper* (2009-01).

Taylor, John and Josh Silver [2009] "The Community Reinvestment Act : 30 Years of Wealth Building and What We Must Do to Finish the Job," in Federal Reserve Banks of Boston and San Francisco, Revisiting the CRA : *Perspectives on the Future of the Community Reinvestment Act.*

U. S. Government Accountability Office [1995] "Community Reinvestment Act : Challenges Remain to Successfully Implement CRA," GAO/GGD-96-23, Washington, D.C. : GAO.

―― [2010] "New Markets Tax Credit, The Credit Helps a Variety of Projects in Low-Income Communities, but Could Be Simplified, Community," GAG-10-334, Washington, D.C. : GAO.

―― [2012] "Community Development Institutions and New Markets Tax Credit Programs in Metropolitan and Nonmetropolitan Areas," Washington, D.C. : GAO.

U. S. House of Representatives Committee on Financial Services [2008] *Hearings: The Community Reinvestment Act: Thirty Years of Accomplishments, But Challenges Remain,* Washington, D.C. : USGPO.

column
7
グローバル企業とグローバル・シティ

　グローバル企業の本部中枢機能が集積する巨大都市は、グローバル・シティと呼ばれる。グローバル企業の管理・統括から製造に至る機能の階層性に照応した世界の都市間の階層性を提起したのは、多国籍企業理論のパイオニアであったスティーブン・ハイマーであった。彼は1970年代の初めに、「企業の理論」の展開として多国籍企業の理論的探求をしただけでなく、多国籍企業が世界の都市空間に及ぼす影響を政治経済学的に分析したのであった（S. ハイマー；宮崎義一編訳［1979］『多国籍企業論』岩波書店）。

　1990年代に、このグローバル・シティの内部を分析し、その都市社会の階層構造の分析に進んだのはサスキア・サッセンである。彼女は、グローバル・シティでは、グローバル企業の管理中枢機能をサポートする専門的なビジネス・サービスが発展し、底辺にはこれらのグローバル企業およびビジネス・サービス企業で働く人々を支える各種の消費者サービス、対人サービスが発展することを明らかにした（サスキア・サッセン；伊豫谷登士翁監訳［2008］『グローバル・シティ』筑摩書房）。

　グローバル・シティは、サービス経済化とグローバリゼーションの地域的結晶である。そこには、サービス経済化という資本主義の一般的傾向とグローバル企業による都市の再編という二重の性格が刻印される。

　典型的なグローバル・シティであるニューヨーク市は、以下のような特徴を持つ。①2011年の全米の売上げ高トップ企業100社のなかの16社が本拠を構え、これらの多くは金融・証券業に属するという金融都市である。②都市別のパテント取得件数では、群を抜く全米第1位の知財都市である。③業種別の雇用構成ではサービス業種が98％、製造業は2％に過ぎない。金融・証券業界（8％）や専門的ビジネスサービス（15

％）の雇用シェアは高いが、反面ではヘルスケア・ソーシャルサービス（16％）や商業（12％）のシェアも高い。④平均年収のもっとも高い証券業の36万ドルは、もっとも低い宿泊・飲食サービスの2万8000ドルの12倍を超える、格差都市である。⑤ニューヨーク市内のマンハッタン地区とブロンクス、ブルックリン、クイーンズの3地区との間の格差も大きい。マンハッタンの証券業界の平均年収は40万ドル超だが、他の3地区は10万ドル弱である。銀行業界ではマンハッタン地区が20万ドル弱に対して、ブロンクス地区のそれは4万ドルである。⑥国内からの移入者数は純減する一方で、外国からの移民が増加しつづけている。2009年では、前者の12万人の純減に対して後者は8万人の純増である。

　ニューヨーク市を典型とするグローバル・シティの最大の問題点は何か。それは、社会階層間の極端な所得格差や地域間の経済格差であり、そこから生じる社会的不安定である。製造業が都市から消失すると中産階層が2極分化する。サービス業は、製造業と比べて賃金格差が大きく、一部の高所得層と多くの低賃金不安定雇用が生まれるからだ。まして金融中心のグローバル・シティであるニューヨークでは、この社会的格差は極みに達する。2010年9月17日にマンハッタン地区で始まったOccupy Wall Streetの行動は、こうしたグローバル・シティへの警鐘でもある。

　グローバル・シティが抱えるこの問題を、文化的、経済的、科学・技術的な創造性を高める職種や産業を育成することによって克服しようとする構想が、クリエイティブ・シティ構想である。その産業的基盤である創造産業は、これまでの経済的・社会的弱者もその担い手になりうる。したがって、クリエイティブ・シティは社会包摂的成長（inclusive growth）を実現できるものと注目されており、世界でさまざまな理論的かつ政策的な試みが行われている（UNCTAD [2010] *Creative Economy Report 2010*）。

（中本　悟）

第9章 金融システムとアンバンクト

大橋 陽　*Akira Ohashi*

はじめに

　2008年9月にクライマックスを迎えた世界金融危機の一因には、住宅バブルを許した金融システムの失敗と、リスクを適切に管理しえなかった金融規制・監督の失敗があった。それに対応して、10年7月21日、ドッド＝フランク・ウォール街改革・消費者保護法（以下、ドッド＝フランク法）が成立した。同法は、ニューディール以来の抜本改革ともいわれ、大手金融機関の行動規制により金融システムの安定化を図ると同時に、金融商品・サービスに対する消費者保護を確立するものである。

　1970年代にはじまり、99年に完成した金融自由化は、アメリカ型金融システムを進化させてきた。しかしながら、その進化は、営利追求と衡平のバランスを著しく欠いたものであった。サブプライム・ローン、クレジットカードなどに見られる略奪的貸付慣行の横行は上記の消費者保護が要請された所以である。

　さらに、賃金・給料の受取りや請求書の支払いといった日常生活において、銀行口座の必要性は増しているにもかかわらず、銀行から排除されている人々がいる。銀行口座を保有していない人をアンバンクトと呼び、口座を保有しているものの必要十分なサービスを享受できていない人をアンダーバンクトと呼ぶ。両者を合わせると成人人口でじつに6000万人にも及ぶのであ

る。

　本章では、金融自由化が所得不平等拡大と軌を一にしてきたことを踏まえ、金融業が中間層以下を犠牲にしながら収益をあげてきた構造を明らかにする。以下では、第Ⅰ節でアメリカ型金融システムとその進化を概観することからはじめる。第Ⅱ節では、所得不平等拡大のなかで、「社会政策」としての金融政策が家計の債務負担増大を導いたと論じる。ついで第Ⅲ節で、銀行システムから排除された人々と彼らの金融行動を明らかにする。そのうえで、第Ⅳ節では、銀行が、周縁的銀行業の成長を促し、その消費者を代償に収益をあげている構造を描く。

Ⅰ　アメリカ型金融システム

　金融は、貸し手から借り手への異時点間・異地点間の資金貸借である。金融システムは金融仲介機関による相対型取引と、金融市場を通じた市場型取引に大別される。本節では、アメリカ型金融システムの特徴とその進化を振り返ることにする。

　図9-1は、2011年末の残高に基づき、アメリカの資金循環を簡略化して示したものである。貸し手、借り手は、主として家計、企業、政府（連邦および州・地方）、海外の4つの主体である。ネットで見ると、家計が36兆7484億ドル、海外が7兆2060億ドルの貸し手で、企業が7466億ドル、政府が12兆1034億ドルの借り手である。

　図9-1には金融仲介機関の資産規模が示されている。最大のものは、14兆6353億ドルを誇る預金取扱金融機関であり、商業銀行、貯蓄金融機関が含まれる。預金取扱金融機関は、預金を受け入れ、貸付けと決済を行うもので、これは伝統的銀行業と呼ばれる。とはいえ、その貸付けは2兆566億ドルにとどまる。金融会社もまた、個人や中小企業などに貸付けを行うが、預金ではなく、証券発行や借入れによって資金調達を行う点が異なる。

　金融仲介機関は貸付けだけでなく、さまざまな形で集めた資金を金融市場に投下する。たとえば、保険会社は保険料として資金を集め、保険給付金を賄うために貸付け・投資を行い、年金基金は掛け金の大部分を金融市場で運用して年金給付を行う。投資信託は拠出金を分散投資するものであり、

図9-1　アメリカの資金循環（2011年）

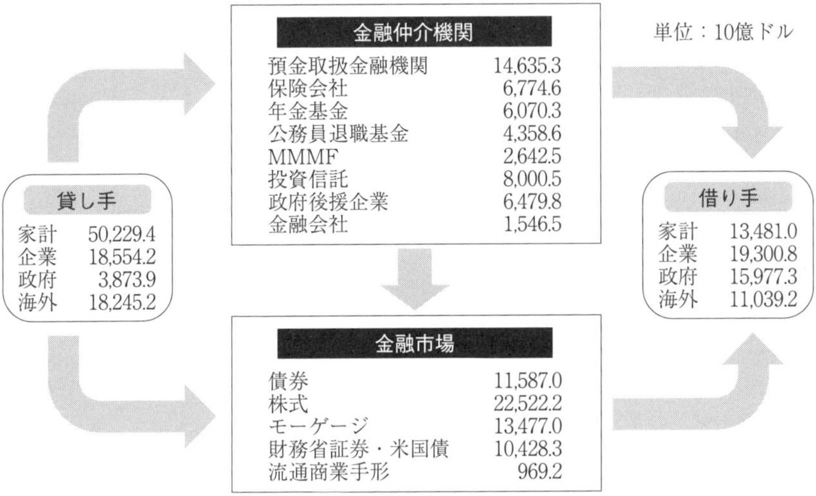

単位：10億ドル

金融仲介機関
預金取扱金融機関　14,635.3
保険会社　6,774.6
年金基金　6,070.3
公務員退職基金　4,358.6
MMMF　2,642.5
投資信託　8,000.5
政府後援企業　6,479.8
金融会社　1,546.5

貸し手
家計　50,229.4
企業　18,554.2
政府　3,873.9
海外　18,245.2

借り手
家計　13,481.0
企業　19,300.8
政府　15,977.3
海外　11,039.2

金融市場
債券　11,587.0
株式　22,522.2
モーゲージ　13,477.0
財務省証券・米国債　10,428.3
流通商業手形　969.2

出所：FRB［2012］より著者作成。

MMMFも投資信託と同様であるが、高い流動性を提供する。

　金融市場で取引される主要商品を見てみると、債券が11兆5870億ドル、株式が22兆5222億ドル、モーゲージが13兆4770億ドル、財務省証券・米国債が10兆4283億ドル、流通商業手形が9692億ドルである。

　このようにアメリカの金融市場は巨大である。家計の資産構成を見ると、現金・預金14.5％、債券9.6％、投資信託11.9％、株式31.9％、保険・年金準備金28.8％で、現金・預金の比率がきわめて低い。対照的に日本では、現金・預金が55.2％と過半を占め、債券2.3％、投資信託4.0％、株式6.5％、保険・年金準備金27.9％となっている。企業の負債構成を見ても、アメリカでは借入れが7.8％と低位で、債券が19.4％、株式が53.7％と高位となっている。他方、日本では、借入れが30.8％を占めており、債券が6.2％、株式が35.7％と比較的少ない（日本銀行調査統計局［2012］2頁）。このように日本では相対型取引が優位であるのに対して、アメリカは市場型取引が優位である。

　ニューディール期に成立した規制型金融システム下で、商業銀行は安定的

な経営を維持してきた。だが、1970年代のインフレは動揺をもたらした。伝統的銀行業では預貸の金利差が収入源となるが、インフレは逆鞘をもたらした。バランスシートの貸方では、預金は市場金利を提供するMMMFに流出し、借方では貸付けが停滞し、非仲介化が進行した。さらに、規制は商業銀行に不利な非対称性を持っていた。

かくして、商業銀行は規制緩和・自由化を求めたのであるが、1991年連邦預金保険公社改善法（FDICIA）によって、自己資本比率に基づいたリスク管理原則が導入された。それによって伝統的銀行業中心からオフバランス取引拡大への転換が起き、銀行に内部化された金融諸機能が分解され、別々の主体に担われるようになってきた。これをアンバンドリングと呼ぶ。先駆的かつ典型的な事例は、政府後援企業（GSE）、連邦政府機関の支援を受けた住宅モーゲージ・ローンの証券化である。

伝統的銀行業に基づくOTHモデル（Originate-to-Hold Model）では、審査から組成、リスク引受、資金調達、回収に至るまで、すべての金融諸機能がひとつの金融機関に内部化されていた。他方、原債権の売却、証券化をともなうOTDモデル（Originate-to-Distribute Model）では、多様な主体が別々の金融諸機能を担う。そのため、実質的に銀行と同様の機能を持つにもかかわらず、規制を受けない高リスクの「影の銀行システム」を生み出し、世界金融危機に至る一因となった。

II　金融政策と所得不平等

1　金融政策と連邦準備制度

連邦準備制度は、安全で弾力的な安定した通貨と金融システムを提供するために、1914年に設立された。その責務は、①金融政策の実行、②銀行の監督・規制と消費者保護、③金融システムの安定性の維持、④政府に対する金融サービスである。

全米12地区に連邦準備銀行が設置され、ワシントンD. C. に全体を統括する連邦準備制度理事会（FRB）が置かれた。金融政策は、年8回、また必要に応じて開催される連邦公開市場委員会（FOMC）が決定する。メンバーは、7名のFRB理事（FRB議長が委員長）と、ニューヨーク連銀総裁

（副委員長）を含む5名の連銀総裁である。

　この金融政策決定プロセスはニューディール期に確立されたとはいえ、第2次世界大戦期には国債管理が優先された。そのため、FRBの独立性の確立は、1951年の財務省とFRBのアコードを待たねばならなかった。

　1970年代のインフレは金融自由化の契機であったが、金融政策にも変化をもたらした。79年8月、就任したばかりのポール・ボルカーFRB議長は、2桁のインフレを前にして新金融調節方式を採用した。それは操作目標を金利から非借入準備に変更し、マネーサプライの安定化を図るものであった。その結果、金利は急騰し、株価、産出、雇用は急落したが、インフレ鎮静化には成功した。

　ボルカーを継いだアラン・グリーンスパンは、1987年8月から2006年1月まで5期にわたってFRB議長を務め、世界金融危機以前には、その手腕は「マエストロ」（偉大な指揮者）と称賛されていた。実際、87年10月のブラックマンデー、92〜93年の第2次S&L危機にともなう金融逼迫、98年のLTCM破綻などをうまく乗り切った。93年7月のグリーンスパンの議会証言によると、マネーサプライ管理を主眼としたボルカーとのちがいが浮き彫りになる。それによると、マネーサプライと実体経済の相関は低下しているため、マネーサプライのほか、産出、雇用、インフレ、資産価格など多様な指標に基づいて政策判断がなされるという。

　1993年1月、クリントン政権が発足すると、財政赤字を削減してクラウディングアウトを解消し、それによって長期金利低下、投資増を導くという成長戦略が採用された。95年には金利は5.5％程度まで下がり、失業率およびインフレ率は低位安定し、経済成長が軌道に乗った。グリーンスパンは、96年には株価高騰に「根拠なき熱狂」という言葉で疑問を呈したが、その後も株価は上昇しつづけた。なかでも、ITへの期待は凄まじく、新興企業銘柄が中心のNASDAQ総合指数は、96年には1000程度であったが、99年には2000を突破してさらに勢いを増し、2000年3月10日には5048のピークに達した。

　ピークのすぐあとに生じたITバブル崩壊を前にして、FOMCは、2001年1月3日にFF金利誘導目標を6.50％から6.00％とする緊急利下げを実行した。同年中に計11回利下げを行い、12月11日には1.75％まで引き下げた。

FFレートは2003年6月24日、25日までに1.00％に引き下げられ、このレートは約1年維持されることになった。消費者物価指数は1％近傍で推移した一方、長期金利が低下したため、住宅バブルが生じたのである。

2 金融政策と世界金融危機

住宅市場の価格上昇は、2005年に鈍化しはじめ、06年には新規住宅着工件数が落ち込みはじめ、ピーク時から08年11月までに住宅価格は26％下落した。住宅市場の低迷は、住宅評価額が住宅ローン残高を下回る状態を生み、売却を困難にした。そして政策金利上昇と相俟って、変動金利型モーゲージ・ローンの金利再設定が返済額を増やし、債務不履行率の上昇、サブプライム・ローン問題を導いた。それは、08年9月のリーマンショックにより、世界金融危機へと転化した。

一般に、金融危機に際して中央銀行にはふたつのツールがある（Bernanke［2012］）。ひとつは、「最後の貸し手」としてのパワーである。中央銀行は、金融パニック鎮静化のために、金融機関もしくは金融市場に流動性を供給する。世界金融危機ではまた、2008年10月に成立した緊急経済安定化法（EESA）により、7000億ドルの支出権限を与えられた不良資産救済プログラム（TARP）などの救済策もとられた。

もうひとつのツールは、金融政策である。通常はマクロ経済安定のため、支出、生産、雇用、インフレに影響を及ぼすように短期金利の水準を調整する。今次の危機に際しては、FF金利誘導目標を2007年9月の5¼％から08年12月に0％に引き下げ、それ以降維持してきた。FF金利がゼロ近傍のとき、伝統的金融政策の余地は尽きている。それでも経済は依然として弱く、デフレ・リスクがあった。そこで、長期金利に直接影響を及ぼすために、財務省証券、MBS、その他の資産を購入する非伝統的金融政策（大規模資産購入）を展開した。量的緩和政策第1弾（QE1）は、08年11月〜10年6月に合計1兆7250億ドル、第2弾（QE2）は、10年11月〜11年6月に合計6000億ドルの規模で実施された。その結果、FRBのバランスシートは、約1兆ドルから3兆ドル弱へと大幅かつ急速に拡大したのである。ヨーロッパの債務危機などの不安定要因のなかで、FRBは少なくとも14年終盤までゼロ金利を維持することを表明し、量的緩和政策第3弾（QE3）に踏み切っ

た。他方、FRBは緩和政策の縮小、すなわち、「出口戦略」を模索している。

3 金融政策と「与信の民主化」

1993年から2010年までに、インフレ調整済みの平均実質所得は13.8%増加した。年率換算すると0.7%である。ところが、最上位1%の所得シェアは、10.0%から23.5%に、13.5%ポイントも上昇した。最上位1%の所得は同期間に58.0%増加しており、平均実質所得の増加分の52%を占めた。したがって、最上位1%を除く残りの99%の人々の実質所得の増加は、6.4%、年率換算で0.3%にとどまる（Piketty and Saez ［2012］）。

図9-2は、1970年から2011年における家計の債務・所得比率と貯蓄率の推移を示している。貯蓄率が長期的な低落傾向を示してきたのに対して、債務・所得比率は上昇を続けてきた。資産効果はあるものの、貯蓄率低下は過剰消費を示すと考えられる。しかし、債務を増加させてきたのは、過剰消費というよりもむしろ所得低迷であった。所得不平等拡大に対して再分配政策による根本的な解決は行われなかった。代替的な「社会政策」として低金利政策は機能し、借入れによる消費水準の維持、債務負担増を導いたのである。

さらに、「与信の民主化」（democratization of credit）という長期的趨勢も加わった。かつて銀行は、地図上で低所得層、マイノリティ居住地域を赤線で囲い、融資対象から排除する差別を行っていた。1960年代の公民権運動の後押しもあり、そうしたレッドライニングなどの差別的慣行を是正するため、68年公正住居法、74年均等信用機会法、75年住宅抵当貸付公開法などが成立した。また、77年コミュニティ再投資法（CRA）は、預金取扱金融機関に地域の融資ニーズへの対応を求め、その達成状況を監督機関が格付けすることを義務づけた。CRAの政策的評価は意見の分かれるところであるが、低所得層居住地域における住宅所有者数増加や中小企業融資の増加など、目に見える効果もあった。

「与信の民主化」は、中間層はもちろんのこと、低所得層、マイノリティ、女性、非婚者など、与信から排除されていた人々に対して障壁を除去した。しかし、実質所得成長の低迷、低金利政策、「与信の民主化」の帰結は、家計の債務・所得比率の急上昇であった。債務・所得比率は、1970年に

図9-2 家計の債務・所得比率と貯蓄率の推移（1970～2011年）

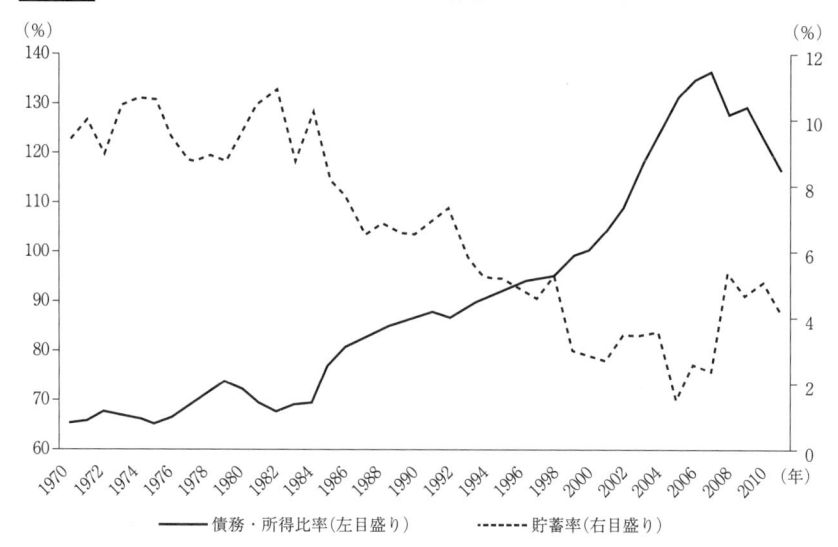

注）債務・所得比率は、可処分所得に占める債務の比率を示す。また、貯蓄率は、可処分所得に占める貯蓄の比率を示す。
出所）家計債務は、FRB［2012］、家計所得、貯蓄率はBEA［2012］より著者作成。

は65.1％であったが、80年代前半から上昇しはじめ、90年には86.8％、2000年には100.4％、世界金融危機前の07年には136.7％というピークに達した（図9-2）。こうした状況を、労働を福祉に結びつけたワークフェア（workfare）という合成語に倣い、債務を福祉に結びつけたデットフェア（debtfare）と呼ぶ論者もいる。しかし、危機はそうしたプロセスを限界に至らしめ、強制的、自発的なデレバレッジング（債務解消）を促したのである。

　さらに、サブプライム・ローン、クレジットカードなどにおける略奪的貸付けが認知され、ドッド＝フランク法には消費者保護が謳われている。略奪的貸付行為とは、貸し手が借り手の情報や知識の不足につけ込み、借り手にとって不公正で詐欺的な条件で契約を締結することをいう。同法第10編に基づき、金融商品・サービス分野における消費者保護を強化、一元化するため、FRB内に独立の消費者金融保護局（CFPB）が設置された。

　CFPBの目的は、①消費者への情報提供、②消費者を不公正、詐欺的、濫

用的行為・慣行から保護し、差別から保護すること、③無用な負担を減らすために規制を見直すこと、④預金取扱金融機関に限らず、連邦消費者金融法を整合的に執行すること、⑤消費者金融商品・サービス市場が透明かつ効率的に機能すること、これらを保証することにある[1]。

III アンバンクト、アンダーバンクトとその金融行動

1 アンバンクトとアンダーバンクト

　銀行口座を開設する際、銀行は、ChexSystemsなどを用い、口座申請者が過去に借越をしていないか、銀行によって口座が閉鎖されていないかなどを確認する。

　また、クレジットカードや各種ローンなどの利用状況を示す信用履歴によって、融資等のサービス提供の判断がなされる。代表的なFICOスコアでは、最低300から最高850までのクレジットスコアがつけられる。だいたい700以上が「プライム」（優良顧客）で600未満が「サブプライム」とされる。信用履歴は、社会保障番号さえわかれば問合わせができるので、銀行だけでなく、クレジットカードの申請、住居の賃貸契約、自動車の購入など、さまざまな場面で参照される。現金払いをしても、即時に口座から利用額が引き落とされるデビットカードを利用しても信用履歴は形成されない。クレジットカードや各種ローンなど、毎月送付される請求書を遅滞なく支払うことでスコアが上昇する。

　こうした慣行のなか、銀行から排除される人々が数多く生み出されてきた。銀行口座を持たないアンバンクト世帯は7.7％、900万世帯、1700万人の成人に上る。さらに、口座は持っているものの、十分な銀行サービスが受けられないアンダーバンクト世帯に至っては17.9％、2100万世帯、4300万人の成人に及ぶ（FDIC［2009］）[2]。世界金融危機後にさらにその数は増えた。

　FRBの2010年「消費者金融調査」に基づき、当座預金口座を持たない理

1）CFPBは、消費者からの苦情申立てを、2011年6月1日からクレジットカードについて、同年12月1日からモーゲージ、12年3月1日から銀行商品・サービス、学生ローン、その他の消費者ローンについて受け付けており、12年後半からは非預金取扱金融機関の商品・サービスについても受付を開始した。

由(単一回答式)をあげていくと、①「銀行と取引するのが嫌い」27.8%、②「口座を維持するに値するほど小切手を振り出さない」20.3%、③「サービス料金が高すぎる」10.6%、④「十分なお金がない」10.3%、⑤「最低預金残高要件が高すぎる」7.4%、⑥「口座を欲しいと思わない、必要としない」7.3%、⑦「当座預金口座を管理もしくは維持できない」4.7%、⑧「信用履歴の問題」4.2%と続き、⑨「その他」が7.4%である[3]。最低預金残高要件、口座維持手数料、ATM利用など各種手数料の上昇、当座借越や不渡り小切手の高額のペナルティなど、銀行の慣行、「隠された手数料」(hidden fees)が低所得層を排除し、低所得層も銀行を敬遠するようになっている。

アンバンクトおよびアンダーバンクト世帯の世帯主は、①黒人、ヒスパニック、先住民などのマイノリティ、②スペイン語しか話さない外国生まれ、③非婚者、④低学歴、⑤比較的若年といった特性を持つ傾向がある(FDIC[2009])。

ただし、アンバンクトとアンダーバンクト世帯の間には注目すべき相違もある。所得階級別にアンバンクト世帯比率を見ると、1万5000ドル未満が27.1%、1万5000〜3万ドルが13.0%、3万〜5万ドルが4.2%、5万〜7万5000ドルが1.5%、7万5000ドル以上が0.3%と、所得階級が上がるにつれて比率は急低下している。それに対して、アンダーバンクト世帯比率は、1万5000ドル未満が22.3%、1万5000〜3万ドルが23.8%、3万〜5万ドルが24.0%、5万〜7万5000ドルが28.0%、7万5000ドル以上は11.3%となっている(FDIC[2009])。つまり、アンバンクトは低所得層に集中しているのに対し、アンダーバンクトは中間層にまで浸透しているのである。

---

2) FDIC[2009]によるアンダーバンクト世帯の定義を単純化していえば、銀行口座を保有している世帯のうち、過去1年間に少なくとも1回以上AFSIsを利用した世帯である。AFSIsについては第Ⅲ節第2項を参照のこと。
3)「消費者金融調査」では、当座預金口座も貯蓄預金口座も持たない人々の割合を時系列的に知ることができる。それによると、1977年9.0%、83年13.0%、87年18.7%、89年15.5%、91年13.1%、95年12.6%、98年9.4%、2001年8.6%、04年8.7%、07年7.9%と長期的な減少傾向にある。しかし、これは問題が解消しつつあることを意味しない。時間の経過とともに、給料・賃金の受取りから日常の買い物、請求書の支払いなど基本的な生活における銀行口座の必要性が高まっているからである。

2 代替的金融サービス機関の興隆

　金融サービス機関は、伝統的金融サービス機関（TFSIs：Traditional Financial Service Institutions）と代替的金融サービス機関（AFSIs：Alternative Financial Service Institutions）に大別される（Bradley, Burhouse, Gratton and Miller [2009], Karger [2005]）。TFSIs は預金取扱金融機関と同義である。AFSIs は、預金取扱金融機関ではないが、それに代替するようなサービスを提供する金融機関である。AFSIs には、小切手換金、マネーオーダー、送金、請求書支払い、プリペイドカード、両替などの取引型商品・サービスと、ペイデイローン、購入権付レンタル契約（RTO：rent-to-own）、質屋、税還付担保ローン、車検証ローン、バイヒア・ペイヒアなどの信用型商品・サービスがある。

　AFSIs では、それぞれの金融商品・サービスが個別の事業者によって提供されるわけではない。同一の事業者が複数の金融商品・サービスを提供している。とくに、小切手換金、マネーオーダー、送金、請求書支払い、プリペイドカードは、ほとんどの事業者が提供している。TFSIs においては、口座を持つことでさまざまな金融サービスが提供されるが、AFSIs は手数料ベースの1回限りのサービスであり、えてしてその手数料は高価である。

　クレジットカードは消費の原動力であったが、クレジットカードを持つほど信用力のない人々は、SVC（Stored-value card）とも呼ばれるプリペイドカードを使うようになっている（Bradley, Burhouse, Gratton and Miller [2009]）。これは特定小売店等だけで使えるクローズドループ型と、原則どこでも使えるオープンループ型がある。発行額は前者が圧倒的であったが、近年、後者の成長は目覚ましい。身分証明や銀行口座が不要で、信用履歴不問の VISA や Master のロゴの入った追加入金可能なプリペイド式デビットカードである。概してこれらは「隠された手数料」を含んでいる。各種手数料については表示義務が課されている。だが、金融リテラシーが高いとはいえない消費者が、すべてに目をとおすことはほぼありえない。そのため「隠された手数料」となり、知らないうちに高い手数料を支払うことになりうる。とはいえ、この市場の潜在的可能性はきわめて大きく、一部の商業銀行も自らのブランドのカードを発行しつつある[4]。

　さて、Caskey [1994] を嚆矢とし、Barr [2012] に連なる諸研究は、低

所得層、マイノリティの金融行動が中間層以上のそれとは異なること、また、金融自由化のなかでAFSIsが簇生していることを明らかにしてきた。キャスキーは、ハイマン・ミンスキーに着想を得て、AFSIsを周縁的銀行業（fringe banking）と名付けた[5]。メインストリームのTFSIsに対して、金融システムにおけるAFSIsの限界的性格を強調する用語である。

　AFSIsすなわち周縁的銀行業は、金融自由化と軌を一にして数を増やしてきた。低所得層、マイノリティ居住地域での銀行支店閉鎖などにその原因が求められている。ところが、AFSIsの立地に関するいくつかの研究によると、TFSIsの空白地帯をAFSIsが埋めているわけではなく、9割方のAFSIsは、TFSIsから1マイル以内に位置しているという。それでも、AFSIsは、所得水準が低く、貧困率、マイノリティ人口比率が高く、外国籍、単身家庭の多い地域に集中する傾向がある。つまり、TFSIsとAFSIsの併存は、異なる金融行動の存在を示すと同時に、TFSIsとAFSIsのセグメンテーションを示すのである。

3　ペイデイローン

　ここでは、AFSIsのうちペイデイローンを取り上げよう。ペイデイローンとは、現金前貸し（cash advance）などとも呼ばれるが、一般に、2週間ごとの給料日（payday）までの短期、無担保、少額の消費者金融を意味する。その原型は少なくとも大恐慌期にまで遡れるといわれているが、1990年にはわずか500店舗に過ぎなかった。90年代に急増しはじめ、2008年には、ペイデイローンが認められている36の州・特別区に店舗数は2万2000以上を数え、融資額は推定で270億ドル以上（一説には500億ドル以上）、取扱件数は約5900万件にまでなった。全国的に見ると、その数はスターバックスの店

4）社会保障、補足的保障所得の受給者は、小切手から電子受取りへの切替えが促されており、財務省はコメリカ銀行を発行体とするDirect Express® Debit MasterCard®の普及を促進している。また、フードスタンプが改称された農務省所管の補足的栄養支援プログラム（SNAP）も、EBTカードという一種のプリペイド式デビットカードで支給されている。

5）時間的な関係でいうと、AFSIsという用語よりも周縁的銀行業という用語のほうが早く使われるようになった。ミンスキーの用語法では、周縁的銀行業は今日「影の銀行システム」と呼ばれるようになったものを意味している。

舗数の2倍、29の州ではマクドナルドの店舗数を上回るという（Parrish and King［2009］）。

　ペイデイローンは後述のとおり、年率換算するときわめて高利のため、上限金利規制（usury law）を持つ多くの州においては、合法的に事業展開することは本来できない。主に北東部、東部太平洋岸諸州ではペイデイローンが認可されていない。しかし、ペイデイローンは、めったにない緊急時の金融難に対処するものであるとの理由で、州の上限金利規制から適用除外にする、あるいは、少額貸付法（small loan law）を設けることで、一定の規制をかけたうえで営業が認められている。

　ペイデイローンの具体例をあげよう。次の給料日までの間、100ドルの融資を受けるとする。借り手は、次の給料日を返済期日（通常2週間程度）とする額面115ドルの先日付小切手を振り出す。融資額を上回る15ドル分は「手数料」である。返済期日にその小切手を現金化することにより取引が完結する。現金での支払い、または、口座引落としによる場合もある。

　ペイデイローンは、融資額350ドル、満期2週間が典型的である。州により手数料の規制のあり方は異なるが、100ドルにつき15ドルの手数料が徴収されるとすると年率換算で金利は391％、20ドルだと521％という高利になる。350ドルを借りたとき、2週間後の返済額はそれぞれ402.50ドル（手数料52.50ドル）、420.00ドル（手数料70.00ドル）である。そうしたことから利用者は「債務の罠」におちいりやすい。融資額272億ドルのうち、76％に相当する206億ドル分は、借り手が返済できなくて借換えを行うことによって生じており、実質的には緊急時の一時的融資手段ではなくなっているのである（Parrish and King［2009］）。

Ⅳ　銀行と周縁的銀行業

　前節でペイデイローンについて取り上げたが、ペイデイローン企業と銀行の関係について敷衍しておこう。

　第1に、ペイデイローン企業は銀行制度を梃子にして業容拡大を図ってきた。少額貸付けに3桁の金利を課すことが禁じられている州では、銀行名義借りモデル（rent-a-bank model）がよく用いられた（Stegman［2007］）。あ

る州の国法銀行が他州で融資を行う際には、本店所在州の上限金利が顧客の居住する州の上限金利に優先して適用される。そこでペイデイローン企業は、デラウェアやサウスダコタのような上限金利規制のない州の国法銀行と提携する。州外の国法銀行を直接的な貸し手とし、それが上限金利を「輸出」し、ペイデイローン企業は州外国法銀行のブローカーとしての役割を果たすのである[6]。実態は、国法銀行は名義貸しの手数料を受け取るだけで、ペイデイローン企業の業務は通常の場合と何ら変わらない。2000年代半ば、この名義借りモデルは、銀行規制・監督当局によるプルーデンス政策の一環として抑制されるようになった。

第2に、銀行がペイデイローン企業と融資等を通じて結びついている。巨大銀行は、上場されている大手ペイデイローン企業に、主としてリボルビング融資枠として15億ドル以上供与しており、業界全体に25億〜30億ドルの与信を行っているという (Connor and Skomarovsky [2010], Karger [2005])。SECの資料によれば、2011年12月5日、業界最大手のAdvance America社は、バンクオブアメリカ、ウェルズファーゴ、USバンク、フィフスサードと、16年12月5日まで融資協定を締結した。基本的に従前の契約の延長であるが、それは、総額3億ドルの融資枠で、そのうち2億ドルはリボルビング融資枠、1億ドルはタームローンである。さらに、融資枠もしくはタームローンとして1億ドル追加できる。巨大銀行のなかでも、ウェルズファーゴはとくにペイデイローン企業への融資に積極的であり、株式を保有している場合もある。さらにウォール街とペイデイローンは、経営陣にも、ロビイストにもつながりがあるという。

第3に、銀行自体がペイデイローンと類似したサービスを提供するようになってきている。この「預金前貸し」(deposit advance) は、少なくともウェルズファーゴ、USバンク、フィフスサード、リージョンズといった大手銀行で見られる。銀行は、顧客の当座預金口座に入金し、顧客の給料や福祉給付などが振り込まれると、そこから融資額と手数料を控除することで自動的に弁済される仕組みである。典型的なローンでは、融資期間は10日、年率

---

6) 二元銀行制度に起因する問題であるが、1978年の最高裁判決で、国法銀行は営業する州ではなく本店所在州の上限金利規制にしたがうものとされた。これは「金利輸出説」(Exportation Doctrine) と呼ばれる。

換算で金利は365％にのぼる。これらは銀行規制・監督当局の新たな懸念である。

このように周縁的銀行業の成長は銀行によって促進されてきたのであり、他方、銀行それ自身が周縁的銀行業の領域に踏み込んできたのである。

おわりに

本章では、金融自由化とともに進んだ所得不平等のなか、銀行をはじめとする金融業が中間層以下、とりわけ低所得層を犠牲にしながら収益をあげてきた構造を明らかにしてきた。1990年代以降、金融自由化が加速するなか、AFSIsが急増していった。他方、アンバンクト、アンダーバンクトが社会問題として認知されるようになったのは2000年代に入ってから、とくに後半のことである。それに対して、財務省、FDICなど金融規制・監督当局によって、彼らに銀行口座を与え、安全かつ安価な基礎的銀行サービスを提供しようとするイニシャティヴが進行中である。さらに、こうした問題に対処するため、州・地方政府を軸に、銀行や信用組合、コミュニティが連携したBank onという官民パートナーシップが全米に広がりつつある。これらを金融システムに衡平を取りもどすための取組みとするのか、それともたんに銀行の潜在的マーケット開拓のための布石としてしまうのか。人々の選択と行動次第である。

*

本研究は、公益財団法人市原国際奨学財団助成金を受けたものである。

【参考文献】
日本銀行調査統計局［2012］「資金循環の日米欧比較」。
Barr, Michael S.［2012］*No Slack: The Financial Lives of Low-Income Americans*, Washington D.C.: Brookings Institute Press.

BEA (Bureau of Economic Analysis) [2012] National Income and Product Accounts, Last Revised on July 27, 2012.

Bernanke, Ben S. [2012] "The Federal Reserve and the Financial Crisis : Chairman Bernanke's College Lecture Series," Remarks by Chairman Ben Bernanke at the George Washington University School of Business, Washington D.C., March 20, 22, 27, 29, 2012 (ベン・バーナンキ、小谷野俊夫訳『連邦準備制度と金融危機——バーナンキ FRB 議長による学生向け講義録』一灯舎、2012年).

Bradley, Christine, Susan Burhouse, Heather Gratton and Rae-Ann Miller [2009] "Alternative Financial Services : A Primer," *FDIC Quarterly*, Vol. 3, No. 1, Washington D. C. : Federal Deposit Insurance Corporation, pp. 39-47.

Caskey, John P. [1994] *Fringe Banking: Check-Cashing Outlets, Pawnshops, and the Poor*, New York : Russell Sage Foundation.

Connor, Kevin and Matthew Skomarovsky [2010] "How the Biggest Banks are Bankrolling the Payday Loan Industry," National People's Action and Public Accountability Initiative.

FDIC (Federal Deposit Insurance Corporation) [2009] *FDIC Survey of Unbanked and Underbanked Households*, Washington D. C. : Federal Deposit Insurance Corporation.

FRB (Board of Governors of the Federal Reserve System) [2012] Flow of Funds Accounts, Last Released on June 07, 2012.

Karger, Howard [2005] *Shortchanged: Life and Debt in the Fringe Economy*, San Francisco : Berrett-Koehler Publishers, Inc.

Parrish, Leslie and Uriah King [2009] "Phantom Demand : Short-term Due Date Generates Need for Repeat Payday Loans, Accounting for 76% of Total Volume," Center for Responsible Lending, July 9.

Piketty, Thomas, and Emmanuel Saez [2012] Update to "Income Inequality in the United States, 1913-1998," Retrieved on August 5, 2012, from elsa.berkeley.edu/~saez.

Stegman, Michael A. [2007] "Payday Lending," *The Journal of Economic Perspectives*, Vol. 21, No. 1, Winter, pp. 169-190.

column
8
グラスルーツから生まれたクレジットユニオン

　ノースカロライナ州ダーラムは、人口約23万（広域都市圏人口約180万）、名門デューク大学がキャンパスを置いている。かつてはタバコ産業や繊維産業で栄えたが、工場閉鎖とともに中心部は衰退して都市問題が生じた。他方、郊外には裕福な地域が広がっている。「新南部」を代表するハイテク産業、科学技術研究の集積地、リサーチ・トライアングル・パーク（RTP）の一角としての姿である。

　1990年代、多くの中南米出身者（ラティーノ／ヒスパニック）が職を求めてダーラムにも流入してきた。彼らには銀行口座がなかったため、現金を携帯する「歩く銀行」として犯罪の標的となりやすかった。また、マットレスの下にお金を隠すしかないため、将来に向けた資産形成の道もなかった。

　そうした状況を変えるため、コミュニティ組織のエル・セントロ・イスパノ、セルフヘルプ・クレジットユニオン、ノースカロライナ州職員クレジットユニオン、ノースカロライナ州マイノリティ・サポートセンターによるグラスルーツの動きから、金融機関の設立が模索された。

　そうして2000年、ダーラムに設立されたのがラティーノ・コミュニティ・クレジットユニオン（LCCU：Latino Community Credit Union）である。そのビジョンは「すべての人に経済的機会」を提供することであり、そのミッションは「コミュニティを活性化するための倫理的な金融商品・サービス」を提供することである。LCCUの考えるモデルは、①貯蓄および資産管理手段を手にし、②金融教育を受けることを通じて、③融資を受けられるようになり、④経済的開発と資産形成を最終的に達成する、というものである。

　1996年にメキシコからやってきたロベルト・マヤのストーリーをこの

モデルに沿って紹介しよう。ラティーノの多くに共通することだが、ロベルトは母国で銀行を利用したことがなかった。①2000年、LCCUで貯蓄預金口座を開設、2年後に当座預金口座を開設しデビットカードを手にした。②この間、スタッフによるカウンセリングを受け、金融教育プログラムを修了した。③2003年、信用履歴を構築するために少額融資を受け、まもなく塗装業に必要な車を購入するためローンを組んだ。④2006年、モーゲージ・ローンを借りることで初めて住宅所有者になった（資産形成）。また、塗装業を拡大して従業員を増やすためのローン申請を準備している（経済的開発）。

　LCCUの社会的インパクトは目覚ましい。1999年、ダーラムのラティーノ人口の78％はアンバンクトであった。10年後の2009年までに、同郡のラティーノ人口の45％、1万400人がLCCUに銀行口座を保有するようになったという。2012年12月までに、LCCUは州内に11支店を構え、組合員5万4000人以上、資産1億1200万ドル、融資額2億ドルに成長した。組合員の95％が低所得者で、75％がかつてはアンバンクトであった。2004年以降1700名が初めて住宅所有者となり、2006年以降1200名以上が金融教育プログラムを修了したのである。

　LCCUモデルの有効性は注目を浴び、多くの受賞歴もある。筆者のインタビューによると、ヴァージニア州やワシントンD. C.などからも進出してほしいとの強い要請があるそうだ。しかし、その要請に応えるのは難しいという。なぜならLCCUの成功のカギは、グラスルーツの動きと、それを支える広範な協力体制の存在にあるからだ。初期投資と営業資金の確保、専門的知識と技術支援の入手、組合員の獲得、スタッフの採用、バックオフィス業務の代行などの業務支援、支店設置費用等の工面など、あらゆる面において、他のクレジットユニオン、銀行、行政、非営利組織、政策グループ、大学、教会、財団の支援ネットワークが不可欠だからである。

（大橋　陽）

第IV部
グローバル経済のなか
の
アメリカ

第10章 多極化のなかの通商政策

増田 正人 *Masato Masuda*

はじめに

　本章では、第Ⅰ節で、アメリカの貿易収支、経常収支の推移を見ることで、アメリカ経済の再生産の構造が大きく変化していることを概観し、アメリカが巨額の貿易収支赤字を持つように至ったことを検討する。とくに、アメリカ国内における価格競争の激化が多国籍企業による在外生産と逆輸入の拡大を招き、国内生産の縮小を生んでいる点を検討する。また、このアメリカの貿易収支赤字がグローバル経済の最大の不均衡となっていることを示す。第Ⅱ節ではこのアメリカ経済の変化がアメリカ経済の再生戦略のなかで生じてきたことを論じる。この問題は、とくに、クリントン政権下の通商政策と1995年のWTOの創設に注目して検討する。第Ⅲ節では、こうしたアメリカ経済の構造が、貿易収支赤字と資本流入、資産価格の上昇という組合わせをもたらし、それがアメリカ経済のバブルの発生、破綻というサイクルを生んでいることを指摘する。最後にオバマ政権が目指す政策は方向性としては正しいものの、きわめて困難な課題に直面していることを論じていく。

Ⅰ アメリカの貿易収支の変化とグローバル経済

1 アメリカの貿易構造とその変化

　アメリカは、第2次世界大戦後、1971年に初めて貿易赤字になるまで、一貫して大きな貿易黒字を計上してきた。戦後直後では、輸出額は輸入額の約2倍であり、他の先進国が復興し、高い経済成長を実現するなかでも、世界最大の貿易黒字国として世界経済のなかで大きな地位を占めてきた。**表10-1**に示されるように、アメリカの貿易額は輸出入ともに急速に増加していく。そして1970年代に貿易収支は貿易赤字へと変化する。その後、貿易赤字額は急速に増加し、巨額の貿易赤字の構造が定着することになる。2010年には約6459億ドルの赤字である。

　アメリカ経済の貿易依存度はこうした貿易の拡大によって上昇してきた。**図10-1**に示されているように、輸出では、貿易依存度は1970年の約4.1％から2010年の約8.9％へ、輸入では1970年の約3.8％から2010年の約13.3％へと増加している。貿易依存度は1970年代には輸出入ともに4％台から8％台へとほぼ並行して増加しているが、1980年代にはかなり異なって動くようになる。輸入依存度は1980年代に横ばいで推移したのち、1990年代以降急激に上昇している。他方、輸出依存度は1980年代前半に大きく低下し、その後反転するが、1990年代後半にふたたび低下する。この1980年代前半の低下は、レーガン政権下における為替相場の極端なドル高と輸出競争力の後退によって生じたもので、1985年プラザ合意後のドル高の是正によって輸出はある程度回復する。しかし、1990年代後半以降は、輸出の絶対額は伸びているが、GDPの伸びに比して少ないために、依存度は逆に低下した。このことは1990年代後半の経済成長は、輸出に依存していないことの反映である。その後、2000年代に入ってからは、両者は同じような動きをするようになり、ふたたび、貿易依存度は上昇した。また、2009年の減少はリーマンショックを受けたもので、アメリカの輸入の減少額（対前年）は5622億ドルにも達している。ちなみに2009年の日本の輸入額は約5505億ドルなので、この減少額の大きさは非常に大きい。

　こうした貿易依存度の上昇は、多国籍企業による企業内国際分業と世界的

表10-1 アメリカの経常収支の推移

(100万ドル)

	商品・サービス収支						投資所得収支	一方的移転	経常収支
	貿易収支		軍事取引	旅行・運輸	その他サービス				
年	輸出	輸入							
1946～49	13,335	- 6,368	6,967	- 386	571	210	7,362	1,064	- 4,134	4,292
1950～54	12,647	- 10,485	2,163	659	- 49	283	3,056	2,043	- 5,381	- 282
1955～59	16,883	- 13,177	3,706	- 487	- 460	457	3,216	3,050	- 4,782	1,485
1960～64	21,662	- 16,261	5,402	- 927	- 1,110	896	4,261	4,213	- 4,220	4,254
1965～69	31,295	- 28,533	2,762	- 806	- 1,534	1,688	2,110	5,541	- 5,239	2,412
1970～74	60,977	- 63,110	- 2,133	398	- 2,758	3,116	- 1,377	9,871	- 7,653	841
1975～79	133,833	- 152,466	- 18,633	733	- 3,089	5,938	- 15,050	19,654	- 6,074	- 1,470
1980～84	218,835	- 272,756	- 53,920	- 1,133	- 2,902	12,640	- 45,315	30,997	- 15,088	- 29,407
1985～89	274,363	- 408,166	- 133,803	- 5,297	- 4,889	19,183	- 124,806	14,111	- 24,848	- 135,542
1990～94	441,160	- 556,761	- 115,601	- 2,236	16,258	35,943	- 65,635	18,315	- 30,377	- 77,696
1995～99	646,863	- 876,461	- 229,598	2,586	17,151	62,257	- 147,604	14,403	- 45,954	- 179,155
2000～04	753,042	- 1,262,136	- 509,094	- 12,390	- 6,814	77,839	- 450,458	36,571	- 69,671	- 483,559
2005	911,686	- 1,692,416	- 780,730	- 15,594	- 14,549	102,249	- 708,624	68,591	- 105,741	- 745,774
2006	1,039,406	- 1,875,095	- 835,689	- 11,743	- 11,276	105,420	- 753,288	44,182	- 91,515	- 800,621
2007	1,163,957	- 1,982,843	- 818,886	- 10,826	2,599	130,386	- 696,728	101,485	- 115,061	- 710,303
2008	1,307,499	- 2,137,608	- 830,109	- 13,600	16,365	129,006	- 698,338	147,089	- 125,885	- 677,135
2009	1,069,491	- 1,575,400	- 505,910	- 13,863	13,981	124,521	- 381,272	128,001	- 123,280	- 376,551
2010	1,288,699	- 1,934,555	- 645,857	- 12,908	20,384	138,355	- 500,027	165,224	- 136,095	- 470,898

注）1946～49年から、2000～04年までは、5年間の平均値。
出所）U. S. G.P.O., *Economic Report of the President, 2002, 2012*より著者作成。

図10-1 貿易依存度

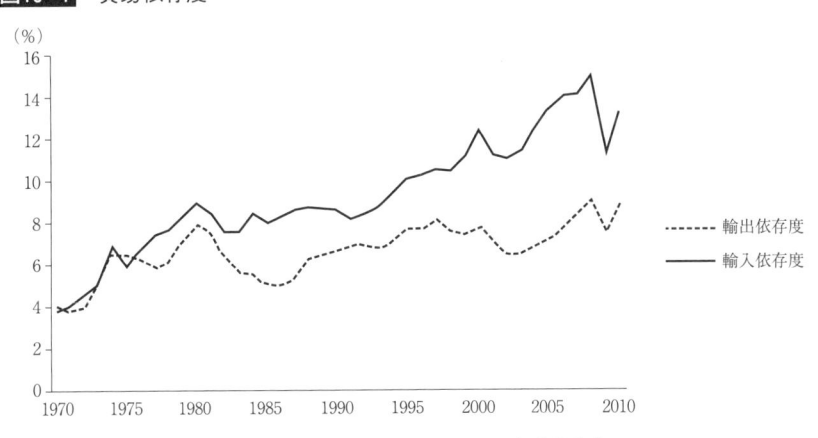

（％）

（折れ線グラフ：輸出依存度（破線）と輸入依存度（実線）、1970年から2010年までの推移）

出所）U. S. G.P.O., *Economic Report of the President, 2012*より著者作成。

規模での企業活動によって生み出されている。アメリカでは、1960年代以降、付加価値関税制度や米加自動車自由貿易協定、メキシコのマキラドーラ制度などによって企業内貿易が拡大してきた[1]。現在の北米自由貿易地域（NAFTA）もこの動きを促進しており、アメリカにおける企業内貿易比率は、輸出で約30％、輸入で約40％程度まで高まっている。さらに、1990年代以降で見れば、自社生産に依拠せず、委託生産を活用する外部調達が増加しており、それがアメリカの輸入を増加させている要因である。この結果、アメリカの2010年の貿易依存度は高まってきており、同年の日本のそれ（輸出14.1％、輸入12.7％）と同じ水準にまで上昇したといってよい。もちろん、大陸内のEU諸国のように30～40％というような高い状況ではない点にも留意する必要がある。

　つぎに、**表10-2**によってアメリカの地域別・国別の貿易構造を見ると、世界のほぼすべての地域に対して赤字となっていることがわかる。アメリカが黒字であるのは、主要国ではブラジル、オーストラリアなどであり、それ以外では、中継貿易国であるシンガポール、香港などに過ぎない[2]。先進国だけではなく、アジア太平洋地域の新興工業国、中南米諸国、アフリカ諸国、中東に対しても巨額の赤字となっており、対発展途上国貿易で大幅な赤字になっていることが示されている。この発展途上国との貿易を地域ごとに見ると、アジア・太平洋諸国では、耐久消費財や衣料品などの輸入が多く、国内消費を支える商品の輸入の拡大が赤字の理由である。とくに、対中国貿易では、輸入額は輸出額の約4倍にものぼっている。他方、中東、アフリカ諸国では、石油などの1次産品が中心である。つまり、資源保有国に対してはアメリカからの工業品の輸出額が少ないことで赤字になっているのであり、新興工業国に対しては消費財の輸入が巨額になることによって赤字になっているのである。こうした貿易収支の動向は、たんに、自由で公正な貿易が行われていないとか、ドルが過大評価されているから生じていると考えるべきではない。この背景を探るには、大きく変化してきたアメリカの産業構

---

1) 多国籍企業の企業内貿易に関連して、付加価値関税制度およびマキラドーラとの関係については、関下［1986］、中本［1999］を参照。
2) 貿易に関するデータは、基本的に、U.S. Dept. of Commerce, Bureau of Economic Analysis, *Survey of Current Business, International Data* による。

表10-2 アメリカの地域別・国別貿易収支（2010年）

(10億ドル)

	貿易収支	輸出額	輸入額
総額	− 645.9	1288.7	1934.6
ヨーロッパ	− 95.8	289.5	385.3
ユーロ圏	− 66.2	178.1	244.3
イギリス	− 1.7	49.0	50.7
カナダ	− 31.8	250.1	281.9
ラテンアメリカ・その他西半球諸国	− 62.2	302.8	365.0
ブラジル	11.1	35.3	24.2
メキシコ	− 69.3	163.4	232.7
アジア・太平洋諸国	− 371.9	369.0	740.9
中国	− 273.1	93.0	366.1
インド	− 10.4	19.3	29.7
日本	− 61.4	61.5	122.9
韓国	− 9.7	39.8	49.5
オーストラリア	13.0	21.7	8.7
中東	− 27.4	48.9	76.3
アフリカ	− 56.8	28.4	85.2

出所）*Economic Report of the President 2012* より著者作成。

造と製造業のあり方を検討する必要がある。

2　多国籍企業による在外調達の拡大と製造業の縮小

　アメリカのGDPにおける産業別の付加価値の変化を1980年と2010年で比べてみると、国民経済における産業構成の変化は明らかである。**表10-3**にあるように、民間部門、公的部門の比率ではほとんど変化はないが、民間部門内では大きな変化が見られる。最大の変化は製造業の比率が20％から11％へとほぼ半減した点である。このことはアメリカ製造業の国内生産基盤が弱まっていることを示している。また、農林水産業や鉱業も低下しており、アメリカで物的生産の基盤が弱体化していることを示している。他方、従来型

表10-3 産業別付加価値の対 GDP 比の変化

(%)

年	民間合計	民間										政府
		農林水産・狩猟	鉱業	建設業	製造業	公益事業	卸売業	小売業	情報	金融・保険・不動産・賃貸・リース	専門・対事業所サービス	教育・医療・社会扶助	その他
1980	86.3	2.2	3.3	4.7	20.0	2.2	6.7	7.1	3.9	16.0	6.2	4.8	9.2	13.7
2010	86.4	1.1	1.6	3.5	11.7	1.8	5.5	6.1	4.3	20.7	12.3	8.8	9.0	13.6

出所）*Economic Report of the President 2012*より著者作成。

の小売業や卸売業などもその比率を低下させている点も重要で、比率を大きく高めているのは、金融・保険・不動産・賃貸・リース、専門・対事業所サービス、教育・医療・社会扶助の分野である。

雇用労働者の推移でも同じ傾向を確認することができる。製造業の雇用者数が最大であったのは1979年の約1943万人で、その後は景気変動によって増減はあるものの、ほぼ一貫して減少している[3]。2010年の雇用者数は約1152万人で、約800万人、率にして約40％もの減少となっている。この間、人口総数は2億2773万人から3億935万人に、労働力人口は1億694万人から1億5389万人に増加しており、人口と経済規模の拡大のなかで製造業が減少していることが特徴的で、このことは経済構造が大きく変化してきたことを示している。

1970年代以降、オイルショック後の低成長のなかで、アメリカ市場における価格競争や品質競争の激化に直面して、アメリカ企業は当初はカナダ、続いてメキシコや発展途上国に労働集約的な工程を移し、低賃金を活用して価格競争に対応する戦略をとってきた。また、生産品目を削減したり、外国企業からのOEM調達を拡大したりして対応し、場合によっては生産そのもの

---

3) 雇用に関するデータは、基本的に、U. S. Department of Labor の WEB サイトの Employment Situation のデータによる。

から撤退する企業も現れるようになった。また、鉄鋼業のように貿易摩擦を活用して国内市場の保護を図り、高価格と利潤を維持しようとする努力も行われた。こうした個別企業で見れば合理的な行動であっても、結果的には広範な産業連関のなかで成立している製造業全体のすそ野を縮小させ、その競争力を弱めてきたというのが実態である。

そして、この傾向を加速させたのが1980年代前半のレーガン政権下におけるドル高の持続であった。数年にわたるドル高は、国内生産の輸出競争力を低下させ、輸出額の停滞ないし輸出の伸びを鈍化させた。それゆえ、先に見たように輸出依存度が大きく低下するのである。レーガン政権期には、従来のディマンドサイド重視のケインズ政策が批判されて、サプライサイドが重視され、そして、国内における企業の国際競争力の強化策がとられるようになっていくが、在外調達と輸入の傾向は逆転せず、輸入依存の構造がアメリカ経済に定着することになる。

こうした輸入依存の経済構造は、国内の生産能力が巨大な国内需要を満たすだけの能力を保有していないことを示している。その結果、アメリカ経済は景気循環の過程で国内需要が拡大すれば、それはそのまま輸入の拡大、貿易赤字の拡大へとつながる。逆に、リーマンショック時のように、国内需要が急減すれば、輸入は大きく低下し、世界経済に大きなインパクトを与えることになるのである。

3 世界貿易の不均衡とアメリカ

アメリカの巨額の貿易赤字を世界経済のなかに位置づけて見てみよう。世界経済の地域別の経常収支を**表10-4**で見ると、2000年代後半では、基本的に、経常収支赤字の側にはアメリカと中欧・東欧諸国、モンゴルが入り、黒字の側には、発展途上アジア諸国、中東・北アフリカ諸国、日本などが入っている[4]。ラテンアメリカ・カリブ諸国とサブサハラアフリカ諸国は、2008年のリーマンショック以後は赤字に転化している。

ここで重要な点は、世界全体のなかに占めるアメリカの経常収支赤字の比

---

4) グローバル経済における経常収支不均衡の問題と金融危機との関係については、斎藤 [2010] を参照。

表10-4 世界の地域別経常収支の推移

(億ドル)

年	2005	2006	2007	2008	2009	2010
アメリカ	− 7,458	− 8,006	− 7,103	− 6,771	− 3,819	− 4,420
世界全体のなかの米国の比率	92.2%	90.0%	83.9%	69.7%	79.3%	74.4%
ユーロ圏	514	537	456	− 998	182	488
日本	1,661	1,709	2,121	1,599	1,466	2,040
その他先進国	1,445	1,499	1,349	1,350	1,461	1,686
中・東欧諸国、モンゴル	− 613	− 890	− 1,363	− 1,599	− 495	− 814
独立国家共同体諸国	876	963	715	1,077	416	719
発展途上アジア諸国	1,412	2,683	3,999	4,058	2,969	2,336
ラテンアメリカ・カリブ諸国	359	487	132	− 322	− 219	− 574
中東・北アフリカ諸国	2,149	2,867	2,704	3,548	529	1,825
サブサハラアフリカ諸国	− 14	285	108	− 25	− 283	− 131

出所) IMF, *World Economic Outlook October 2012*より著者作成。

率である。リーマンショック以前の2000年代半ばには、その比率は80％台半ばから90％台となっており、世界の経常収支赤字のほとんどをアメリカ一国で占めてきたことがわかる。つまり、アメリカの巨額の赤字構造は、グローバル・インバランスと呼ばれ、実需面における世界経済の最大の不均衡要因になっており、アメリカにおける需要の急減はそのまま世界経済を後退させることにつながる構造が形成されている。そして、世界金融危機の発生はこの構造の問題点を顕在化させ、金融面における危機の波及と相まって世界経済危機をもたらしたということができる。

　このアメリカの比率自体は、リーマンショックにはじまる世界金融危機を受けて、アメリカの輸入の急減と他国の赤字額の増大によって大きく低下するが、危機からの回復とともにまたアメリカへの依存が強まりはじめている。世界経済の構造という点で見れば、危機の拡大をもたらした不均衡は依然として存在しており、逆に、経済危機からの回復を受けて不均衡そのものがふたたび蓄積しはじめていると指摘することができる。

II アメリカ経済の再生戦略とWTO体制

1 自由貿易と「公正な貿易」

　アメリカの通商政策の基本は自由貿易にあるが、時代とともにその主張にも変化が見られる。第2次世界大戦直後のように、アメリカの国際競争力が圧倒的に強かったときには、自由貿易は文字通りの自由な貿易であり、アメリカはGATT体制を強化し、諸外国に対して貿易の自由化を求めてきた。しかし、1970年代以降、アメリカにおける政策的対応が必要になるにつれてアメリカの通商政策も変化し、1974年の通商改革法は自由貿易とは公正貿易であるという方向に向かう大きな転機になった[5]。この変化の最大の特徴は貿易相手国の不公正な貿易政策や慣行を是正するために、アメリカにおける対抗措置をとる権限を大統領に与えるというもので、その法的根拠として301条が追加された。そこでは、貿易相手国が公正な貿易であるかをアメリカの基準で評価し、その基準に基づいて相手国に対する市場開放要求を行うということである。アメリカの通商政策は、それまでのGATTの関税一括引下げ交渉などを通じた各国間の妥協のうえでの合意に基づくものではなく、諸外国が深く依存するようになったアメリカ国内市場への参入機会を人質にして、積極的に相手国に関与するようになったということができる。

　1980年代以降のアメリカの通商政策の基本は、しかし、こうした考え方のもとで推移した。当初問題になった日米貿易摩擦についていえば、日本からの輸出価格が不当に低く設定され、「国民の実質所得を維持・増大」させていないとして、アメリカの輸入規制が合理化された。また、相手国政府に圧力をかけ、輸出自主規制を課すことも常態化するようになった。こうした通商政策の転換にもかかわらず、先に見たように、1970年代末から1980年代には国内製造業の国際競争力の後退には歯止めはかからなかったのが実態である。

　こうした状況のなかで、さらに強力な通商法として登場したのが1988年通

5）アメリカの通商政策の変化については、中本［1999］（前掲書）、立石［2000］を参照。坂井［1994］は、貿易摩擦について知的所有権を重視する立場で先駆的に論じている。

商法である。この特徴は、第1に、1974年通商法の301条をさらに強化するスーパー301条と呼ばれる条項を創設し、保護主義的な制裁・報復措置を強化したこと、第2に、先端産業分野における国際競争力の維持・強化を政策課題として重視し、知的所有権の保護を明確に打ち出したことにある。

この制裁・報復措置であるスーパー301条は2年間という時限付き措置ではあったが、その内容は、①貿易相手国の貿易政策と貿易障壁の内容を議会に対して報告させる、②相手国とその貿易障壁とを「優先国」「貿易慣行」と指定する、③行政府に対して相手国との貿易交渉を求め、交渉で合意が得られなければ制裁措置を発動するというもので、相手国に強い圧力をかける仕組みである。また、重要な点は相手国の市場開放の評価において、たんに「機会」が保障されればよいというものではなく、「結果」が求められたことにある。また、知的所有権保護についても同様な手続きが採用されており、それはスペシャル301条と呼ばれている。この知的所有権の問題はWTO体制のところで再度検討する。

1989年からの日米構造協議はこうした文脈のなかに位置づけられ、日本の構造障壁の是正についての協議として開始された。この協議は1993年の日米包括経済協議へと引き継がれることとなり、日本経済の改革がアメリカ企業に対する市場開放として行われる道筋が作られることになる。こうした日米間の通商関係の是正という課題が、アメリカの通商政策の変化を生み出した中心的問題であったのであり、法的な枠組みとしては現在もそれが続いている点も重要である。

2 通商政策の実施と連邦議会の権限

アメリカの通商政策の変遷をよりよく理解するために、簡単に、連邦議会と大統領、行政府との関係を指摘しておこう。合衆国憲法によれば、関税を賦課徴収する権限は連邦議会にあり、関税の引下げに関する権限も議会にある。したがって、通商政策のあり方を決定する通商法の策定、改正という立法に関する事項だけでなく、外国との関税の引下げ交渉や関税を含む通商協定の締結の権限も議会にあることになる。

しかし、実際には、議会が主体となって外国との交渉にあたることは不可能であるので、議会は通常一定の授権期間にかぎって通商交渉の権限を大統

領に移譲するという措置をとる。つまり、外国との交渉に際して、関税の引下げ幅や手続きなどのガイドラインを議会が設定し、その枠内で行われる具体的な関税交渉の権限を大統領に移譲するということである。この仕組みは1934年の互恵通商協定法で確立し、これ以後、授権された大統領が通商交渉を担うことになっている。

この授権と承認という独特の構造を端的に表すのがファストトラックという仕組みである。これは大統領が結んだ通商協定について、議会は90日以内に諾否を決定しなければならないというもので、議会側が事前に一定の交渉期限を決めて、大統領に付与するものである。特徴は、議会側には通商協定内容についての修正権がないという点で、そのまま批准するかしないかの判断しかできないようになっている。

しかしながら、二大政党制をとるアメリカの場合、大統領と議会多数派の通商政策に対する姿勢の相違、利益団体などからの保護主義的な圧力の存在など、実際の交渉過程においてさまざまな利害が反映することが多く、それゆえ、大統領にファストトラックの権限が与えられないこともある。つまり、大統領またはそのもとで交渉にあたる担当者は、相手国だけではなく、議会とも交渉していかなければならないのである。

また、こうした権限問題を含みながら外国との通商交渉を円滑に実施するために、大統領ならびに議会を代表して通商交渉を行う行政機関として、1970年代に米国通商代表部が設置されるようになった。この通商代表部は大統領と議会に対して直接に報告義務を持ち、現在は、アメリカの通商政策の具体的な実施主体として機能している。先のスーパー301条の規定が相手国に大きな圧力を課すことになるのは、交渉が不調に終わった場合、行政府の意向にかかわらず、議会の決定に基づいて報復措置が実施されてしまうことにつながるからである。アメリカの通商交渉における複雑な仕組みは、結果的に国内においては保護主義的な圧力から距離を置き、他方で、国外においては交渉力を強めるものとして機能するように利用されている。

3 クリントン政権下の通商政策

1992年に登場した民主党のクリントン政権の通商政策の基本的立場は、自由貿易主義の立場に拘束されず、アメリカ経済の再生戦略を支えるものとし

て通商政策を位置づけ、対日貿易などの二国間交渉、NAFTAを推進するという地域主義、GATTのウルグアイ・ラウンドを決着させるという多国間主義を組み合わせて行うというものであった[6]。一貫しているのは、アメリカの利害を実現しようとする「結果主義」の立場で相手国の譲歩を引き出し、相手国の市場開放を進めるという点である。同時に、従来、しばしば見られてきたアメリカ国内市場の保護という観点にとどまらず、アメリカ国内経済の再編にも踏み出している点である。そして、特筆すべき点は、3つの交渉レベルを組み合わせたことでアメリカの交渉力が大幅に高まり、結果的に、ウルグアイ・ラウンドを決着させることに成功し、また、強い権限と広い対象分野を持つWTOを発足させたことである。

　まず、従来の姿勢を大きく転換させたNAFTAの問題から簡単に検討しよう。NAFTAは欧州で進む地域主義への対抗、カナダとメキシコの国境地帯を活用した分業関係のさらなる強化という問題にとどまらず、アメリカの産業構造の再編という問題を含んでいる。メキシコとの自由貿易地域の形成は、アメリカ国内産業が直面してきた途上国からの消費財輸入の拡大を一層促進することは明らかであり、どのような補償措置をとるにせよ、メキシコの低賃金に依拠した低価格品の輸入拡大は、アメリカの国内産業の再編、淘汰を進めざるをえない。つまり、このNAFTAを推進する政策は、国内製造業での雇用の確保、国内産業の保護という従来型の姿勢を転換し、積極的に国内産業を再編していく姿勢を明確にしたことを表している。この転換を理解するカギは、NAFTAが外国投資家の保護、知的所有権の保護を明確に規定していた点にあり、この分野で、発展途上国の反対によって合意が困難であったウルグアイ・ラウンドの交渉を推進するという側面を持っていたのである。メキシコ以外の発展途上国が投資家の保護、知的所有権の保護という点で制度的に不十分であれば、アメリカの多国籍企業は海外進出をメキシコに集中すると予想され、それは多国籍企業の誘致を進め、工業化を推進してきた他の発展途上国にとっては大きな脅威となるからである。

---

6) 室山［2002］参照。室山は米国経済の再生問題をカーター政権期からの政策変化のなかで位置づけて論じており、優れた分析がなされている。また、立石［2000］（前掲書）は、国際競争という視角から輸出と投資を結びつけた通商政策としてこの期の通商政策を検討している。

GATTのウルグアイ・ラウンドは1986年から開始されたもので、交渉分野は焦点となっていた農業分野に加えて、それまでの対象外であったサービス貿易、知的所有権、貿易関連の投資措置なども含まれた。交渉事項が多岐にわたっており、当初予定された1990年末では交渉がまとまらず、その後、期限が3度も延長されたうえで、1994年にようやく合意された。そして、この合意を受けて1995年からWTOが発足することになった。

　このWTO体制を発足させるという方向は、従来のように、たんに、アメリカ国民経済の個別的な利益を優先するというよりは、世界的に自由化・規制緩和を進め、グローバルな規模で多国籍企業の自由な経済活動を実現することで、アメリカ経済の成長を図るという志向性を持っている。言い換えれば、製造業における国内雇用を優先するというよりも、国際経済秩序を再編成し、グローバル経済の成長を図り、その成長の果実である富がアメリカに集中する国際分業関係を形成しようとするものである。とくに、知的所有権を重視する通商政策は、その中心に位置しているといってよく、その点は次節で検討しよう。

4　WTO体制の形成・確立とアメリカ経済

　1995年に発足したWTOは、大きく4点の特徴を持っている[7]。第1は、GATTに比べて、対象範囲が大幅に拡大されており、物品の貿易に加えて、サービスの貿易、知的所有権の保護、貿易関連の投資措置などが含まれている点である。第2は、一括受諾方式という方法をとっている点である。WTO協定では付属書も含めてすべての協定がこの一括受諾の対象となっており、加盟国は協定のどの項目についても、発足時に合意されたもの以外には留保を行うことができないというものである。第3は、知的所有権を含めて多国籍企業と投資家の権利を保護し、加盟国にその権利の順守を求めている点である。第4はWTOが国際機関として組織原則を確立し、独特の貿易紛争の処理メカニズムを形作っている点である。WTOには加盟国の国内措置がWTO違反であってもそれを強制的に改変させる権限はないが、制裁措

7）WTOについては、滝川［2005］を参照。グローバリゼーションとの関連については、福田・小林［2006］が詳しい。著者の見解については、増田・黒川・小越・真嶋［2010］で論じている。

置の合法化という手段を通じて加盟国に WTO 協定の順守を求めるというものである。

こうした特徴を持つ WTO の基本的な考え方は、加盟国間で経済制度が異なっていると、その制度の相違がグローバル市場における企業の競争条件に影響を与えることになるので、公正な競争条件を確保するためにすべての競争条件を等しくする必要があり、そのために加盟国すべての経済諸制度を共通にしていかなければならないというものである。GATT の原則は、自由・無差別・多角というものであったが、WTO のそれは「共通（無差異）」が付け加わっている。つまり、WTO は世界各国の経済制度を共通のものに、言い換えるとグローバル・スタンダードに統一することを求めている。

こうした特徴を持つ WTO 体制は、IT 革命以後の多国籍企業にとって非常に有利な経済環境を生み出している。先進国企業の知的所有権がグローバルに保護されることになり、在外生産や委託生産による調達のリスクを大幅に低下させることになった。仮に、発展途上国企業による知的所有権の侵害があれば、最大の消費市場である先進国市場における輸入を制限することができるからである。輸出志向工業化政策をとってきた発展途上国にとって、先進国市場からの排除という事態は絶対に避けなければならない。それゆえ、先進国企業は知的所有権を効果的に活用するとともに、先進国における流通と販売網を整備することで、先進国における市場支配力を強化し、発展途上国における外部調達を拡大させている。コストがかかる自社生産を回避し、低収益の生産から撤退する一方で、研究開発やマーケッティングに経営資源を集中させて、より高収益を追求するようになっている。

他方で、発展途上国では、多国籍企業との契約に基づいて委託生産を行う企業が集中し、各企業は新規受注と契約の更新をめぐってきびしい価格競争を行っている。コンピュータや家電部門のように部品が共通化されている分野では、部品間の互換性が確保されているために競争は熾烈である。また、多国籍企業からの技術指導も得られるために、技術上の障壁も低くなっており、新規企業の参入も以前ほどは困難でなくなっている。

その結果、知的所有権を独占する側から見れば、受注競争を生み出すことでより安く調達できることは明白であり、独占による利潤は非常に大きくなっている。受注する側で見れば、ライセンス契約等によって販売先や技術利

用が制限されるのが普通の姿であり、獲得した技術や生産方法を他で転用することは難しくなっている。そのため、知的所有権を持つ多国籍企業は高収益を実現することができ、それがまたつぎの技術開発とブランド戦略に活用されるようになり、格差が固定されるのである。

以上見てきたように、WTO体制の発足は多国籍企業の在外生産と逆輸入を加速させることで、アメリカ製造業の空洞化をさらに促進することになった。NAFTA域内のメキシコ企業にとどまらず、発展途上国の企業と価格競争を余儀なくされる分野では、アメリカ国内での生産はいちじるしく困難になった。逆に、既存の産業でも先端産業でも、知的所有権を活用することで高収益を追求し、生産そのものを外部化するようになってきている。発展途上国から調達して逆輸入をするというグローバル企業の姿が普遍的に見られるようになったのである。もちろん、すべての企業が生産を外部化しているわけではないが、新興国の技術水準が高まるにつれてそうした対応が増えていくと予想される。他方で、アメリカ国内で生産する分野は、発展途上国企業との価格競争に直面しない分野、たとえば航空宇宙産業や国防産業などの比重が高まることとなった。これが第Ⅰ節で見た1990年代後半以降にアメリカの輸入が急増し、2000年代には世界の経常収支赤字のほぼ9割を占めるようになった要因である。

Ⅲ 金融危機とオバマ政権の通商政策

1 グローバル化の再評価と地域主義

アメリカ経済は、1990年代に120カ月以上にもわたって景気拡大が続き、ニューエコノミーと呼ばれる長期的な経済的繁栄を実現した[8]。前節で述べたWTO体制は、この成長を支える国際経済条件を作り出したものである。景気循環が消滅し、成長が永続するというニューエコノミー論の誤りは指摘するまでもないが、重要な点は世界経済の成長が続くなかでアメリカ企業の好業績も持続すると見做されていたことにある。

8） ニューエコノミーについては、関下［2006］の第1章が詳しい。また、井上・磯谷［2008］は、ニューエコノミーをそれ以後の経済と区別して論じており、その限界と問題点を詳しく論じている。

したがって、アメリカのグローバル企業の好業績は、WTO 体制とともに続いていくと予想されたため、株価の上昇を見込んだ内外の投資資金が株式市場へと流入し、株価は大幅な上昇を続けることになった。株式市場の高騰は、住宅価格などの資産価格の上昇とも相まって、アメリカ国内の個人消費の拡大を支え、それがまた高い経済成長を生むという好循環を生んでいく。つまり、アメリカの成長構造は、グローバル化したアメリカ企業のあり方と WTO 体制においていることから、容易に崩れない基盤を持っていると見做され、それが永続化するかのような幻想を生んだということもできる。

　しかし、この繁栄の構造はその裏側に巨額の経常収支赤字を、つまり、グローバル・インバランスをかかえており、本質的な脆弱性をはらんでいる。ミクロ的には各企業の好業績が続くにしても、マクロ的には貿易赤字の累積を生み、アメリカへの資本流入の継続を不可欠の条件としているからである。アメリカがすでに世界最大の累積債務国であることを考慮すれば、アメリカへの国際的な資本移動が円滑に行われるのはアメリカのドルが国際通貨として機能しているからにほかならない。つまり、この成長を支える条件は、ドルが国際通貨として機能し、アメリカへの資本流入が円滑に行われるという国際金融構造にあるということができる。その意味では、当然のことながらアメリカの通商政策はたんに通商面での政策にとどまらず、金融面を含んだ国際経済政策の一部なのである。

　同時に、1990年代は、グローバル経済における富の不均衡の問題が大きく浮上した時期でもあった。WTO 体制がアメリカなどの先進国経済に大きな便益を与える一方で、発展途上国の一部にしかその恩恵は広がらず、世界の貧困国の状況はより悪化していることなどが批判されたのである。そのなかで、重債務貧困国の債務の帳消しを求めるジュビリー2000の運動や反グローバリゼーション、反 WTO の運動も活発化するようになり、自由化とグローバル化に対するガバナンス問題、修正問題などが提起されるようになった[9]。

　さらに、アメリカ主導のグローバル化の進展は、世界各地での地域主義的な動きを引き起こしてきている。ほとんどの発展途上国の工業化政策は、先進国の多国籍企業の誘致を不可欠のものにしているが、WTO 体制のもとで

---

9) このガバナンス問題、修正問題については、増田［2005］を参照。

は、多国籍企業に対して必要な社会的・経済的規制を一国レベルで実施しようとすれば、多国籍企業はそうした規制がなく、低コストで生産できる他国へと移転してしまう傾向が見られる。それゆえ、発展途上国はグローバル化に組み込まれれば組み込まれるほど、一定の防波堤の役割を果たすものとして地域主義的な対応をとる必要性が生じる。また、逆に、他の地域に先行して地域主義的機構を形成することで、多国籍企業の進出しやすい条件を整えるという側面も持っている。つまり、多国籍企業に対する交渉力を高めるためにも、地域主義的な対応が必要とされているのである。

　他方で、先進国の立場でも、地域主義的な対応を行うことでグローバルな制度を先行的に形成し、それをもとにして自国に有利になるグローバルな経済制度の実現を目指そうという動きが強まっている。その理由は、どの国・地域の基準がグローバル・スタンダードになるのかによって、各国の国際競争力が左右されると認識されはじめているからである。結果的には、図10-2に示されるように、WTOに通知された地域経済協定数の数は、WTOの発足と同時に急増しており、グローバル化と地域主義の動きは同時に進展していることが理解される。こうした反グローバリズムや地域主義の活発化のなかで、WTOのドーハ・ラウンドは交渉が進展しないままに推移するという結果に終わっている。

　こうした動きに対応して、アメリカもまた地域主義的な対応を強化している。アメリカはNAFTAの中南米への拡大版である米州自由貿易地域（FTAA）の創設を米州サミットで合意させ、1998年から正式交渉を開始した。このFTAAは中南米34カ国を包括するもので、2001年の第3回米州サミットでは、2005年1月までに交渉を完了し、同年中に協定を発効させる合意がなされた。しかし、自由貿易協定の内容と将来をめぐってアメリカとブラジル等の主張の対立が大きく、2003年以降、合意されないままに事実上中断されている。この交渉中断を受けて、アメリカは中米の一部諸国との自由貿易協定を先行させる方針をとり、2004年に中米自由貿易協定（グアテマラ、エルサルバドル、コスタリカ、ニカラグア、ホンジュラス）を締結した。その後、ドミニカが加わり、現在は7カ国が加盟している。現在、中断しているFTAAはブラジルなどの南米南部共同市場（メルコスール）参加国などが交渉再開に反対しており、再開のめどは立っていない。

図10-2 WTO に通知された地域経済協定数の推移

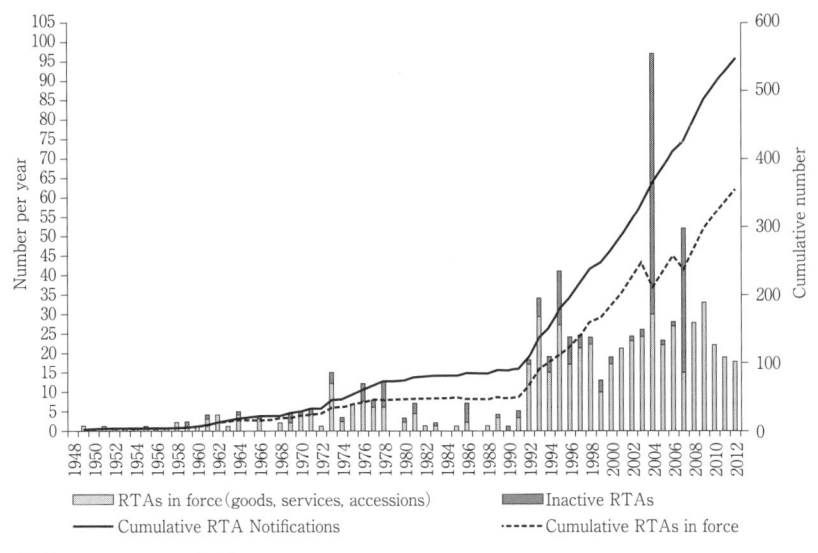

RTAs in force (goods, services, accessions)　Inactive RTAs
Cumulative RTA Notifications　　　　　　　Cumulative RTAs in force

出所) WTO の WEB サイト。

2 リーマンショックと世界経済危機への対応

　サブプライム・ローン危機にはじまるアメリカの金融危機は、リーマンショックを経て、世界金融危機へと転化した[10]。アメリカの高成長を支えてきた国内消費の拡大は、住宅市場を中心にした資産価格の上昇によってもたらされたものであり、世界各国からの資本流入によって支えられていたことが白日のもとにさらされたといってよい。それゆえ、この金融危機の発生とその波及が明らかにしたことは、グローバル・インバランスの存在そのものが金融危機の土台にあり、一度金融危機が発生すれば金融市場と実物市場の両者を経由して世界経済危機が発生するということである。

　この金融危機への対応策は、中央銀行と国家財政による未曾有の資金供給と信用保証によって金融危機を抑え込み、続いて大規模な財政支出による景

---

10) リーマンショックについてはさまざまな文献があるが、みずほ総合研究所［2007］は時系列で問題の推移を論じており、危機の発生までの説明が非常にわかりやすい。

気刺激策によって需要の減少に歯止めをかけ、景気回復を図るというものであった。オバマ政権のとった危機対応策は一定の効果を発揮し、危機の拡大を抑え込むことには成功した。しかし、単純に、民間の債務を公的な債務に置き換えることでは、危機そのものを抑え込むことには有効であるにしても、国内需要を回復させ、ふたたび景気拡大へと向かわせることはできない。国内需要自体を創出するものではないからである。本来であれば、アメリカ国内における自律的な生産回復と雇用の回復を待たなければならないが、第Ⅰ節で見たように、アメリカの産業構造は金融や保険、不動産などのサービス業に著しく偏重しており、その部門が危機の根源であっただけに雇用と生産の回復はほとんど見通しが立たない状態であった。それゆえ、財政支出が制約されているもとでは、連邦準備制度（FRB）による積極的な資金供給政策、いわゆるQE１（第１弾の量的緩和）、QE２（第２弾の量的緩和）、QE３（第３弾の量的緩和）と続く量的緩和政策によって需要を喚起するしかないことになる。実需における資金需要が後退している状況では、明らかに、この量的緩和策は住宅市場と株式市場などの資産価格をふたたび上昇させることを意図したものであり、いま一度資産効果によって国内需要の拡大を実現しようとしたものということができる。言い換えれば、政策的に資産価格を上昇させることで需要を喚起し、景気回復を図るという政策へと傾斜しているのである。こうした政策はアメリカにとどまらず、日本やEU諸国においても実施されており、先進国経済の中央銀行による信用拡大への依存が強まっている。

　さらに、世界経済危機は危機への対応を通じて、国際社会における各国の力関係に大きな影響を与えてきている。中国をはじめとして新興国は外需の急激な減少に際して国内需要の積極的な創出を図り、世界経済の後退に歯止めをかけることに貢献した。そのため、国際社会における新興国の発言力は強化されることになり、国際政治における多極化の動きが一層強まっている。

3　危機対応としての通商政策とその限界

　オバマ政権は、基本的には、金融危機を招いたグローバル・インバランスを是正しようとしている。世界金融危機の再発の防止という側面に加えて、

輸出増加や輸入代替によって国内生産と雇用の回復を図り、アメリカ経済の安定化を図るというもので、2010年1月の一般教書演説で、アメリカの財・サービス輸出を5年間で倍増させるという目標を掲げた。この目標は年率で約15％の輸出増加を目指すものであった[11]。

　こうした積極的な輸出促進策のもとに、オバマ政権の通商政策は置かれている。通商政策では、まず、自由貿易協定が重視され、韓国、コロンビア、パナマとの間で2011年に自由貿易協定を成立させた。また、環太平洋戦略的経済連携協定（TPP）を重視し、交渉参加を表明するとともに、より高い基準での合意を目指している。アメリカはTPPを通じてアジア・太平洋地域へ積極的に関与する方針を打ち出しており、日本へも交渉参加を強く促した。同時に、こうした新たな自由貿易協定を追求するだけではなく、既存の貿易協定の活用も重視するとしている。とくに、WTOの紛争処理メカニズムを活用して、アメリカの利益を追求する姿勢を強めている。さらに、小規模輸出企業に対する支援を積極化し、輸出入銀行を通じた貿易金融支援策を実施した。また、国家旅行観光戦略を立ち上げ、観光・旅行業への支援策も実施しており、サービス貿易の拡大を追求しはじめた。

　さらに、通貨面でいえば、金融緩和政策の結果として生じたドル安を容認している点も重要である。これは金融危機時に進行したドル高傾向によってアメリカの輸出競争力が弱まったことを受けたもので、2009年3月以降、ドル安傾向が続いている。また、中国に元相場の切上げを求めるなど、議会と相手国との関係を調整しながら、輸出促進を図っている。

　こうした輸出促進策によって、アメリカの輸出は大きく伸びてきているが、本来の目標である国内生産基盤の回復や経常収支赤字の縮小にはほとんどつながっていない。製造業の雇用者数は、第2期オバマ政権がスタートする2013年初で見ると、経済危機下でもっとも深刻であった2010年1月に比して約48万人の増加にとどまっており、リーマンショックが起きた2008年9月と比べれば、約130万人も縮小している。製造業で見れば、リーマンショックで失われた雇用の3分の1程度しか回復しておらず、景気後退のたびに製

---

11) オバマ政権の通商政策は、『週刊エコノミスト臨時増刊・米国経済白書』毎日新聞社、各年、を参照。

造業の雇用者数が減少するという傾向は依然として続いている。国内で活況を呈しはじめているシェールガスやシェールオイルの生産は国内生産と雇用の回復に一定程度貢献してきているが、マクロ経済全体への影響は限られている。

おわりに

オバマ政権による不均衡是正のための国家輸出イニシアチブの方向性は、国内の生産基盤の強化を追求する政策であり、基本的な方向は正しいものである。しかしながら、WTO体制という国際経済秩序を前提にしていては、国内生産と雇用を回復させることはできないといわざるをえない。逆に、WTO体制に支えられてアメリカのグローバル企業は、世界経済が成長軌道に回復すれば高収益を実現できるようになるのであり、また景気回復のために金融の量的緩和政策に依存しようとすればするほど、バブルの再来を招来するものである。これは明らかに、リーマンショック以前の構造へと回帰していると見做さざるをえない。

世界経済の成長の軸点が中国や新興工業国に移り、多極化が進展する世界において、アメリカがふたたび金融危機を招きかねない経済へと回帰しはじめ、国際的な資本移動も活発化しはじめている現在は非常にリスクのある状況であると評価されよう。アメリカ経済を真に安定的な姿にもどすためには、WTO体制そのものの修正に進んでいかなければならず、そうした国際経済政策に踏み込んでいくことが求められている。

【参考文献】

井上博・磯谷玲編［2008］『アメリカ経済の新展開』同文舘出版。
斎藤叫編［2010］『世界金融危機の歴史的位相』日本経済評論社。
坂井昭夫［1994］『日米ハイテク摩擦と知的所有権』有斐閣。

関下稔［1986］『現代世界経済論』有斐閣。
──［2006］『多国籍企業の海外子会社と企業間関係』文眞堂。
滝川敏明［2005］『WTO法』三省堂。
立石剛［2000］『米国経済再生と通商政策』同文舘出版。
中本悟［1999］『現代アメリカの通商政策』有斐閣。
福田邦夫・小林尚朗編［2006］『グローバリゼーションと国際貿易』大月書店。
増田正人［2005］「グローバリゼーションとパックス・アメリカーナの再編」萩原伸次郎・中本悟編『現代アメリカ経済──アメリカン・グローバリゼーションの構造』日本評論社、第10章。
増田正人・黒川俊雄・小越洋之助・真嶋良孝［2010］『国民的最低限保障』大月書店。
みずほ総合研究所［2007］『サブプライム金融危機』日本経済新聞出版社。
室山義正［2002］『米国の再生』有斐閣。

column
9
「国際競争力」のレトリック

　1894年以来毎年黒字であったアメリカの貿易収支は1971年に初めて赤字となり、1974年以降は毎年赤字が続き現在に至っている。貿易赤字の拡大につれて議会では、貿易相手国の「不公正貿易」を批判し、市場開放を求める圧力を政府に強めた。本章でも明らかにしているように、政府もまた「公正貿易」を主張しながら市場開放と輸出強化を図ってきた。

　政府による国際競争力強化策に大きな影響を与えたのが、レーガン政権下の1985年に出された『産業の競争力に関する大統領諮問委員会報告』(『ヤング・レポート』と通称される) である。同報告は、「競争力とは、一国が自由かつ公正な市場環境のもとで、その国民の実質所得を維持ないし増加させながら、国際テストに合格できるような財やサービスを生産する能力である」と定義した。この定義に基づいて、同報告は、①自由かつ公正な競争のもとで、②産業の輸出振興を図りながら、③国民の実質所得を高めることを政府の政策目標とすることを提言した。そして対日通商交渉においては、日本経済は①と③とが満たされていないとの批判を強めた。

　このように政府の政策のスローガンとして何かと多用されるのが「国際競争力の強化」である。いまでは、国際競争力という用語は、企業の国際競争力、産業の国際競争力、国の国際競争力、都市の国際競争力、大学の国際競争力といったように、さまざまに使われている。しかし、競争力の定義や指標について少し考えただけでも、あいまいで説得力に欠けるものが多い。

　企業の国際競争力とは、企業が生産するモノやサービスの価格競争力や非価格競争力（性能や品質など）である。国際競争となると価格表示

には外国為替レートが大きく作用する。そのため国内価格は同じであっても、為替レート次第で国際価格競争力は大きく変動し、企業収益もまた赤字や黒字になって変動する。競争力強化策として、しばしば自国通貨安要求が出てくるのはそのためである。

　ところが、この企業の国際競争力の延長線上で、産業の国際競争力や国の競争力をとらえると、かなりあいまいになる。ある産業部門やある国の貿易収支が赤字であることが、その国民の生活水準の低下をただちに意味しないからだ。ノーベル経済学賞の受賞者であるポール・クルーグマンは、1994年に *Foreign Affairs* 誌で貿易の相互利益を主張する比較生産費説の立場から、あたかも同一産品市場における企業間のゼロサムゲームのように国の競争力を論じることに反対した。そして、特定産業を強化しようとする産業政策はしばしば公費のむだ使い、保護主義と貿易摩擦に帰結することから、国際競争力強化のスローガンのもとに産業政策を展開することを批判した。そのような見方は「競争力という危険な妄想」だと断じた。

　20年後の現在、日本で国際競争力が盛んに叫ばれている。保護政策はいつでもどの産業でも公費のむだ使いになるというわけではない。しかしそれにしても、クルーグマンがいうように、企業の競争力と同じように国の競争力を論じることは間違っている。個別企業にとっていいことは国民にとってもいいことだとは限らない。ましてグローバル規模で事業展開する多国籍企業の業績が好成績であることが、国民の雇用や所得の向上を意味するわけではない。むしろ、企業の競争力強化のために賃下げや雇用削減がしばしば行われているのが現実である。国の競争力強化の名のもとに、こうしたグローバル企業の行動を支援することがあるとすれば、それは競争力という用語の危険なレトリックである。

（中本　悟）

第11章 NAFTAと対ラテンアメリカFTA戦略

田島 陽一　*Yoichi Tajima*

はじめに

　本章は、アメリカの対ラテンアメリカFTA戦略を、NAFTA (North American Free Trade Agreement：北米自由貿易協定) との関連からとらえようとするものである。NAFTAには、投資、サービス、知的財産権、政府調達、労働、環境、紛争処理などに関してWTO (World Trade Organization：世界貿易機関) プラスの内容が盛り込まれており、アメリカはNAFTA型のFTAをラテンアメリカ諸国と結ぶことによって、アメリカ流の経済制度を同地域に拡散させようとしてきた[1]。

　そのもっとも壮大な構想は、米州全体をFTAで統合するFTAA (Free Trade Area of the Americas：米州自由貿易地域) であった。しかしながら、この試みは2000年代半ばに頓挫する。その一方で、アメリカは自身と非対称的な力関係にあるラテンアメリカの小国とFTAを結ぶことで、アメリカン・スタンダードをラテンアメリカ諸国に地道にかつ執拗に拡散していった。競争的自由化 (Competitive Liberalization) 戦略と呼ばれるこのようなアメリカのFTA戦略は、アメリカが結んだFTAとその加盟国の「数の力」を利用して、TPP (Trans-Pacific Partnership：環太平洋戦略的経済連

---

1) 本章の視点は第Ⅲ節で詳述する政策拡散理論の競争仮説に大きく依っている。

携協定)、さらにはFTAAP (Free Trade Area of Asia-Pacific：アジア太平洋自由貿易圏) という多国間国際経済交渉において、その協定の内容を自国の産業の利害に沿ったものへ誘導することであった。

本章の構成は以下のとおりである。第1に、アメリカの対ラテンアメリカFTA戦略のモデルとなったNAFTAと元来のFTAとの異質性に着目し、「包括的FTA」(Comprehensive Free Trade Agreement) としてのNAFTAの特徴を指摘する。第2に、NAFTAを米州全体へ広げようと試みたFTAAの頓挫とその要因について概観する。第3に、競争的自由化戦略と呼ばれるFTA戦略のもと、アメリカがラテンアメリカの小国と結んできたFTAの狙いを確認する。最後に、以上の分析から、アメリカの対ラテンアメリカFTA戦略が、他地域とのFTAや多国間国際経済交渉など、より大きなアメリカの国際経済戦略とどのように関連しているかについて触れ、本章の結びとしたい。

I NAFTA──自由貿易協定を超えた包括的FTA

元来、FTA、自由貿易協定とは、その名のとおり、域内原産の商品に対する輸入関税などの貿易障壁を撤廃し、域内貿易を自由化することを眼目としている。しかしながら、NAFTAをはじめとして、今日、先進国が主導して締結するFTAの内容は、貿易のみならず投資の自由化を含む「自由貿易投資協定」としての性格を持っている。この背景として先進国企業にとって、FTAを締結した相手国に対する本国からの輸出以上に、相手国への海外直接投資を通じた活動がより重要になっていることがあげられる[2]。

投資に加えて、NAFTAは、サービス、知的財産権 (Intellectual Property Rights)、政府調達、労働、環境、紛争処理にかかわる規則を含んでいる[3]。さらにNAFTAのWTOプラスの協定としての重要な特徴のひとつで

---

2) たとえば以下の指摘を参照されたい。「米国からの輸出と多国籍企業による在外生産・在外販売とを比較すると、製造業でもサービス業でも輸出よりも圧倒的に多い。(中略) アメリカ多国籍企業の対外活動にとっては、輸出以上に在外子会社の販売が重要であり、そのためには対外投資の自由化と外国市場における自由な活動を求める」(中本 [2007] 6頁)、「NAFTAは正確には、北米自由貿易・投資協定なのであり、投資の自由化が鍵である」(中本 [1999] 164頁)。

ある投資家対国家の紛争処理条項（Investor-State Disputes Settlement：ISDS条項）が組み込まれている（Hufbauer and Schott［2005］p. 199, Nakagawa［2009］pp. 75-76；邦訳93頁）。このようにNAFTAの内容は、古典的な自由貿易協定の定義を大きく超えた包括的FTAとしての特徴を持っている（Hornbeck［2011］、細野［2002］）。

他方で、NAFTAは、Balassa［1961］の古典的な地域経済統合の議論からすれば、あくまで自由貿易協定の段階にとどまっており、統合度がより高い関税同盟や共同市場などを目指すものではない。またNAFTAは、貿易自由化によって加盟国の経済発展の促進を狙うものであるが、経済協力によって加盟国間の経済発展段階を収斂させることは目的としていない（中本［1999］169頁）。

このような地域経済統合をメキシコが受け入れた背景には、それに先だって、1980年代初頭に累積債務危機が顕在化し、IMF・世界銀行の安定化・構造調整政策が同国へ導入された結果、メキシコの開発戦略が新自由主義政策（ワシントン・コンセンサス）へ転換したことがあげられる（Williamson［1990］、田島［2006］）。NAFTAは、メキシコの開発戦略がふたたび保護主義へ逆戻りしないよう、新自由主義にロックインさせるものでもあった（Pastor and Wise［1994］）。

II　FTAA——米州全体へのNAFTA拡大の頓挫

FTAAは、1994年にマイアミで開催された第1回米州首脳会議でクリントン大統領によって提起された。その構想は、キューバを除く米州全体の34カ国を単一の自由貿易地域にするという壮大なものであり、2005年までにその協定を発効することが目指された。

FTAAはNAFTAの性格を引き継ぎ、「『自由市場改革が持続的成長と政治的安定の鍵』であり『西半球の繁栄は、援助ではなく貿易に依存する』というのが基本的立場」（中本［1999］169頁）であった。つまり新自由主義と

3）近年、アメリカ多国籍企業の所得の源泉として、知財、サービスの重要性が高まっている。それを具体的に検証したものとして、中村［2010］および関下［2012］を参照されたい。

自由貿易を統合の理念としており、そのもとで米州の経済成長を促進することが狙いとされていた。

　FTAAに向けた交渉が受け入れられた1990年代初頭、アメリカとラテンアメリカの関係は、過去の歴史から見ればきわめて稀な協調的なものであった。冷戦終結によってアメリカなどの西欧諸国が採用してきた市場経済と民主主義への信頼が高まり、ラテンアメリカは「失われた10年」をもたらしたといわれる過去の保護主義的な開発戦略と軍政に代わりうる制度としてこれらを受け入れた。アメリカとラテンアメリカは経済と政治の両面においてその基本的理念と制度を共有することになり、そのことがFTAAを交渉する気運を生んだ（浦部［2009］48-49頁）。

　FTAA交渉は、NAFTAをFTAAのモデルにしようとしたアメリカと、メルコスール（Mercosur：Mercado Común del Sur：南米南部共同市場）をモデルにしようとしたブラジルとの主導権争いをめぐって展開した。NAFTAモデルはメキシコ、中米諸国、カリブ海諸国、チリで優勢であり、メルコスール・モデルはアンデス諸国を除く他の南米諸国で優勢だった（Flores-Quiroga［2009］p. 157；邦訳185頁）。

　FTAAは、米州においてヘゲモニーの獲得を競い合うアメリカとブラジルの対立、そしてその背景にある先進国と新興国・途上国との利害対立が主な要因となって、2000年代半ばに交渉が行き詰まってしまった。アメリカが、NAFTAに盛り込まれた、サービス（金融、観光、技術・専門サービス）、政府調達、知的財産権、投資などの国際経済交渉の新分野についてFTAAでの交渉を望む一方で、ブラジルはこれらを回避し、WTOでの交渉に回そうとした[4]。他方、ブラジルは貿易交渉の伝統的分野である農業補助金やアンチ・ダンピングについてFTAAで交渉することを望んでいた。逆にアメリカは、これらの分野をWTO交渉に回そうとした（中本［2007］20頁、Hornbeck［2011］p. 6、Quiliconi and Wise［2009］pp. 109-110；邦訳132-133頁）。

4）左派知識人であるペトラスはアメリカ主導によって米州全体の統合を目指したFTAAについてつぎのように述べている「FTAAは、ラテンアメリカ諸国の国民経済の残滓を完全に破壊し、それらの経済的決定を米国多国籍企業・銀行の本社のもとにおくものである」（Petras［2002］pp. 53-54）。

さらにFTAAに至る道筋についてもアメリカとブラジルの間でつぎのような対立が見られ、交渉の進展に支障を及ぼした。アメリカは、次節で詳述する競争的自由化戦略に基づいて、FTAA交渉と二国間FTA交渉を同時に進めることでラテンアメリカ諸国を分断し、交渉相手国との非対称的な経済関係を利用して自国に有利なルールを二国間FTAに導入し、FTAA交渉におけるアメリカの立場の強化を目論んだ。これに対して、ブラジルは、メルコスールを核に南米全体の統合を進めることによって国際競争力と対米交渉力の強化を果たし、対米交渉に臨もうとした（浦部［2009］51-52頁）。

　以上の対立の背景として、米州におけるアメリカの突出した地位と、米州に存在する巨大な格差を指摘しておきたい。表11-1によれば、2000年代半ばにおいて米州域内のGDPのじつに約8割弱がアメリカに集中していることが見てとれる。NAFTA加盟国間においてもアメリカの経済力は突出しており、加盟国間の力関係はきわめて非対称的である。さらにアメリカと後述するALBA（Alianza Bolivariana para los Pueblos de Nuestra América：米州ボリバル代替統合構想）[5]に加盟した小国のセントビンセント・グレナディーンを比較すれば、人口において前者が後者の2711倍、経済規模において2万8155倍、1人当たりGDPにおいて10倍という巨大な格差が存在している。「FTAA交渉が行き詰まったのは、より根本的には経済格差が著しく大きく、しかも様々な規模の米州各国が、アメリカ主導で各国を等しく拘束する包括的な協定を一括受諾することが困難だったからである」（中本［2007］20頁）との指摘は妥当なものであろう。アメリカが主導したFTAA構想の眼目は、あくまで貿易と投資の自由化による経済成長の促進であり、加盟国間の格差を縮小するための経済協力は念頭に置かれなかった。これもFTAA構想が頓挫した要因のひとつであると考えられる。これとは対照的に、次節で触れるFTAAに代替する構想としてラテンアメリカ諸国から提起された地域統合には、加盟国間の政治経済協力の内容が盛り込まれている。FTAA交渉が示したものは、巨大な格差が存在する米州において、各

5）2012年8月現在、加盟国は、ベネズエラ、キューバ、ボリビア、ニカラグア、ドミニカ、エクアドル、セントビンセント・グレナディーン、アンティグア・バーブーダの8カ国。ALBAウェッブサイト http://www.alianzabolivariana.org/modules.php?name=Content&pa=showpage&pid=2105 2012年8月15日にアクセス。

表11-1　FTAA交渉参加国の経済規模[1]

	人口（1,000人）	GDP（100万ドル）	1人当たりGDP[5]
アメリカ	295,517	11,853,300	40,419
カナダ	32,378	993,998	31,159
メキシコ	105,001	758,577	7,305
NAFTA計	432,896	13,605,875	78,884
ブラジル	186,110	663,733	3,609
アルゼンチン	38,747	153,129	3,991
ウルグアイ	3,324	13,555	4,080
パラグアイ	5,904	6,950	1,200
メルコスール計[2]	234,085	837,367	12,880
ベネズエラ	26,724	110,343	4,202
ボリビア	9,182	8,773	974
ドミニカ	67	285	4,194
エクアドル	13,060	32,646	2,528
セントビンセント・グレナディーン	109	421	3,859
アンティグア・バーブーダ	84	815	9,944
ALBA計[3]	49,226	153,283	25,701
グアテマラ	12,709	23,965	1,933
ホンジュラス	6,898	8,871	1,312
エルサルバドル	6,057	15,798	2,618
ニカラグア	5,455	4,465	829
コスタリカ	4,327	18,595	4,371
ドミニカ共和国	9,237	21,582	2,371
CAFTA-DR計	44,683	93,277	13,435
チリ	16,294	95,653	5,933
コロンビア	43,046	117,082	2,762
ペルー	27,833	69,701	2,536
太平洋同盟計[4]	87,173	282,435	11,231
ジャマイカ	2,668	10,135	3,825
トリニダード・トバゴ	1,318	13,280	10,107
ガイアナ	764	1,256	1,647
スリナム	500	1,114	2,254
バハマ	325	6,018	18,747
バルバドス	253	2,817	11,135
ベリーズ	282	1,056	3,827
セントルシア	165	799	4,873
グレナダ	103	469	4,601
セントクリストファー・ネーヴィス	49	400	8,155
ハイチ	9,295	3,660	400
パナマ	3,231	14,179	4,466
合計	867,016	15,027,422	6,358

注）1）人口は2005年の数値。GDP、1人当たりGDPは2004年の名目値。
　　2）2012年7月にベネズエラが加盟。2012年8月現在、パラグアイの参加権が停止されている。
　　3）キューバ、ニカラグアは除いている。エクアドル、セントビンセント・グレナディーン、アンティグア・バーブーダは、2009年6月に加盟。
　　4）2012年6月に発足。メキシコは除いてある。
　　5）合計の欄の数値は、34カ国の平均額。
出所）ラテンアメリカ諸国の人口、GDP、1人当たりGDP：http://websie.Eclac.cl/anuario_estadistico/anuario_2010/eng/index.asp　2012年9月3日にアクセス。
　　　米国の人口、GDP、1人当たりGDP：http://www.whitehouse.gov/sites/default/files/microsites/ERP_2012_App_B.pdf　2012年9月3日にアクセス。
　　　カナダの人口：http://www.statcan.gc.ca/daily-quotidien/051221/dq051221e-eng.htm　2012年9月3日にアクセス。
　　　カナダのGDP、1人当たりGDP：IMF, World Economic Outlook Database　http://www.imf.org/external/pubs/ft/weo/2009/01/weodata/index.aspx　2012年9月3日にアクセス。

国を対等な条件のもとで競わせる新自由主義が、米州全体を統合する理念足りえないことを示しているものと考えられる。

III CAFTA-DR、PTPA──小国との非対称FTA

　前節で触れたように、アメリカは米州全体を統一するFTAを推進する一方で、個別に小国とFTAを締結してきた。CAFTA-DR（Dominican Republic-Central America-United States Free Trade Agreement）[6]、PTPA（U. S. -Peru Trade Promotion Agreement）、チリ、コロンビア、およびパナマとのFTAがそれにあたる。**表11-2**を見ると、アメリカの輸出および直接投資の総額に占めるアメリカのラテンアメリカ諸国向け輸出および直接投資額の比率は小さいことがわかる。その一方で、NAFTA同様、すべてのFTAに投資、サービス、知的財産権、政府調達、労働、環境、紛争処理に関するルールが盛り込まれている[7]。ここからアメリカの対ラテンアメリカFTA戦略には、FTAを結ぶ国と直接的な国際経済関係を強化する以上の狙いがあると考えられる。これに関連して、キリコーニとワイズは「NAFTA以降のアメリカの二国間協定への動機は、実際はより政治的、法律的なもので、特定の経済関心にかかわる特定のサービス／投資規則の確保を目的としているように見える」と述べている（Quiliconi and Wise [2009] p. 108；邦訳130頁）。

　以上のことをもとに推論すれば、アメリカは現下のFTA交渉とその締結がもたらす直接的な経済効果だけでなく、その先を見越して戦略的にFTA交渉を行っていると考えられる。つまり、より多くの諸国が参加する多国間国際経済交渉において、自国が優位性を持つ事業分野にとって有利なルールを設定することを狙っているようである。そのためにアメリカにとって直接的には経済的重要性が高くないにもかかわらず、アメリカに対する経済的依存度が高い小国との非対称的な関係を利用して自国に有利なFTAルールを

6）コスタリカ、エルサルバドル、グアテマラ、ホンジュラス、ニカラグア、ドミニカ共和国とのFTA。
7）ただし、オーストラリアとのFTAにおいては、オーストラリア側の反対によってISDS条項が盛り込まれなかった。

表11-2 アメリカのラテンアメリカと太平洋地域のFTA[1]

相手国	現況	2011年の総輸出額に占める比率	2011年の直接投資の総額に占める比率[2]	カバーされる項目						
				投資	サービス	知財	政府調達	労働	環境	紛争処理
カナダ	発効（1994.1）	18.97	10.19	有	有	有	有	有	有	有
メキシコ	発効（1994.1）	13.40	2.10	有	有	有	有	有	有	有
チリ	発効（2004.1）	1.08	1.08	有	有	有	有	有	有	有
シンガポール	発効（2004.1）	2.11	1.91	有	有	有	有	有	有	有
オーストラリア	発効（2005.1）	1.86	3.45	有[3]	有	有	有	有	有	有
エルサルバドル	発効（2006.3）	0.23	0.03	有	有	有	有	有	有	有
ホンジュラス	発効（2006.4）	0.42	−0.02	有	有	有	有	有	有	有
ニカラグア	発効（2006.4）	0.07	0.01	有	有	有	有	有	有	有
グアテマラ	発効（2006.7）	0.42	0.01	有	有	有	有	有	有	有
ドミニカ共和国	発効（2007.3）	0.49	0.11	有	有	有	有	有	有	有
コスタリカ	発効（2009.1）	0.41	0.02	有	有	有	有	有	有	有
ペルー	発効（2009.2）	0.56	0.37	有	有	有	有	有	有	有
コロンビア	発効（2012.5）	0.97	0.14	有	有	有	有	有	有	有
パナマ	署名（2011.10）	0.56	−0.03	有	有	有	有	有	有	有

注1）この表はアメリカの締結したFTAのなかで、本章に関連するものだけを取り上げている。
2）マイナスの数値は投資の引上げを意味する。
3）ISDS条項は盛り込まれていない。
出所）輸出：http://tse.export.gov/TSE/TSEOptions.aspx?ReportID=2&Referrer=TSEReports.aspx&DataSource=NTD　2012年9月4日にアクセス。
　　　直接投資：http://www.bea.gov/international/di1usdbal.htm　2012年9月4日にアクセス。
　　　カバーされる項目：http://www.ustr.gov/trade-agreements/free-trade-agreements　2012年9月4日にアクセス。

結ばせることで、アメリカン・スタンダードを地道にかつ執拗に拡散させ、それをグローバル・スタンダードにするための布石を打っている（Quiliconi and Wise［2009］p. 105；邦訳127-128頁）。

上記のようなアメリカの国際経済戦略は競争的自由化戦略と呼ばれるものである。2002年、TPA（Trade Promotion Authority：貿易促進権限[8]）を獲得したUSTR（Office of the United States Trade Representative：アメリカ合衆国通商代表部）代表のロバート・ゼーリックによって唱導され、アメリカのFTA交渉の推進力となった[9]。

8）以前は、ファーストトラックと呼ばれていた。

競争的自由化戦略に関して、ゼーリックは、ワシントンの有力シンクタンクのひとつである国際経済研究所（Institute for International Economics）におけるスピーチで以下のように述べている（Zoellick［2001］）。

　まず世界の貿易交渉の現状として、WTOの多難とその一方でのFTAの興隆を示している。アメリカ政府が貿易促進権限を失った間に、FTA締結をめぐる競争において、アメリカは、EU、メキシコ、日本の後塵を拝した。世界に130以上のFTAが存在するにもかかわらず、アメリカはそのふたつにしか加盟しておらず、アメリカの生産者は他国の生産者に対して不利益を被っている。さらにFTAは加盟国間の市場アクセスに限定された問題ではなく、将来、諸国間においていかなる国際経済ルールが設定されるかということにかかわっている。アメリカ抜きで作られたFTAルールによって、電商取引、衛生植物防疫の基準、工業製品、新技術、通信システム、知的財産権、関税、サービス、ハイテク・ベンチャーなど近年拡大しているビジネス分野の将来が決定されてしまうだろう（Zoellick［2001］pp. 4-5）。

　このような状況のもとでアメリカがとるべき国際経済戦略は競争的自由化戦略である。アメリカは、貿易交渉をグローバル、リージョナル、二国間のレベルで同時に推進していく。同戦略は各国間の自由化競争（competition in liberalization）を促す。このような重層的な戦略は、国際経済交渉におけるアメリカの影響力を世界全体で強化する。アメリカとの国際経済交渉に躊躇する国があったとしても、自由化の準備が整った国からそれを進めていけばよい。アメリカが、他国に何をすべきか指示することでアメリカに対する他国の敵意を生じさせる必要はなく、アメリカ流の経済原則や開放性という価値を反映した協定の締結を求める国々がわれわれを訪れてきているのである[10]。

　こうしたアメリカのFTA戦略は、ある国の政府によるFTA採用という

9）競争的自由化戦略は、1980年代から90年代初頭においてもとられ、イスラエルおよびカナダとのFTA、そしてNAFTA締結のイデオロギー的推進力となった（中本［2007］）。1974年以降、継続して大統領にファーストトラックが与えられていた。それによってNAFTA実施法およびウルグアイ・ラウンド実施法は成立した。しかしながら1994年4月以降、ファーストトラックのない状態が続いていた。外務省ウェブサイト http://www.mofa.go.jp/mofaj/area/usa/keizai/eco_tusho/tpa.html 2012年8月19日にアクセス。

政策選択が、他国政府の行動・判断に影響されているという「政策拡散理論」(Policy Diffusion Framework) (Solís and Katada [2009] pp. 12-15；邦訳18-22頁) を用いて説明することができる[11]。拡散のメカニズムは２種類あるが、ここでは「競争仮説」(Competition hypothesis) と呼ばれるものが適合的であると考えられる[12]。それによれば、各国は、市場／資本の獲得、ステータス／リーダーシップの獲得、新たな経済統合モデルの明示などをめぐって競争している。こうした競争によって普及したFTA政策は、より「選択的」(selective) (各国が比較優位の獲得あるいは回復の観点から、FTA相手国、市場アクセス、ルールを選別する) な傾向と「異質性」(heterogeneity) (FTAを主導する国によって各FTAの貿易／投資ルールが異なった内容になる) を有するという (Solís and Katada [2009] p.15；邦訳21-22頁)。競争仮説を用いて各国が近年FTAを積極的に推進した要因を説明すれば、それはFTAを通じた国際経済ルール、すなわちスタンダードセッティングをめぐる各国間の競争の結果であるといえる。

　競争的自由化戦略をとるアメリカとFTAを締結し、FTAAへの参加を

---

10) Zoellick [2001] p. 6. 同じスピーチのなかで、ゼーリックは「ラテンアメリカ、アジア、そしてアフリカまで、アメリカは、繁栄、自由、法の支配、民主主義を推進する比類なき機会を――ヘゲモニーからではなく、調和の精神によって――持っている」と述べている (Zoellick [2001] p. 13)。しかしながら、本文で述べたように、その実態はアメリカの巨大な市場というハード・パワーを梃子にして、アメリカ流の制度と価値を他国へ浸透させるものであり、調和の精神というよりもむしろヘゲモニー、またはのちにアメリカ外交の基本方針となり、硬軟両面のパワーを最良に組み合わせることで外交力の最大化を追求するスマート・パワーに近いものとして理解すべきであろう。
　　キリコーニとワイズは「最近の二国間FTAの最も重要な特徴」として「それらすべては、アメリカ市場への貿易依存度が相対的に高い開放的な小国とのものであり、その非対称性がとくに顕著である」と指摘している (Quiliconi and Wise [2009] p. 97；邦訳117頁)。さらに「競争的自由化ではアメリカの重要関心事の交渉に合意した国との二国間貿易交渉が最優先される」(Nakagawa [2009] p. 76；邦訳93頁) とすれば、その性格は自ずと明らかであろう。
11) これに対抗する仮説は、非拡散仮説 (Non-diffusion hypothesis) といわれるもので、積極的なFTA政策に着手する一国の決定は、自律的意思決定によるものであり、他国が以前に行った特恵貿易協定交渉の影響を受けていないとするものである。
12) これに対抗する拡散のメカニズムは模倣仮説 (Emulation hypothesis) といわれるものである。それによれば、各国は (共通の言語、宗教、歴史などを要素とする「心理的距離」で識別される) 社会文化的に類似した国のFTA政策を模倣するという。EU型の地域統合の原理に適合的な仮説であると考えられる。

欲していた諸国は太平洋の弧（Arc of the Pacific）と呼称されている[13]。このグループのなかのメキシコ、チリ、コロンビア、ペルーは太平洋同盟（Alianza del Pacífico）というグループを発足させた。同グループは、新自由主義と貿易・投資の自由化を志向しており、その名のとおりアジア太平洋諸国との経済関係を強化することでさらなる経済成長の可能性を模索している（宮本［2012b］）。

他方で、米国主導の新自由主義的な地域経済統合であるFTAA構想に対抗して、ラテンアメリカ諸国から提起されたのが、2001年にベネズエラのチャベス大統領が提唱し、2004年末に発足したALBAである[14]。同構想の目的は貿易自由化ではなく、公正と社会福祉の向上にある（Stallings［2009］p. 135；邦訳164頁）。ALBAには、21世紀に入り多数登場した左派政権の諸国が参加している[15]。

左派政権のなかで、ベネズエラを中心としたALBAと一線を画すのが、ブラジルを中心とした関税同盟であるメルコスールのグループである[16]。それはさらにインフラ開発などの経済協力および政治領域での共同行動を拡大しようとするCSN（Comunidad Sudamericana de Naciones：南米共同体）、そしてEUをモデルに統合を強化していくUNASUR（Unión de Naciones Suramericanas：南米諸国連合）へと制度化の度合いを強め、ブラジルに主導された地域統合が進展する兆しを見せている。

このように現在、ラテンアメリカで地域統合を目指す動きは大きく3つのグループに分かれている[17]。しかしながら、国によってはふたつのグループに属しているものもあり[18]、またベネズエラが主導するALBAとブラジル

---

13) そこに含まれるのは、チリ、コロンビア、コスタリカ、エクアドル、エルサルバドル、グアテマラ、ホンジュラス、メキシコ、ニカラグア、パナマ、ペルーである（Stallings［2009］pp. 134-135；邦訳164-165頁）。
14) ALBAそしてUNASURについて詳しくは、Riggirozzi and Tussie eds.［2012］を参照されたい。
15) 左派政権登場の背景について詳しくは、遅野井・宇佐見［2008］を参照されたい。
16) ただしメルコスール加盟国であるアルゼンチンが、ALBA諸国と同調するような国有化の動きを見せていることには注意しなければならない。2012年5月、アルゼンチンはスペインの石油企業を国有化する方針を表明した。（宮本［2012a］）。アルゼンチンは、これまでもスペイン企業傘下の航空会社などを国有化している（日本経済新聞社［2012］）。

が主導するUNASURの間でも主導権をめぐる競争が見られ（浦部［2009］）、これらの関係は複雑であるといわれている。

　WTOにおける交渉が暗礁に乗り上げた今日、競争的自由化戦略に基づくFTA推進はアメリカの国際経済政策の基軸となっている。その成果は、太平洋同盟という新自由主義的なブロックがすでに太平洋の片側で形成されたことにも端的に表れている。そして、現在、その目はアジアに向けられている。アメリカにとってTPPはNAFTAをモデルにした国際経済ルールをアジアに拡散させる重要な契機となるだろう。さらにはTPPをFTAAP（Free Trade Area of Asia-Pacific：アジア太平洋自由貿易圏）という、より広範な地域経済統合のひな型にすることをも視野に入れている（Fergusson and Vaughn［2011］）。アメリカは、自らが主導する国際経済秩序構想をその本拠地である米州では貫徹できなかったが、それに代わる壮大な構想を描いて戦略的に行動している。TPP交渉に参加または参加を検討している諸国の国民は、アメリカの対ラテンアメリカFTA戦略とそれがもたらした帰結を慎重に検討し、自国の国際経済戦略に関する議論の質を高めていかなければならない。

おわりに

　1980年代、メキシコをはじめとしたラテンアメリカ諸国の多くが、累積債務危機を契機としてIMF・世界銀行の安定化・構造調整政策を導入し、新自由主義的な開発戦略へと舵を切っていった。これに呼応して、1994年にクリントン大統領がマイアミで米州首脳会議を開催し、キューバを除く34カ国の首脳が2005年までにFTAAを形成することに合意した。しかしながら、交渉を主導する大国間の利害の衝突、その背景にある米州諸国間の巨大な格差が交渉の進展の妨げとなり、それを是正することなく、むしろ加盟国間の

17）ただしALBAについては、FTAのように厳密な規則を定めたものではなく、地域経済統合協定としての実効性に乏しく、加盟国間の協力の指針を示す政治スローガン的なものであるといわれている（浦部［2009］56頁）。
18）エクアドルとニカラグアはALBAに加盟しているが、太平洋の弧にも属しているとされる（Stallings［2009］pp. 134-135；邦訳164-165頁）。また2012年7月、ベネズエラがメルコスールに正式加盟している。

「自由で平等な」競争を唱導する新自由主義の理念と政策に対してラテンアメリカ諸国の支持は後退していった。

その一方で、90年代にFTAの締結において他国に後れをとったアメリカ政府は、2002年にふたたびTPAを獲得し、投資、サービス、知的財産権、政府調達、労働、環境、紛争処理など国際経済の新分野のルールを盛り込んだFTAをラテンアメリカの小国に対して積極的に推進した。その狙いは個別のFTA交渉国の市場に限られたものではなく、多国間国際経済交渉において米国にとって望ましい国際経済ルールを設定するため、FTAを通じて米国流の経済制度を導入する国を地道にかつ執拗に増やしていくという競争的自由化戦略に基づくものであった。太平洋同盟という新自由主義のブロックがラテンアメリカに形成されたことはその成果のひとつとして考えられる。さらにアメリカは、アジア太平洋地域に築いてきた他のFTAも利用して、同地域において米国流の制度をさらに拡散させようとしており、TPPはその重要な舞台装置となると考えられる[19]。TPP交渉の参加国ならびに交渉への参加を検討する諸国はこうしたアメリカの国際経済戦略を念頭に入れ、国民経済全体の利益という観点から自らの国際経済戦略を練り直していく必要があるだろう。

【参考文献】

浦部浩之［2009］「米州システムの亀裂とラテンアメリカ諸国による新たな地域連携の模

---

[19] Clinton［2011］. TPPに米州からは、アメリカとのFTAが発効しているペルー、チリがすでに交渉参加国となっており、2012年6月にメキシコとカナダの交渉参加が承認された。さらにアメリカとのFTAに署名したコロンビアが参加を希望している。米州以外の諸国でアメリカとFTAを結んだシンガポール、オーストラリアもTPP交渉参加国である。またその他の交渉参加国もアメリカと非対称的な力関係にある小国であることから、TPPのスタンダード・セッティングはアメリカ主導によって行われるであろう。ただし、TPP交渉のなかでも注目されているISDS条項の導入については、オーストラリアなどが反対している。

索——ALBA、UNASURと中小国の対応を中心として」望月克哉編『国際安全保障における地域メカニズムの新展開』調査研究報告書、アジア経済研究所。
遅野井茂雄・宇佐見耕一［2008］「ラテンアメリカの左派政権」遅野井茂雄・宇佐見耕一編『21世紀ラテンアメリカの左派政権——虚像と実像』アジア経済研究所。
関下稔［2012］『21世紀の多国籍企業——アメリカ企業の変容とグローバリゼーションの深化』文眞堂。
田島陽一［2006］『グローバリズムとリージョナリズムの相克——メキシコの開発戦略』晃洋書房。
中村雅秀［2010］『多国籍企業とアメリカ租税政策』岩波書店。
中本悟［1999］「アメリカの多国籍企業とNAFTA」中本悟『現代アメリカの通商政策——戦後における通商法の変遷と多国籍企業』有斐閣。
——［2007］「アメリカン・グローバリズム——展開と対立の構図」中本悟編『アメリカン・グローバリズム——水平な競争と拡大する格差』日本経済評論社。
日本経済新聞社［2012］「国有化の是非 割れる中南米」『日本経済新聞』朝刊5月11日6面。
細野昭雄［2002］『米州におけるリジョナリズムとFTA』神戸大学経済経営研究所。
宮本英威［2012a］「外資国有化 対立深まる——スペイン石油大手、アルゼンチンを提訴」『日本経済新聞』朝刊5月22日7面。
——［2012b］「中南米の通商二極化——メキシコなど自由化促進同盟 アルゼンチンなど保護主義鮮明」『日本経済新聞』朝刊6月8日7面。
Balassa, Bela A. [1961] *The theory of economic integration*, Homewood, Ill., Richaed D. Irwin.
Clinton, Hillary [2011] "AMERICA'S PACIFIC CENTURY," *Foreign Policy*, No. 189 (Nov), pp. 56-63.
Fergusson, Ian F. and Bruce Vaughn [2011] "The Trans-Pacific Partnership Agreement," *CRS Report*, December 12, R40502.
Flores-Quiroga, Aldo [2009] "Competitive Regionalism and Mexico's FTA Strategy（アルド・フローレス＝キロガ［2010］「競争的地域主義とメキシコのFTA戦略」）," in Solis, Stallings and Katada [2009］．
Hornbeck, J. F. [2011] "U. S. -Latin America Trade：Recent Trends and Policy Issues," *CRS Report*, February 8, 98-840.
Hufbauer, Gary Clyde and Jeffrey Schott [2005] *NAFTA Revisited: Achievements and Challenges*, Washington, D.C.：Institute for International Economics.
Nakagawa, Junji [2009] "Competitive Regionalism through Bilateral and Regional Rule-Making：Standard Setting and Locking-in（中川淳司［2010］「二国間・地域ルール形

成を通した競争的地域主義――スタンダードセッティングとロックイン」)," in Solís, Stallings and Katada [2009].
Pastor, Manuel and Carol Wise [1994] "The Origins and Sustainability of Mexico's Free Trade Policy," *International Organization*, Vol. 48, No. 3（summer）, pp. 459-489.
Petras, James [2002] "The Myth of the Third Scientific-Technological Revolution in the Era of Neo-Mercantilist," *Latin American Perspectives*, Vol. 29, No. 6,（Nov.）, pp. 44-58.
Quiliconi, Cintia and Carol Wise [2009] "The US as a Bilateral Player：The Impetus for Asymmetric Free Trade Agreements（シンシア・キリコーニ、キャロル・ワイズ [2010]「二国間プレーヤーとしてのアメリカ――非対称自由貿易協定の推進力」)," in Solís, Stallings and Katada [2009].
Riggirozzi, Pía, and Diana Tussie eds. [2012] *The Rise of Post-hegemonic Regionalism: The Case of Latin America*, London and New York：Springer.
Solís, Mireya and Saori N. Katada [2009] "Explaining FTA Proliferation：A Policy Diffusion Framework（ミレヤ・ソリース、片田さおり「FTA急増のメカニズム――政策拡散理論による分析」)," in Solís, Stallings and Katada [2009].
Solís, Mireya, Barbara Stallings and Saori N. Katada eds. [2009] *Competitive Regionalism: FTA Diffusion in the Pacific Rim*, Basingstoke：Palgrave Macmillan（ミレヤ・ソリース、バーバラ・スターリングス、片田さおり編、片田さおり・浦田秀次郎監訳、岡本次郎訳 [2010]『アジア太平洋のFTA競争』勁草書房).
Stallings, Barbara [2009] "Chile：Pioneer in Trade Policy（バーバラ・スターリングス [2010]「チリ――貿易政策のパイオニア」)," in Solís, Stallings and Katada [2009].
Williamson, John [1990] "What Washington Means by Policy Reform," in John Williamson ed., *Latin American Adjustment: How Much Has Happened?* Washington, D.C.：Institute for International Economics.
Zoellick, Robert B. [2001] "American Trade Leadership：What is at Stake," Remarks made at a speech at the Institute for International Economics, Washington, D.C., September 24. Institute for International Economics ウエッブサイト http://www.iie.com/publications/papers/zoellick1001.pdf#search="'American %20Trade %2 0Leadership: %20What%20is%20at%20Stake'" 2012年8月19日にアクセス。

column
10
「投資家対国家の紛争解決」(ISDS) と国民主権

　財やサービスをグローバル規模で供給するグローバル企業は、グローバル規模の投資・貿易・営業の自由化、およびそれらに係わる紛争の迅速かつ強力な解決による投資家の保護を求める。貿易自由化はWTO協定によって新たな段階に入ったが、この規模に匹敵するような投資自由化のための多国間協定はいまのところない。

　そこで、グローバル企業は地域的な自由貿易協定や投資協定によって、投資の自由化や投資家の保護を求めているのが現状である。貿易紛争では、当該政府がWTOの貿易紛争処理パネルに提訴し、政府対政府の紛争となる。しかし外資企業が受入れ国政府の政策や行動によって損害が予想されたり、もしくは損害を被ったとして異議申立てをする投資紛争の場合には投資家対政府の紛争となる。通常は政府と当該企業の協議に始まるが、それが不調に終わったときには、かつては企業が受入れ国の裁判所に提訴していた。しかし現在では、外資系企業の一方的な選択で国際仲裁制度による紛争処理が急増している。それは、地域的投資協定に投資紛争を国際仲裁で処理することを規定しているからだ。

　国際仲裁の場として多用されるのが、世界銀行グループに属するICSID (International Centre for Settlement of Investment Disputes：投資紛争解決国際センター) である。仲裁廷は投資家企業と受入れ国政府とがそれぞれ選任した各2名の仲裁人、両者が合意した議長職1人の合計3人の法律専門家からなり、仲裁判断は国内裁判所の確定判決と同じ拘束力を持つ。この制度は、NAFTA成立以降多用され、2012年までに累計514件の仲裁が登録されている (UNCTAD, *IIA Issues Note*, 2013)。

　しかし、この制度は国民の健康、環境、安全の確保を図るという国民主権の観点からは深刻な問題がある。何よりも、公共政策の影響は広く国民に及ぶにもかかわらず、商事仲裁の規則を適用するこの制度では、国際仲裁廷は非公開、国民は傍聴も参加できない。また、政府が予防原則に基づいてさまざまな規制を行うことすら、「規制による収用」と見なされ、政府が損害賠償を命ぜられるケースもある。私益を仲裁するこの制度では公益の拡大や民主主義の確保は期待しがたい。　　（中本　悟）

第12章 グローバルな資金循環とドル体制の行方

飯島 寛之 *Hiroyuki Iijima*

はじめに

1970年代後半以降、国際的な資金循環を左右する中心は産油国政府（オイルマネー）、日本の機関投資家（ジャパンマネー）、そしてアメリカの機関投資家（アメリカンマネー）と変化してきた。だが重要な事実は、そのいずれにおいても、アメリカの国際収支赤字の量的な拡大と内容の悪化、それによる膨大なドル残高の形成という条件が共通であり、そのドル残高を形成するアメリカの経常収支赤字と対外投融資こそがすべての国際資金循環の起点をなしているということである。この土台の上に、80年代から進展する国際的な金融活動の肥大化と投機化が各国金融市場の大きな変化を促してきたのである。

だが90年代後半以降、このような基本構造の主要部分を引き継ぎつつも、国際的な金融活動は新たな段階に達した。グローバルな資金循環の起点であるアメリカの経常収支赤字は未曾有の水準に膨らみ、それを上回る額の対外投資とあわせて国際金融市場に形成された膨大なドル残高を利用した国際金融取引が飛躍的に拡大したのである。それ以前の時代と比べて何よりちがったのは、アメリカの対外赤字の拡大に対する政策当局の姿勢であった。政策当局は景気拡大の過程で経常収支赤字が拡大しても、それを90年代前半までのようなドル安容認策をはじめとする諸策で調整しようとするのではなく、

反対に赤字拡大を容認する姿勢を見せたのである。それは、アメリカから発し、膨大かつ浮動性を増した多額の資金がふたたびアメリカに「還流」することで金融・経済活況を生み出していたことと深く結びついていた。それゆえアメリカは国際資金循環の中心で、その恩恵を最大限享受するための環境を作り上げてきたのである。

　こうした構図は2008年の世界金融危機によって大きく変化するが、本章では、まず変動相場制下における国際資金循環の形成と変化の特徴を概観した（第Ⅰ節）のち、90年代後半以降、アメリカを軸に展開される国際資金循環の姿をアメリカの国際収支の視点から明らかにしていく（第Ⅱ、Ⅲ節）。そのうえで、世界金融危機を転機とする国際資金循環の変化とドル体制をめぐる議論を整理する（第Ⅳ節）。

Ⅰ　ドル体制下の国際資金循環

1　3つの国際資金循環

　1971年8月の金ドル交換停止によって崩壊した固定相場制は、同年12月のスミソニアン会議後に一時的に再開された。しかし、肝心要の金ドル交換が再開されないまま固定相場を維持しようとする試みは失敗に終わり、結局73年2月には日本が、3月にはヨーロッパ諸国が介入義務を放棄し、以降主要国で変動相場制が常態化した。そしてこの年の10月には第1次オイルショックが生じ、60年代に先進各国で見られた高成長は終焉を迎えた。こうした経緯を経て、70年代後半以降の先進諸国の低成長期に国際資金循環は3つの特徴的な時期を経験してきた。

　第1の時期は、第1次オイルショックから累積債務危機に至るオイルマネーの時代である。この時期の国際資金循環はつぎのようなものであった。

　まず、アメリカの貿易収支赤字拡大によって日本や西ドイツなど先進各国と産油国にドルが流入する。さらに日本や西ドイツからも、また非産油途上国からも膨大なドル資金が石油代金として産油国に流入した。産油国政府は手にした資金（オイルマネー）の一部を国内開発に使ったが、大部分をユーロ市場やニューヨークの銀行に預け、金融資産として運用した。そしてユーロ市場を主要舞台として、米銀を中心とする先進国銀行はこのオイルマネー

をアジアと中南米の途上国に集中的に貸し付けた。手にした借入金で途上国は輸入を拡大しながら工業化を進め、他方、先進国は貸付けを増やすとともに当該国への輸出を拡大させた。こうしてオイルマネーを中心に形づくられた70年代の「先進国→産油国→ユーロ市場→途上国」という国際資金循環は、同時に世界的規模での成長循環を意味するものであった。

第2の時期は、80年代、とくにその後半の時期であり、ジャパンマネーの時代である。

自国企業の国際競争力低下に加え、ドル高によって経常収支赤字が定着しはじめた80年代前半のアメリカと対照的に、経常収支黒字が定着した日本は、85年に世界最大の債権国にのし上がった。日本は対米黒字を中心とする経常収支黒字によって獲得したドルに加えて、銀行部門を中心にユーロ市場から短期のドル資金を借り入れ、こうして獲得した膨大なドルを使ってアメリカを中心とする世界各国に証券投資、さらには直接投資など資本輸出を行った。ドルの調達とそのドルを使った投資（短期借り・長期貸し）というドル体制の枠内でのことであったにせよ、第2期には日本が国際資金循環を左右する中心的地位を確保したのである。

そして90年代に入ると、委縮する日本市場に代わって新興市場が新たな投資対象として登場するかたわら、アメリカの金融資本市場を軸として国際資金移動の大規模化が進んだ。この第3期には、国内の経済活況を背景に、アメリカの機関投資家が国際資金循環の流れを左右する決定的な力をふたたび持つようになり、世界的な金融活況をリードしていくようになるのだが、この詳細は次節で見よう。

2 アメリカの国際収支赤字の拡大とドル残高の累積

ごく簡単に、変動相場制下の国際資金循環を時期区分し、その特徴を見てきたが、重要なことは、このいずれの時期においてもアメリカの国際収支赤字こそがすべての国際資金循環の起点をなしているという事実である。先に見た時々の国際資金循環の特徴は、金ドル交換停止を境に激増するドル残高形成の主導権をだれが握るのかを現しているに過ぎない。

金ドル交換停止によってドル残高の形成スピードがいかに増大したかを1960年代との比較で見ておこう。小西[1981、1982]によれば、60年から70

年までの間にアメリカの経常収支および長期資本収支[1]の合計である基礎収支の赤字と銀行の対外信用供与によって生み出された非居住者保有のドル残高387億ドルのうち、金ドル交換請求によって80億ドルがアメリカに還流し、結局ドル残高は307億ドル増加したに過ぎなかった。しかもこの時期の赤字の主因は軍事支出と公的援助および民間の対外投融資であり、それはアメリカの政治的・軍事的・経済的な強さを反映するものであった。

ところが金ドル交換停止によって金準備の「制約」を公然と離れたアメリカの基礎収支赤字は、71年から79年までに累計で1191億ドルに達し、対外信用供与も累計1458億ドルに達した。金ドル交換停止以降の特徴はドル残高が増大したことだけではない。この期間には、貿易収支赤字が基調として定着し、アメリカの対外赤字は国際競争力の低下を反映するものとなったのである。

それでも70年代には、貿易収支赤字は膨大な対外投資収益の黒字によってカバーされ、経常収支は黒字基調を維持することができた。しかし82年以降、アメリカは経常収支においても赤字が定着し、その絶対額も急増していく。それは貿易収支赤字の拡大に加え、米国債を中心とする対米証券投資の増大によって対外的な利払いが増大したため、所得収支の黒字が急減したからであった。そして80年に史上最高の3603億ドルの対外純資産を保有していたアメリカは、わずか6年後には債務国へと転落したのである。

恒常的な赤字へと移行したアメリカの経常収支は、91年に一時的な黒字、01年にわずかな赤字の縮小を経験することもあったが、90年代後半以降赤字は拡大の一途を辿り、06年には過去最大の7985億ドル（GDP比6％超）、一国で世界全体の経常収支赤字のうちの7割ほどを占めるに至った。しかもこの間、経常収支赤字を上回る規模でアメリカの対外投資も激増した。こうしてアメリカから不断に供給されるドルは、各国の経済成長にともなうドル需要を満たしつつ、その多くは国際投資拡大の源泉になってきたのである。

アメリカによる継続的なドルの国際的供給は、自国通貨ドルをそのまま国際決済に用いることができる「国際通貨国特権」に依拠しているとはいえ、

---

1) 1996年のIMF国際収支マニュアルの改訂以前、長期資本収支と短期資本収支とに区別されていた資本取引は、現在では投資収支（Financial Account）として一括されている。

それは常識的に考えれば、ドルの長期的下落を引き起こし、国際通貨としてのドルの機能を抑制しよう。ところが現実には、ドルは長期的にはその対外価値を下落させつつも、国際通貨としての支配的地位を守り続けている。これを可能とする要のひとつが、ユーロ市場の存在である。

3 「弱いドル」を支えるメカニズム

　自国通貨以外の通貨建て取引を行う市場をユーロ市場という。1950年代末、アメリカの基礎収支赤字の累積によって形成された過剰ドルを有利に運用したい黒字国と、伝統的国際金融業務の行詰まりに直面し、ドル建て預金を受け入れる（こうしたドル預金をユーロ・ドルという）ことで国際金融業務を展開しようというイギリスの一部大手銀行との思惑が合致し、ロンドン市場の復活を模索するイギリス政府がこうした取引を容認することで本格的に生成することになったユーロ市場は、60年代のアメリカのドル防衛政策の一環であった資本流出規制を迂回するルートとして米系多国籍企業と多国籍銀行によって利用されることで発展した。各国通貨当局の諸規制から自由で、免税措置などの税制上の特典も認められた規制なき金融市場であるユーロ市場での取引から得られる利点の大きさゆえに、アメリカの大手銀行はこぞってユーロ市場での取引を拡大し、60年代中頃までにイギリスの銀行から主導権を奪っていったのである。

　さらに70年代以降、香港、シンガポール、カリブ海やケイマン諸島諸国といった一部途上国で、またアメリカや日本などでもオフショア市場（基本的に非居住者同士の取引にかぎってユーロ取引を行わせる場）が開設・発展するようになっていくと、一方では有利な投資機会を求める非居住者保有のドル資金の運用場として、他方では低い調達コストを求める資金需要者への国際的な貸付けや起債の拠点として、ユーロ市場は国際金融活動を行ううえで欠かせない存在になっていくのである。

　こうしたユーロ・ドルの最終決済はどこまでもアメリカ国内の銀行組織にあるドル預金によって行われる。したがってユーロ市場を通じてドルが諸国間を、そしてその形態を転々としているかぎりでは、ユーロ市場に放出されたドルはその過剰性を露呈することなく温存される。ユーロ市場を通じたドルが他国通貨に転換される場合でも、決済にあたってふたたびドルが姿を現

すことになるから同様である。すなわち急拡大するユーロ市場は、アメリカの対外赤字によって非居住者がかかえたドルの処理・運用ルートとして機能し、ドル体制を継続させるための条件となっているのである。

しかし忘れてならないのは、各国通貨当局による為替介入もまたいまひとつの重要なドルの処理ルートだということである。

ブレトンウッズ体制下において各国に義務化されていた固定相場維持のための介入は、金ドル交換停止によってなくなった。だがそれは、ドルを買い支える各国通貨当局の介入の必要までもなくすものではなかった。変動相場制下での対ドル相場変動幅の著しい拡大と不安定性を回避するために、そして何より金ドル交換停止以後猛烈な勢いで対外赤字を拡大しながら、それが引き起こす傾向的なドル相場の下落を容認するアメリカに代わって対処するために、各国通貨当局はブレトンウッズ体制下よりもはるかに巨大な為替介入を実施する必要に迫られたからである。経常収支黒字国当局が繰り返し買い上げたドルの大部分は米国債投資としてふたたびアメリカに「還流」して滞留し、事実上凍結されたものとしてドル価値の安定に寄与してきたのである。それは一方では黒字国の負担ではあるが、他方では黒字国の通貨高を阻止するという国益にかなうものであった。すなわち、黒字国は、為替介入を通じてアメリカから提供されるドルの一部を「必要なもの」として処理し、コスト（売りのための自国通貨調達コストやドルの減価による評価損）を負担することでドル体制を支えてきたのである。

II アメリカを中心とする国際資金循環の「復活」

1 国際資金移動の急増と浮動性・投機性の高まり

以上の基本的構図を踏まえたうえで、改めて第3期の国際資金移動の特徴を見ていこう。

この時期の国際資金移動の第1の特徴は、実体経済に比べての国際資金取引の急増である。1995年に1.5兆ドル超（世界のGDP比6％）であった国際資金の純取引規模は、2000年には4.7兆ドル（同13％）へ、そしてピークとなる07年には10.9兆ドル（同21％）まで拡大を続けた。95年から07年までの世界経済の年平均名目成長率が7％であったのに対し、国際資金取引の年

平均増加率は52%にのぼり、実体経済の拡大テンポをはるかに上回る膨張が続いたのである。

　第2の特徴は、銀行部門を通じた国際取引が相対的に縮小する一方、デリバティブ取引を介在させた証券投資が急増し、それを取り扱う主体も機関投資家中心になったことである。McKinsey & Company [2008] の推計によれば、06年段階でミューチュアル・ファンドや保険会社、年金基金の運用資産は59.4兆ドルに達し、95年の約3倍に、ヘッジ・ファンドやプライベート・エクイティ・ファンドの運用資産は07年で2.8兆ドルと、00年のほぼ4倍になったとされる。

　ここで注意すべきは、一見、運用資産が小さく、影響力が小さいと思われるヘッジ・ファンドなどの高レバレッジ機関の行動が、他の機関投資家の行動に多大な影響を与えているという点である。

　一般に高レバレッジ機関は、信用取引で証券を購入し、後日買い戻すことを条件にその証券を売却することで一定期間資金を調達する（レポ取引）。そして今度は、その資金でもってより高利回りの証券を、デリバティブ取引を介在させながらつぎつぎに購入しては売却することでレバレッジを高めている。その取引は、ヘッジ・ファンドの多くが拠点を置くオフショアセンター（とりわけカリブ海オフショアセンター）とアメリカとの間で大規模に展開された。高レバレッジ機関は、アメリカ所在銀行や証券ブローカーなどアメリカを起点とする資金をはじめ、その他先進国および産油国からもレポ取引を通じた巨額の融資を受け、その資金でもって対米証券投資を活発に行ったのである[2]。証券の短期売買を繰り返す彼らの行動は、国際資金取引の量的拡大だけでなく、浮動的・投機的性格の高まりを招来した。

　こうした浮動性の高まりに対し、その他投資家が求めたのは、投資の多角化のための証券の流動性と、リスク分散のための金融商品であった。そこでアメリカの大手金融機関は、金融取引に含まれる種々のリスクを分割し、加工することによって、従来は取り扱うことの難しかったリスクの大きな案件

2）すなわち、対米投資の一部は、オフショア市場を介したアメリカの対外投資として還流している。そこには、アメリカ金融機関がオフショア市場をもっぱら規制回避と租税回避手段として用い、実質的には国内活動の延長として資金をリサイクルさせている姿が浮かびあがる。

をパッケージ化して投資家に供した。と同時に、他方では従来巨大金融機関が取引の相手にしてこなかった金融市場について十分な知識を持たない広範な投資家を顧客として取り込み、さらに、新興市場を含む世界のあらゆる市場を自らの市場に組み入れた金融ビジネスを飛躍的に拡大したのである。

こうして90年代後半以降、アメリカは急増する経常収支赤字とそれを超える対外投資の実施でドル残高を積み上げる一方、それを巨大な対米投資として実現させることで国際資金循環の中心的地位をふたたび獲得した。資本流出入の主たる担い手となった機関投資家とそれを支えるアメリカ金融機関は、高い金融技術を裏付けに、新興諸国およびオフショア市場をも包摂する90年代後半以降の巨大な国際資金取引を主導したのである。

2 国際金融仲介論とその陥穽

ところで、当該期の国際資金循環を分析する場合、広く流布している考え方に国際金融仲介論がある。アメリカ経済の好調さと金融資本市場に魅了された経常収支黒字国から経常収支赤字以上の外国資本を集める——圧倒的に債券を介して——かたわら、その経常収支赤字額を超える超過分を受動的に新興国などへの対外投資に回す——直接投資や株式投資を介して——ことで、アメリカは国際的資金仲介機能を担っているというのがその内容である（たとえば IMF ［1997］、Gourinchas and Rey ［2005］）。アメリカの経常収支赤字は巨大化し、巨額の資本流出入があったことは事実であるから、この国際金融仲介論は事実認識として誤りではない。

ただし、経常収支赤字額は資本収支黒字額に等しく、資本収支は資本流入額と資本流出額との差額であるから、資本流入額が経常収支赤字額を上回るという構造そのものは何ら不可思議なことではない。むしろこの時期のアメリカに特異な点は、経常収支赤字額とグロスの資本流出入が他国に隔絶して巨大なことであり、その理由を理解することが重要である。経常収支赤字拡大の理由については節を改めて行うことにして、まずは、グロスの対米投資がなぜ巨額なのかを考えることを通じて、国際金融仲介論の誤謬を明らかにしよう。

たとえば非国際通貨国への投資が他国からなされた場合、それは当該国にとっては対外債務の増大であると同時に、それに見合う外貨、具体的にはド

ル建て対外資産の増大をもたらす。ここでは、投資対象国およびその規模を規定するのは海外の投資家である。

　他方、アメリカが対外投資を受け入れた場合も対外債務は増大する。しかし他国とはちがい、それに見合って外貨建資産が増加するのではなく、別の形態の対外負債——たとえば非居住者ドル預金——が減少することが普通である。実際、アメリカの対外債務残高は90年の２兆1790億ドルから08年の19兆4647億ドルへ約９倍化したものの、その間にアメリカの外貨資産は1280億ドルから2830億ドルまで倍増したに過ぎなかった。アメリカへの投資は、アメリカの対外負債の構成が変化することを意味するのである。つまり対米投資は、非居住者がすでに何らかのドル建て資産を保有していることを前提している。

　非居住者保有のドル資産が増加するルートはアメリカの経常収支赤字と対外投融資をおいてほかにないから、アメリカは経常収支赤字を超過する資本を世界に供給する受動的役割を果たしてきたのではなく、自らの赤字拡大と対外投資を積極的に実施することでグロスの巨額な対米資本流入が生じる条件を自ら作り出してきたのである。したがって、国際金融仲介論の想定する「アメリカが世界中から集めた資本の余剰分を再投資」という資金移動の姿は、「アメリカの経常収支赤字＋対外投融資→ドル残高増大→対米投資」という本来の姿の転倒的な理解に過ぎない。すなわち、対米投資の規模はアメリカの経常収支赤字と対外投融資の規模が規定するのである。

　もちろん、対米投資の具体的な姿は、投資家の意思決定によって変化し、どのような形でアメリカに「還流」するかは国内経済に大きな影響を与える。しかし、それはあくまでもアメリカから発したドル資産の保有者と保有形態の変化の過程にほかならない。アメリカ金融市場の魅力は重要な問題であるが、対米投資はアメリカから発し、ドル資産の保有者と保有形態を刻々と変えながらアメリカにとどまるという大枠のなかで理解されなければならない。これがドルをめぐる国際資金循環の姿である。

　こうした本来的な姿の無理解がときとして、経常収支赤字の問題を非居住者による金融資産選択の問題へ転化させたり、「赤字をファイナンスできる資本流入が続くか否か」という資本流入の量的問題として矮小化させてしまうのである。

III 国際不均衡の拡大

1 経常収支赤字をかかえた成長

 では、1990年代後半以降に未曾有の経常収支赤字拡大がなぜ可能であったのか、といういまひとつの重要な課題をどう考えたらよいであろうか。

 90年代央まで、アメリカ政策当局が景気拡大下の経常収支赤字の拡大に対して施した伝統的・経験的施策は、国内経済の引締めとドル安転換であった。自国通貨ドルでの対外支払いが可能であるという「国際通貨国特権」を持ったアメリカといえども、購買力の、したがって有効需要の流出を意味する経常収支赤字は経済成長にとってマイナス要因にほかならないからである。もし、経常収支赤字の拡大を放置できるとすれば、それは経常収支赤字の拡大テンポを上回る旺盛な内需が実現されなければならない。つまり、経常収支赤字の拡大は、それが内需の大きな拡大に結びつくかぎりにおいて許容されるのである。

 90年代後半のアメリカでは、IT関連投資を軸とする国内投資の拡大と旺盛な消費とが、物価や賃金の上昇なしに相当期間続き、引締めの必要に迫られることはなかった。しかも、この物価・賃金の落ち着いた動きと経常収支赤字の拡大は密接な関係を持っていた。たとえば物価の安定は、設備投資の中心となったIT産業が、その労働生産性上昇の速さゆえにIT機器の価格を低下させたことが主要因であるが、それはアジアの低賃金とドル高を背景として、低価格のIT関連中間財が輸入されたことと無縁ではなかった。この物価の安定を基本としながら、サービス部門を中心とする低賃金労働者の増大、移民労働者の流入など雇用構造の変化が賃金を安定させたのである。

 こうした環境下で旺盛な消費拡大を実現させたのは、株価上昇によるいわゆる資産効果であった。この株価上昇は、①IT産業を中心とする企業業績の好調、②企業が低金利下で社債発行を増やし、それを自社株買いや現金型M&Aに用いたことで実現した。いったん上昇基調に転じた株価目当てに広範な資金が株式市場に動員されたことで株価上昇は後押しされたのである。この過程で対米投資はまずは債券市場に流れ込み、低金利構造を支えることで間接的に株価上昇を支えたのち、90年代末には株式市場に直接流入して株

価を煽った。99年だけで可処分所得の6割にあたる4兆ドルほどの株式含み益[3]を得た家計部門は、借入れを増大させることで消費を拡大し続けたのである。

　2000年代に入るとIT産業に代わって不動産業が主役に躍り出た。01年の景気後退後の低金利を受けて猛烈な勢いで回復した不動産業の投資は、03～05年の全設備投資増加分の過半を占め、その間の名目国内総生産増加額の10％強を担ったのである。しかし、不動産はその旺盛な設備投資によってアメリカの成長を支えただけではなかった。01年以降の低金利は、家計の住宅購入意欲も刺激し、住宅ローンを急増させた。住宅金融会社はこのローン債権を投資銀行などに売却し、投資銀行はその債権から得られる元利を担保に証券（住宅ローン関連証券化商品）を発行して国内および海外投資家に販売した。ヨーロッパを中心とする海外投資家の円滑な証券化商品購入が住宅ローンの増大を促し、それがまた住宅価格高騰の条件となった。

　住宅価格が上昇を続けると、住宅保有者は担保価値の上昇を前提とする「ホームエクイティローン」や「キャッシュアウト」と呼ばれる住宅ローンを利用して現金借入れを増加させ、その一部を消費に回した。こうして住宅価格高騰に支えられた消費拡大という新たな内需拡大構造が現れたのである。

　このように見てくると、当該期におけるアメリカの経常収支赤字拡大は、それ自身が物価や賃金の安定をともなう景気拡大の構造的要因であり、また自ら生みだした巨額なドル残高の「還流」が資産価格上昇にとって必要不可欠であったことがわかる。アメリカ以外の国、そしてかつてのアメリカであれば経済成長にブレーキをかけるはずの経常収支赤字が、内需拡大のための「必要条件」として成長にビルトインされ、経常収支赤字をかかえた成長構造が形成されていたのである。

3）株式の直接保有分に加え、ミューチュアルファンドと年金基金を通じた間接的株式保有分を加えたもの。FRB "Flow of Funds" に依拠した筆者の推計。ただ、家計部門における資産保有額上位0.5％が家計部門の保有する株式の37％を保有しているのに対し、下位80％が保有するのは4.1％に過ぎなかった（98年）。すなわち、当該期に株価上昇の恩恵を受けて消費を拡大したのは主として富裕層であった。

2 政策当局による経常収支赤字観の変化

　こうした経常収支赤字とアメリカの経済成長との関係の変化は、たとえば大統領経済諮問委員会（CEA）[1999] が、当該期の経常収支赤字は、これまでのような財政赤字を反映したり、収益性の低い投資を反映した「悪い」赤字ではなく、収益性ある投資を反映したものであることを力説し、「巨額の経常収支赤字は、成長と雇用を妨げたのではなく、米国経済のより速い長期成長を可能にした」（邦訳201頁）と結論づけたように、政策当局の認識にも明瞭に示されている。

　いわゆるマクロ経済バランスでいえば、経常収支赤字は国内貯蓄を超える投資、消費、そして財政赤字のそれぞれ、ないしこれらの組合わせの反映である。上記の認識は、一言でいえば、投資、それも収益性の高い投資の結果として不足する貯蓄を海外からの資本流入が賄っている場合、そのような経常収支赤字は問題にする必要がないということである。「米国が成長を高め、引き続き魅力的な対外投資先であることを促進する方向で純資本流入を使用するかぎり、いつまでも純資本流入を受け取る（経常収支赤字を計上する）ことができる。米国の対内資本流入にかかわる重要な問題は（中略）それが使用される効率性である」（Council of Economic Advisers [2006]；邦訳134頁）と、こうした見方は00年代に入っても時々に大統領諮問委員会報告で言及された。

　したがって、政策当局の課題は、国内的には投資の効率性をいかに高めるかに、対外的には巨額な国際資本の運動をどのように誘導するかという点に行き着くことになる。かくしてルービン財務長官（当時）は経常収支赤字拡大にもかかわらず、その縮小を政策課題とした旧来型のドル安誘導政策ではなく、対米投資を促すドル高政策を遂行し（Rubin [2002]）、今日なお通貨当局は「強いドルは国益」とのスタンスを貫き通している。

　またグリーンスパン前FRB議長は、経常収支赤字の拡大に懸念を示しつつも、国際資本移動の増大と国際金融システムのフレキシビリティによって、経常収支赤字の許容度も拡大し、その調整過程の円滑さも確保できることを強調した。そして、こうした環境を整えるために、金融市場の規制緩和とグローバリゼーション進展の必要性を繰り返し説いたのである（Greenspan [2007]）。

図12-1 経常収支の不均衡（グローバル・インバランス）

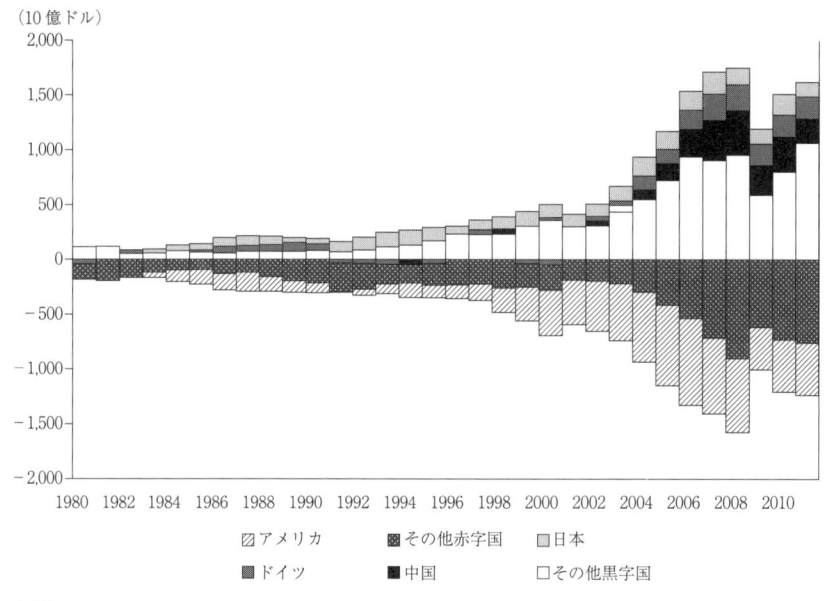

(10億ドル)

凡例：アメリカ／その他赤字国／日本／ドイツ／中国／その他黒字国

出所）IMF, *World Economic Outlook*, various issues.

3 グローバル・インバランス

　こうしてアメリカが未曾有の経常収支赤字拡大を容認したことは、その鏡像である経常収支黒字もまた拡大の一途を辿ることを意味した（図12-1）。黒字国の主役は欧米への輸出拡大が続くアジア諸国（とくに中国）と、石油価格上昇に沸く中東産油国であった。2000年代に顕著となるこうした世界の対外不均衡（グローバル・インバランス）は、戦後の国際通貨関係には見られなかった新しい現象を生んだ。

　そのひとつは、途上国や新興国から先進国へと資本の流れが「逆流」した点である。

　そのメカニズムについてバーナンキはグローバル・インバランスがアメリカの過剰消費による貿易不均衡に起因するという考え方を否定したうえで、世界的過剰貯蓄を基底的要因とした黒字国の過剰貯蓄体質がアメリカの赤字の原因であるという「世界的過剰貯蓄」論を展開した（Bernanke [2005]）。

すなわち、90年代半ば以降、新興国が経験した一連の通貨・金融危機の経験から新興国は外貨準備を蓄える政策に転換し、その運用手段として安全資産であるアメリカ債券への投資が増えたとストーリー立てることで、新興国の国内貯蓄増加が自らを資本輸出国へ転換させ、かつその鏡像であるアメリカの経常収支赤字を拡大させたと論じたのである。

ただこうした見方は、アメリカ企業が製造部門を新興諸国に外注して利潤を追い求めた結果、不況になってもかつてのように貿易収支赤字が縮小しないなどといった産業構造を持つに至っているなどの変化が考慮されておらず、もっぱら不均衡の要因を黒字国に求めているという意味で、アメリカの経常収支赤字拡大の本筋を見落とす一面的な見方といわざるをえない。

グローバル・インバランス拡大下で生じたいまひとつの現象は、それを構造的要因として正当化する議論が登場したことである。85年のプラザ合意時に典型的に見られるように、アメリカの経常収支赤字の拡大には、維持可能性問題とドル急落への懸念とが台頭する。2000年代に入って未曾有の水準に突入したアメリカの経常収支赤字にもまたその持続可能性に対して懸念が高まり、その是正のためにおおむね20～30％程度の実質実効為替相場（REER）の調整の必要性が論じられてきた。だが、01～07年までに REER が20％ほど下落したにもかかわらず、経常収支赤字は減少どころか増加の一途を辿った。と同時に、是正が不可能な場合に生じるはずと警鐘が乱打されたドル暴落が一向に起きない現実を前に、03年頃からアメリカの経常収支赤字拡大とグローバル・インバランスに対する楽観論が多数発表されはじめたのである。

そのひとつは、Dooley et al. [2004] が提起した「ブレトンウッズ体制再来」論である。彼らは、現在の国際金融システムは、アジア新興国（周縁国）とアメリカ（中心国）との事実上の固定相場制度に支えられている点で、ブレトンウッズ体制の再来であると特徴づけた。しかも、①アジア新興国の経済発展戦略は余剰労働力の吸収が完了するまで続く長期的なものであり、②外貨準備での米国債購入がアメリカの長期金利やドル相場の安定に寄与するとともに、それら諸国に進出する米系企業に安心を与える一種の「担保」として機能している、という点を根拠にグローバル・インバランスはかなりの安定性・普遍性を備えたものであると主張した。

いまひとつは、グローバル・インバランスとは経済的・金融的グローバリゼーションの深まりの現れであって、その拡大は問題ないとの見方である。たとえばCaballero et al.［2008］は、不均衡をアメリカと他国間の金融市場の発展度合いの差に求め、世界の金融市場の半分を占めるアメリカ金融市場の比類ない金融資産創出能力が、グローバル・インバランスを支える要因だとした。

公的部門か民間部門かという相違はあるにせよ、これらに共通するのは、巨大な対米投資が維持される環境が定着あるいは構造化したとでもいうような楽観的認識であった。だが、こうしたアメリカの国際収支構造、そして国際資金循環の姿は世界金融危機によって一変する。

Ⅳ 世界金融危機とドル体制

1 国際的な信用収縮

世界金融危機は、国際資金移動をどう変化させたのか。**表12-1**の網掛け部分に着目しつつ、2008年のアメリカの国際収支からそれを読み解いていこう。

特徴的な変化は、まず民間部門による対米社債投資と対米政府機関債投資、いずれも具体的には住宅ローン関連証券化商品投資が売越超過に転じたことに見られる（Line19、20）[4]。周知のように、それは07年夏の格付け引下げ以降、住宅ローン関連証券化商品価格が急低下したことによる一種の投売りを反映するものであった。そして国内外で行われるこの売却がまた価格の急落を加速させる悪循環のなかで、欧米金融機関は苦境に立たされる。証券化商品価格の下落は、まずファンドを中心とする非金融機関の借入返済の困難として表面化したが、それはただちに、傘下のファンドに対する流動性補完や特別投資会社（SIV）の運用資産の買取りに迫られた欧米金融機関のドルの資金繰り悪化を招来したからである。とりわけドル建ての証券化商品投資への需要増加から、ドル資金を短期で調達し、それを非銀行部門向けに

4）外国公的部門による政府機関債投資も世界金融危機と無関係ではいられず、流出に転じた（Line14）。だがそれは、安全資産への逃避＝米国債への乗換えという形で進行し（Line13）、結果として公的部門の対米投資は全体として大きな変化をもたらさなかった。

表12-1　アメリカの資本流出入

(億ドル)

Line		1990	1995	2000	2005	2006	2007	2008 I	2008 II	2008 III	2008 IV	2009	2010	2011
1 (40)	対外投資	-832	-3,523	-5,605	-5,466	-12,857	-14,536	-2,557	1,721	1,012	3,146	-1,195	9,395	-4,837
2 (41)	公的準備資産	-22	-97	-3	141	24	-1	-3	-13	-2	-31	-523	-18	-159
3 (46)	公的準備資産以外の政府資産	23	-10	-9	55	53	-223	33	-416	-2,260	-2,653	5,413	75	-1,037
4 (50)	民間対外投資	-814	-3,415	-5,593	-5,663	-12,934	-14,312	-2,587	2,150	3,274	5,830	-6,086	-9,452	-3,641
5 (51)	直接投資	-372	-988	-1,592	-362	-2,449	-4,140	-1,096	-1,010	-790	-395	-2,895	-3,279	-4,193
6	株式	-74	-655	-1,067	-1,867	-1,373	-1,478	-180	-125	236	454	-637	-791	-890
7	債券	-214	-569	-212	-645	-2,278	-2,187	60	77	918	533	-1,633	-599	-578
8 (53)	非銀行部門の非子会社による対外投資	-278	-453	-1,388	-712	-1,813	-9	1,200	755	1,213	1,394	1,537	330	-116
9 (54)	銀行部門の対外投資	124	-751	-1,334	-2,076	-5,021	-6,497	-2,572	2,453	1,697	3,843	-2,458	-5,113	2,136
10 (55)	対米投資	1,394	4,351	10,382	12,473	20,652	20,646	4,574	-170	759	-849	3,114	13,083	10,010
11 (56)	公的部門資産	339	1,099	428	2,593	4,879	4,810	2,162	1,814	1,422	148	4,803	3,982	2,118
12 (57)	政府証券	302	727	357	2,133	4,284	2,699	1,852	1,694	1,293	1,075	4,373	3,533	1,587
13 (58)	財務省証券	296	690	-52	1,128	2,086	984	1,060	762	1,520	2,144	5,699	4,420	1,712
14 (59)	財務省証券以外の証券	7	37	409	1,005	2,198	1,715	792	931	-227	-1,069	-1,326	-887	-124
15 (63)	民間対米投資	1,054	3,252	9,955	9,881	15,772	15,836	2,412	-1,984	-664	-996	-1,659	9,101	7,892
16 (64)	直接投資	485	578	3,213	1,127	2,432	2,212	897	695	665	844	1,504	2,058	2,340
17 (65)	財務省証券	-25	915	-700	1,323	-582	668	144	188	662	636	-155	2,978	2,409
18	株式	-145	135	1,925	883	1,397	2,305	358	223	26	-28	1,634	1,378	124
19	社債	161	593	1,664	3,123	5,178	3,837	-102	507	-629	-286	1,173	-247	-688
20	政府機関債	56	139	1,010	498	258	-88	-407	-528	-628	-163	-443	262	0
21 (68)	非銀行部門の非子会社による対米投資	451	596	1,707	696	2,448	1,832	724	-611	858	-1,287	90	630	66
22 (69)	銀行部門の対米投資	-38	302	1,170	2,147	4,620	5,176	864	-2,461	-1,677	-1,010	-3,243	1,759	3,092
23 (77)	経常収支	-790	-1,136	-4,163	-7,458	-8,006	-7,103	-1,533	-1,776	-1,938	-1,524	-3,819	-4,420	-4,659

注：① Lineに示した（ ）内の数字は Survey of Current Business の国際収支表（Table 1）のライン番号を示し、（ ）のない証券投資は "Transactions in Long-Term Securities" からの補足。
② 主要部分を中心に取り上げているため、中項目ならびに小項目の合計は必ずしも上位項目の合計に合致しない。
③ 対外投資はマイナスが増加、プラスの場合は引揚げを意味する。対米投資はプラスが増加、マイナスは資本引揚げを意味する。

出所）U. S. Dep. Of Commerce, *Survey of Current Business*, various issues.

長期で貸し付けていた欧州系銀行はドルの回収が難しくなり、ドル債務のロールオーバーもままならなくなった結果、米系金融機関に先駆けて「ドル不足」という事態に直面した。それゆえ欧州系銀行は銀行間市場でのドル資金調達に躍起になる一方、在米支店による本国へのドル貸付けを急増させたのである（Line22）。欧州系在米銀行による対外純貸付けは、07年8月から1年間で4500億ドルを上回り、その大半は系列支店や本店向けであった。

　他方、世界的な「ドル不足」が深刻化するもとで、ドルを供給可能なアメリカの対外投資は引揚げ超過に転じた。とくにそれは、資産担保付コマーシャルペーパー（ABCP）の発行によってドルを獲得し、投資を拡大していた海外の各種ファンドが、ABCPをロールオーバーできずに行った返済超過（Line8）と、米銀行部門によるかつてない規模での対外貸付けの回収（Line9）によるものであった。ただ、すべての銀行が貸出回収に走ったわけではなかった。たとえば07年8月から2年の間に、主として欧州系銀行への2350億ドルの対外貸出しが行われたように、対外貸付けは継続していたのである。それでも引揚げ超過に結果したのは、FRBから資金供給を受けられなかった投資銀行など証券ブローカーが、それ以上の対外借入れを行ったためであった。

　このような状況のなかで、ほぼ唯一、世界に向けてドル供給を拡大させたのはFRBであった。FRBは、自国金融機関への供給を目的にドル資金を借り入れたい海外中央銀行との間でスワップ協定を取り結び、危機直後から大規模にドルを提供し、その見返りとして各国通貨を手にしたのである（Line3）。ニューヨーク連銀の発表によれば、08年末段階におけるスワップ残高は5537億ドルに達し、過半がECB（欧州中央銀行）に対するものであった。世界的な「ドル不足」解消のためには、FRBが「国際的な最後の貸し手」として無制限に近いドル供給体制を構築することが必要だったのである。

　以上のように、世界金融危機下にあった08年のアメリカの国際収支には、対米投資の急激な減少、アメリカの対外投資引揚げ、米政府の外貨保有急増という大転換が刻印された。それは経常収支赤字の縮小とあわせて、拡大一辺倒を続けてきたアメリカからの資金供給が71年以降初めて収縮に転じるという歴史的な事態と国際資金移動の急縮小を引き起こしたのである。

2　ドル体制の行方

　世界金融危機の発生をドル体制の歪みに求める論者からは、国際的機関が管理する「世界準備通貨」とでも呼ぶべき通貨を創出する必要性（たとえばUnited Nations［2009］）、あるいはドルが国際通貨の地位を自ら降りる合理性（たとえばBergsten［2009］）が声高に説かれるようになった。しかし、前者は、新たな準備通貨の世界的な供給・管理を行う「世界中央銀行」機能なしには不可能であり、その創設を期待することは今日の国際政治状況においては現実的ではない。

　後者についても、ドルに代わる通貨はいまのところ存在しない。それは、「脱ドル」のフロントランナーであったヨーロッパが、銀行のグローバルな行動ではむしろ「ドル依存」を高めていったことに典型的に現れている[5]。世界金融危機下では、外国が対米投資を一斉に引き揚げるというのではなく、アメリカ自身が対外投資を引き揚げるという基本的動きのなかで、「ドル不足」が招来したのである。

　1971年以降のアメリカの対外赤字の累積＝非居住者保有の巨大なドル残高は、ドル建ての金融取引の最終決済地であるニューヨークでの取引の拡大とドル体制への傾斜を意味してきた。90年代後半以降飛躍的に拡大したアメリカの経常収支赤字とそれを上回る対外投資は、世界が一層ドル体制——ドルを国際通貨とするあらゆる期間の国際的信用連鎖網から成立する国際通貨体制——へ包摂されていく過程であった。こうした事情を考えれば、世界金融危機とドル体制の行方とは、論理的にも時間軸としても切り離して考えなければならない。

　しかし、世界金融危機以降、国際通貨国という「特権」のもとに膨大な経常収支赤字の継続と対外投融資の拡大を続け、それを所与として経済成長を謳歌してきたアメリカの成長の要であった旺盛な内需は失われた。矢継ぎ早

5）こうした現実は、市場に溢れかえるドルが対米投資される姿を想定する国際金融仲介論やグローバル・インバランスの描く通説的な国際金融構造とは正反対の骨組みである。グローバル・インバランスと世界金融危機との関連の有無をめぐる議論は決着がついていないが、その議論には、第Ⅱ節で取り上げたようなドルをめぐる国際資金循環の姿を前提に、ミクロレベルでの資金調達・運用構造——ヨーロッパは対米関係で異常な不均衡状態でなかったにもかかわらず、銀行部門で危機が直撃したのであるから——にまで掘り下げた分析が必要となる。

に登場した史上類を見ない規模と手法による危機対策によって最悪の事態は乗り越えたが、それによって新しい成長の牽引力が創出されたわけではなく、アメリカはこれまでのように対外赤字の拡大を甘受することを許されない状況に置かれている。それはアメリカだけの問題ではない。アメリカの苦境は、アメリカとドルに依存した世界経済の成長モデルにもまた変容を迫る可能性を十分に持っているのである。こうした状況を踏まえたうえで、ドル体制の行方をめぐる議論は、ドル体制が当面維持されるということと、それにもかかわらず世界各国をドル体制へと包摂してきたアメリカの対外赤字拡大を前提とする成長構造や金融ビジネスが消滅しつつあるというふたつの側面から深められていかなければならない。

【参考文献】

小西一雄［1981、1982］「過剰ドルと今日のドル体制（上）（下）」『金融経済』191、192号。
──［2006］「アメリカの対外債務累積と『カジノ資本主義』の新段階」経済理論学会『経済理論』第43巻第2号、桜井書店。
萩原伸次郎・中本悟編［2005］『現代アメリカ経済』日本評論社。
山本栄治［2002］『国際通貨と国際資金循環』日本経済評論社。
Bergsten, C. F. [2009] "The Dollar and the Deficits," *Foreign Affairs*, November/December.
Bernanke, B. [2005] "The Global Saving Glut and the U. S. Current Account Deficit," Speech delivered for the Sandridge Lecture at the Virginia Association of Economists, Richmond, March 10.
Bertaut, C. C. and L. Pounder [2009] "The Financial Crisis and U. S. Cross-Border Financial Flows," *Federal Reserve Bulletin*, November.
Caballero, R. J., Farhi, E. and P. -O. Gourinchas [2008] "An Equilibrium Model of 'Global Imbalances' and Low Interest Rates," *American Economic Review*, 98 (1).
Council of Economic Advisers [1999] *Economic Report of the President*, Washington D. C.（平井規之監訳『週刊エコノミスト臨時増刊・米国経済白書』毎日新聞社、1999年）。
──［2006］*Economic Report of the President*, Washington D. C.（萩原伸次郎監訳『週

刊エコノミスト臨時増刊・米国経済白書』毎日新聞社、2006年).

Dooley, M., D. Folkerts-Landau and P. Garber [2004] "The Revised Bretton Woods System," *International Journal of Finance and Economics*, 9 (4).

Gourinchas, P.O. and H. Rey [2005] "From World Banker to World Venture Capitalist US External Adjustment and the Exorbitant Privilege," *NBER Working Paper*, No.11563.

Greenspan, A. [2007] *The Age of Turbulence: Adventures in a New World*, Penguin Press (山岡洋一・高遠裕子訳『波乱の時代――世界と経済の行方』日本経済新聞出版社、2007年).

IMF [1997] *International Capital Markets*, Washington D. C.

McGuire, P. and G. von Peter [2009] "The US dollar shortage in global banking," *BIS Quarterly Review*, March.

McKinsey & Company [2008] "Mapping Global Capital Markets Fourth Annual Report," January.

Rubin, E. R. with Jacob Weisberg [2002] *In an Uncertain World: Tough Choices from Wall Street to Washington*, The Sakai Agency Inc (古賀林幸・鈴木淑美訳『ルービン回顧録』日本経済新聞社、2005年).

United Nations [2009] "Report of the Commission of Experts of the President of the United Nations General Assembly on Reforms of the International Monetary and Financial System".

column 11
アメリカの住宅市場の特徴とブーム

　アメリカの新規住宅建設は、景気や金利の変動によって上下するものの、ほぼ年間150万戸を中心にして動いてきた。2000年代の住宅ブームのなかで、2005年には200万戸を超えるまで増加したが、その後のサブプライム危機の結果、2009年には約50万戸まで減少した。2012年には年間約70万戸程度までもどったが、本格的に回復している状況にはない。他方で、住宅価格は都市部を中心に下げ止まっており、平均でピークに比して約2～3割の下落ののち、2013年になるとやや上昇しはじめている。

　こうした住宅市場の回復は、金融緩和の影響がもっとも大きいが、根強い構造的な需要があることも無視できない。それは、アメリカが現在でも年間約210万人の人口が増えている国であり、また年間約70万人もの移民受入れ国であることである。

　さらに、居住地区の郊外化（suburbanization）とスプロール（sprawl）化の進展も住宅需要を支えている。多くの大都市では製造業の基盤が弱体化するもとで失業問題や犯罪の多発などの社会問題が深刻になるなかで、所得の高い層が郊外へと住居を移していった。その結果、都市中心部では地区ごとに低所得者向けの賃貸住宅と高層の高級住宅マンションに分かれるようになり、郊外には中堅から上層の一戸建ての住宅が並ぶようになった。都市の賃貸住宅の高家賃を避け、また、安全な生活を求めて多くの中間層が郊外に住居を移したのである。郊外化の動きは公立学区がその住民の固定資産税によって運営されている教育事情も影響している。都市中心部の公教育の水準が下がるにつれて、子育て世代にとっては、子どもの教育費負担を考慮すれば、たとえ住宅ローンの負担は増えるにしても、質の高い教育が公教育のもとで提供され

る郊外は経済的にも合理的なものになっている。こうした郊外の住宅地のなかには、コミュニティを塀で囲い、出入り口にゲートを置き、武装したガードマンによって安全を確保するゲーティッド・コミュニティ（Gated Community：要塞町）も作られている。こうした安全な居住地域は供給が制約されているため、社会的な流動性が高いアメリカにおいては常に一定の実需が存在するのであり、また、ブームのときには価格が上昇しやすくなる。こうした状況がアメリカで住宅ブームを生む背景には存在している。

　また、アメリカの住宅金融市場が二重の金融市場によって構成されている点も大きな特徴である。ひとつは住宅資金を提供する住宅金融機関と個人との間の金融市場であり、他のひとつはそうした住宅金融機関が投資家や他の金融機関から資金を調達する金融市場である。

　前者の特徴は、個人はモーゲージ（mortgage）という住宅抵当証券と呼ばれる債券を発行し、それを住宅金融機関によって購入してもらい、住宅資金を調達する点にある。住宅金融機関は、日本のように住宅ローンを組んで個人に資金を貸し付けるのではなく、住宅を担保にした証券を購入して資金を提供するのである。たとえば、20年の返済期間の場合、1年目に満期になる債券、2年目、……、20年目に満期になる債券を個人が発行し、住宅金融機関が購入するということである。

　後者は、住宅金融機関が購入したモーゲージを担保にして、新しい証券（住宅ローン担保証券：RMBS）を発行し、投資家や他の金融機関に販売して資金を調達する金融市場である。住宅金融機関は、多数の個人向けモーゲージを金額、金利、期間等によって区分し、それらを集めて一定額の債券に組成し、市場で売却するのである。仮に、個人向けの金利が5％、RMBSの金利が4％であれば、住宅金融機関はこの金利の差額を手にすることができる。また、この仕組みのもとでは、住宅金融機関は金利収入だけでなく、元本部分も早期に回収できることになる。サブプライム・ローン危機は、低金利状況のもとで、世界各国の大手の金融機関、投資家が高金利の組成された証券を購入してきたことが背景にある。アメリカの住宅ブームが終焉したのち、こうした債券価格の暴落がきっかけになって金融危機が発生したのである。　　　　（増田　正人）

終章

戦後日米経済関係
日本の高度成長はなぜ可能だったのか

萩原　伸次郎　*Shinjiro Hagiwarao*

はじめに

　日本経済と米国経済は、戦後切っても切れない関係を継続してきた。いうまでもなく、日本は第2次世界大戦において連合国に無条件降伏し、戦後米国の占領下にあったからだ。占領後は、日米安全保障条約という特別な日米関係のもとで、政治・軍事・経済・文化と多くの面で米国の影響を受けてきた。経済の面で見ると、日本は戦後復興を果たしたのち、さらに高度成長を続け、1980年代には、ついに世界最大の債権国の地位に躍り出ることに成功する。戦後IMF・GATT体制下の国際自由貿易の重要な一角に食い込むことに成功し、世界市場に製品を販売することに成功した結果だった。
　しかし、その後、新自由主義的経済政策がケインズ政策に代わって基本思想となってくると、日本経済の停滞が顕著となる。いわゆる「バブル経済」が、1990年を頂点として崩れはじめると「平成不況」が日本を襲い、さらに米国に要求され、日本の財界の要望とともに実行された幾多の「構造改革」を経るなかで、その停滞基調を深刻化させているというのが現状であろう。「失われた20年」であるとか、このままでは「失われた30年」になってしまうなどということも聞かれる。こうした事態には、1980年代以降の日米経済

関係から生じた新自由主義的構造改革に大きな原因があると私は考える[1]。

本章の目的は、戦後占領下からサンフランシスコ条約を経て「自立」した日本が、いかにして高度成長を果たしえたのかを、米国経済政策との関係で検討することにある。いうまでもなく、日本の高度成長と輸出大国化、そしてその結果、世界最大の債権国となったのは、日本がやり遂げたことであるのは間違いない。しかし、そうした事態を作り出した背景には、日本が米国の経済政策に大きく依存していたこともあった。結論を先取りしていうなら、米国発新自由主義的経済政策が日本を潰し、「失われた20年」をもたらしたとするなら、「戦後米国のケインズ主義的経済政策こそ、日本の高度成長を支えた重要な柱であった」と考えるのだ。これがどういう意味なのか、以下、歴史的に論じてみよう。

I 戦後復興と日米経済

いうまでもなく、1945年8月15日、日本は連合国に無条件降伏し、敗戦を迎えた。

連合国複数による占領となったドイツと異なって日本は、米国による単独占領だった。ニューディーラーが主導権をとった初期占領政策は、財閥解体、農地改革、労働法規の民主的改革が実施された。こうした米国による対日政策は、ニューディール期から戦後にかけての米国の世界経済戦略が反映したものということができるだろう。しかし、米ソ冷戦が激化するにつれ、占領政策は大きく転換し、日本経済を反共のとりでとして復興させる政策へと舵が切られていく。1948年12月、連合国軍最高司令官マッカーサーを通じて日本側に命じられた「経済安定9原則」の実施が、その後の日本経済復興の基本路線となったことは間違いない[2]。この9原則は、翌年1949年には、ドッジ・ラインとして実施された。この時期の米国の対日政策は、超均

---

1) この点については、萩原 [2011] 参照のこと。
2) 「経済安定9原則」とは、①総予算の均衡、②徴税計画の促進強化、③信用拡張の厳重制限、④賃金安定の実現、⑤物価統制の強化、⑥外国為替統制の強化、⑦資材割当配給制度の活用による輸出促進、⑧国産原料と製品の増産、⑨効果的な食料集荷計画の9原則である。

衡予算によってデフレを引き起こし、国内の弱小企業を整理淘汰し、大規模な人員整理によって労働組合運動の沈静化を狙ったものだった。事実、国鉄経営者側による大量の労働者への解雇通告に反対する闘争は盛上がりを見せたが、下山事件、三鷹事件、松川事件という1949年に連続して起こされた、いずれも国鉄にかかわる謀略事件の発生は、国鉄労働組合の弾圧に利用され、その後、米国の敷いた路線にしたがって日本経済の復興が実現していく。

　米国の日本経済を「反共の砦（とりで）」とする復興作戦は、1949年成立の「外国為替及び外国貿易管理法」（通称「外為法」）と1950年制定の「外資に関する法律」（通称「外資法」）を使った政府の強力な産業政策によって実行されていった。外為法は、国家が貿易を統制し、外貨を政策的に振り分ける手段として役立ったし、外資法は、1年以上の長期にわたる技術契約の導入に使われたのである[3]。

　1950年6月25日、朝鮮戦争の勃発は、日本を米国の従属下において独立させる絶好の機会となったことは特筆されてよいだろう。米国には、日本の軍事基地を反共軍事体制のもとに恒久利用する考えがあり、これにはソ連、中国が激しく反対することが予想されたから、朝鮮戦争をこれ幸いと、ソ連、中国などを除外して、日本と講和条約を結び独立させ、同時に日米安全保障条約によって、米軍基地の恒久利用というその考えを実現しようとしたのだ[4]。52年4月28日、サンフランシスコ講和条約は、多くの国民の全面講和要求を退け発効した。日本国は独立したわけだから、米国が自国の軍隊を日本に駐留させるには安保条約が必要だった。したがって、この旧安保条約は日本に米軍を置くための軍事条約であり、きわめて対米従属性の強いものだった。また、ソ連、中国などを想定した、外国の干渉による、日本における内乱・騒じょうを鎮圧することに米軍を使用することができるというような、独立国とはとうてい思えない条項が、第1条として規定されてもいた。この安保条約のもとで、日本経済は、どのような復興を遂げたのだろうか。

　朝鮮特需が、この時期の日本経済へ与えた影響は決定的だったが、この需

3）萩原［2003］57-59頁参照のこと。
4）井村［1993］96頁参照のこと。

要に対応する生産体制を構築すべく、電力、鉄鋼、海運、石炭の4産業に集中的に合理化投資が行われた。対ソ、対中戦略、すなわち、「反共の砦」として日本経済を復興させるという米国の戦略によって、日本産業の急回復が実現したといっても過言ではないだろう。1955年には、日本の工業生産は、戦前の最高水準を超えた。この間、日本は、1952年8月、国際収支を理由に為替制限と輸入制限ができる国、すなわちIMF14条国として国際通貨基金に加盟したし、また、55年8月には、12条国としてGATTに加盟した。日本経済を徐々に第2次世界大戦後の世界経済システムに同化させる米国の戦略が着々と実現していったと見てよいだろう。

　日本の高度成長は、1955年から開始される。この時期から61年までは、外国、とりわけ米国からの新技術が続々と導入され、旧財閥系企業を再編した企業集団が形成されることになった[5]。しかも、この戦前の財閥を基盤にした企業集団は「系列」を形成し、6大企業集団が株式の相互持合いによって結束を図り、株式買収からの企業の乗っ取りを防ぎ、さらには外国企業の株式取得による対日企業進出を防ごうとしたのである。のちに米国は、日本経済の閉鎖性のひとつとして株式の相互持合いから生じる系列を批判し、その禁止を要求することになるのだが、この時期の米国は、日本の外資導入の制限政策に寛容であり、管理貿易下での日本経済の復興に新技術の提供によって応えたのである。この時期の米国企業の海外進出のターゲットは、日本ではなく市場成長率のいちじるしいヨーロッパにあったことがその大きな要因であったといえるだろう[6]。

　1949年のドッジ・ラインによって、戦闘的な日本の労働組合を潰し、1950年のレッドパージによって左派勢力を一掃し、政治的に反共政治勢力を政治の表舞台に出させるという米国の政治戦略は、一応功を奏したといえるだろう。しかし、1954年、日本民主党の鳩山一郎が政権を吉田首相から奪取し、翌年、自由党と民主党の合併によって、自由民主党のもと、対米一辺倒の吉田を批判し、日本は1956年には日ソ国交回復を実現することになる。日本経済は、戦後復興を成功させ、「神武景気」（1955年下期～1957年2月）、「岩戸

5）この日本独特の系列と企業集団の形成については、宮崎［1966］第3章参照のこと。
6）こうした米国大企業の戦略について詳しくは、萩原［2003］62-63頁、また、Robinson［1961］p.1参照のこと。

景気」(1958年秋〜1961年中頃)を経験し、日本の貿易自由化、すなわち為替制限・貿易制限の撤廃を求める声が、経団連や経済同友会からも聞かれるようになった。

II 日本の高度成長と経済大国化

 こうした日本の経済復興は、おのずと日米安保条約の改定という要求に収斂していった。なぜなら、1952年に発効した日米安全保障条約は、あまりにも不平等性が強く、保守勢力にも改定を主張する動きがあったからだ。しかし、それにもまして、戦後の片面講和により、アジア諸国との講和が無視されたことや、米国のビキニ水爆実験によって第5福竜丸が被爆することに端を発する原水爆禁止運動、また、石川県の内灘、富士山麓、立川市の砂川などで、激しく展開された米軍基地反対闘争が、従属的軍事条約として日米安全保障条約の廃棄を展望させたことが改定の動きに拍車を掛けたといっていいだろう。

 いうまでもなく、日米安全保障条約の改定は、A級戦犯、東条内閣で商工大臣を務めた自由民主党岸信介政権のもとで行われたが、旧条約と比較して、少なくともふたつの点で大きな違いがあった。第1は、軍事条約一辺倒であった旧条約にない、日米経済協力が第2条に謳われたことだ。その後半文章に「締約国は、その国際経済政策におけるくいちがいを除くことに努め、また、両国の間の経済的協力を促進する」と書かれている。第2の違いは、旧条約にはない、第10条において、この条約の廃棄の仕方が明確に書かれたことだ。すなわち、「この条約が10年間効力を存続し続けた後は、いずれの締約国も、他方の締約国に対しこの条約を終了させる意思を通告することができ、その場合には、この条約は、そのような通告が行われた後1年で終了する」とある。

 廃棄条項は、まさしく、日米安全保障条約の破棄を展望した、米軍基地反対闘争が生み出した賜物といえそうだが、第2条に謳われた、経済協力条項は、どのように理解したらいいのだろうか。第2条は、次のようにいう。「締約国は、その自由な諸制度を強化することにより、並びに安定及び福祉の条件を助長することによって、平和的かつ友好的な国際関係の一層の発展

に貢献する。締約国は、その国際経済政策におけるくいちがいを除くことに努め、また、両国の間の経済的協力を促進する」。この時期の米国は、共和党アイゼンハワー政権の末期となっていたが、60年11月の大統領選挙では、民主党候補ジョン・F. ケネディが共和党候補ニクソンを破り当選した。この政権は、アイゼンハワー政権の経済政策とは異なり、ケインズ主義的経済政策を実行することになるのだが、対外的には、社会主義のあらゆる脅威に対抗するとして、軍事支出の大増強、軍事ケインズ主義の実行となっていき、米国をベトナム戦争へと突き進ませることとなった。日本の政権は、60年7月岸内閣のあとを受けて政権についた池田隼人内閣へと移行した。池田は、就任の年12月、日本の実質国民総生産を10年間で倍増させるというふれ込みの「国民所得倍増計画」を発表した。これは、ケネディ政権誕生に先んじてケインズ主義的経済政策の実施を日本で行うことを宣言したものだが、これこそ、その年の6月に改定された日米安全保障条約第2条に基づいて展開された「両国の間の経済的協力の促進」であることは明らかだろう。

　この時期の米国の日本への要求は、為替管理に縛られた国際貿易システムを自由化にもっていき、日本をIMF8条国、GATT11条国へ移行させることだった。なぜなら、戦後IMF・GATT体制では、世界各国が経常取引の自由を実現し、国際貿易を活発にすることで経済成長を図ることが目指されていたのであり、この時期の米国は、世界各国の貿易の自由化を図り、輸出を軸に経済の建直しを図っていたからにほかならない。日本にいつまでもIMF14条国、GATT12条国として、経常取引の為替管理、管理貿易を許しておくならば、米国の国際競争力の高い製品も日本に売り込むことはできない。戦後米国を基軸とするIMF・GATT体制の実現のためには、日本のIMF8条国、GATT11条国への移行はぜひとも成し遂げさせねばならない課題だった。

　すでに日本政府は、1960年6月、岸内閣時に、「貿易・為替自由化計画大綱」を決定し、品目ベースで貿易自由化率3年後の80％を目標としたが、池田内閣時にさらにそれを早め、61年9月には、62年10月の自由化率目標を90％と決定した。こうして、60年4月、41％だった日本の自由化率は、64年10月には93％と急ピッチで上昇し、65年10月には、ついに完成乗用車の輸入も自由化されることとなった。65年には、対米貿易が戦後初めて黒字となる転

換の年となったが、日本の貿易自由化は、日米安全保障条約第2条の経済協力条項が大きく働いていたことを忘れてはならない。

　日本の貿易自由化は、IMF 8条国への移行、GATT11条国への移行をともなった。日本の IMF 加盟は、既述のように1952年8月、GATT 加盟は、1955年8月だったが、いずれも国際収支上の理由で為替制限と輸入制限が可能であり、また実際に実施してきた。しかし、IMF 8条国への移行は、国際収支が悪化した場合でも、原則として為替制限をしてはならず、GATT11条国も国際収支の悪化を理由に輸入制限を行うことはできない。わが国は、IMF 8条国、GATT11条国へ、64年4月1日をもって移行したのである。これによって、日本は貿易サービスなどの経常取引を制限することはできなくなり、当然のことながら、1949年の外為法によって設立された、外貨予算制度と外貨割当制度は廃止された。経常収支の支払いは自由になり、対外送金規制が撤廃されたため、結果として、対外送金を禁止されていた外国企業、すなわち「円ベース企業」もなくなった。したがって、これ以降、外国企業の日本への直接投資は、すべて日本政府の認可が必要となった。だが、日本は、64年4月27日、経済協力開発機構（OECD）に加盟することにより、直接投資を中心とした資本の自由化へ進まざるをえなくなってくる。日本は、アジアにおける最初の OECD 加盟国となり、加盟と同時に直接投資を基軸に資本取引の自由化が、日米貿易経済合同委員会や日米財界人会議で要求されるようになった[7]。

　1964年の IMF 8条国への移行、OECD への加盟は、いわゆる「開放体制」へと日本経済を押し上げたが、翌年の65年には、日本経済は戦後最大の不況におちいることになった。もちろん、この不況は、経済成長率の鈍化がいちじるしいことをいったもので、日本経済がマイナス成長になったわけではない。既述のように、日本の高度成長は1955年にはじまったが、その成長を引っ張ったのは、民間企業における設備投資の拡大だった。「神武景気」「岩戸景気」を通じて、日本は外国技術を「外為法」「外資法」の庇護のもとに積極的に取り入れ、系列支配下の寡占間競争が展開されたが、投資が投資を呼ぶ国内投資に基づく資本蓄積が、日本経済の基本となっていく。

7）日米財界人会議40年史編纂委員会編［2001］第1章参照のこと。

以上の日本経済の特質は、その後も変わらなかったが、巨大企業の資本蓄積にとって、輸出が重要な役割を担ってくる。なぜ、企業にとって輸出が重要な位置を占めるに至ったのだろうか。1955年以降の系列支配下における膨大な設備投資は、日本企業の生産能力を急増させた。生産能力指数は、60年度を100として64年度には172.7を示し、その膨大な投資ストックは、企業の費用構造上において、減価償却費ならびに金融費用という固定費の比率を上昇させた。製品1単位当たりの費用が変化しない可変費に対する固定費の上昇は、生産量が一定ならば、当然ながら製品1単位当たりの費用は上昇する。したがって、売上利益率を維持するには、価格の引上げが必要だし、もしそれができない場合、生産量を増加させて製品1単位当たりの費用を削減しなければ売上利益率の維持は困難だ。日本企業が選択した道は、稼働率を高めて生産量を増加させることだった。企業の稼働率は、60年度を100として64年度100.8を記録し、戦後最大の不況といわれた65年度においても96.5を維持したのだった。稼働率が下がれば費用上昇を引き起こし、企業収益の減退につながる以上、生産量の維持は至上命令だった。この時期日本企業にとって救いだったのは、「不況」といわれながら消費者物価が上昇傾向にあったことだ。65年の消費者物価は、7％を上回る上昇率を示したのだった[8]。

　こうして日本企業は、以上の事態を克服するためにも、国内市場と同時に、いやそれ以上に、輸出を市場として重要視しなければならない状況になっていく。日本の通商政策は、新安保体制のもとで、「貿易・為替自由化計画大綱」によって急展開、またIMF8条国、GATT11条国への移行とともに、「開放体制」へと突き進んだのだが、それは、米国はじめOECD諸国の要求であると同時に、日本企業自らの戦略でもあったことは記憶されてしかるべきだろう。

　1960年12月に池田内閣が、「国民所得倍増計画」を発表し、米国に先駆けてケインズ主義的経済政策の実行を図った点については、既述のとおりだが、日本のケインズ主義は、行政指導による官民協調方式によって展開された点に特徴があったといえるだろう。とりわけ、1965年から70年にかけては、官民協調方式による大型合併が行政指導によって本格的に実行されてい

8）宮崎［1966］130-132頁参照のこと。

くことになった。鉄鋼、造船、自動車など当時の主力企業がいずれも合併によってさらに一段と巨大な企業へと変身した。鉄鋼では、68年に八幡製鉄、富士製鉄が合併を申請、70年に新日本製鉄が誕生した。造船では、64年の三菱重工業、69年の住友重機械工業の誕生などによる大手8社体制ができあがった。自動車産業では、66年、日産自動車とプリンス自動車の合併などでトヨタ、日産の上位2社の寡占体制が形成された。合成繊維メーカーにおいては、66年の東洋紡績による呉羽紡績の合併、さらには69年には、ニチボーと日本レイヨンの合併によるユニチカの誕生があった。また、通商産業省は、日本企業の規模、設備、技術などが欧米企業と比較していちじるしく遅れているとの認識に立って、産業構造を改善する必要から、企業間の投資調整、共同投資などが積極的に行われるべきであるとした。さらに、企業への租税特別措置による優遇税制によって、改善を行う立場から、さまざまな特別償却制度、特別税額控除制度などが矢継ぎ早に立法化されていったのである[9]。

　この時期、米国は、民主党ジョンソン政権下にあり、基本的には、前ケネディ政権でのケインズ主義的経済政策を踏襲し、社会保障充実を図る「偉大なる社会」計画を実施中であったが、対外的には、ベトナム戦争への介入の拡大と国際収支危機を収束させるべく、直接投資抑制策を展開していた。ジョンソン政権は、世界をA、B、Cの3つの地域に分け、それぞれの地域ごとに異なる直接投資規制をかけた。米国への企業収益還元の立場から発展途上国は緩く、大陸ヨーロッパ諸国へは、きわめてきびしい直接投資規制策だったが、日本はその中間だった[10]。日本は、既述のように「開放体制」下にあり、米国企業の対日進出があってもおかしくはなかったが、米国企業の直接投資先は、ラテンアメリカとヨーロッパであり、とりわけヨーロッパ市場が魅力的であったようだ。日本へは新技術を提供することから入るロイヤリティ目当てに技術輸出を盛んに展開したのだった[11]。この時期、米国が日本経済に与えた影響として特筆されるべきは、ベトナム戦争にともなう需要拡大だった。井村喜代子氏は、「ベトナム戦争は輸出の持続的な大幅な拡大を通じて、大型化設備投資の出現とそれを軸とした高度成長の再現・『経済大

9）詳細は、来生［1996］100-109頁参照のこと。
10）詳細は、萩原［1996］167頁以下参照のこと。
11）佐藤［1987］21-28頁参照のこと。

国』化に対して、間接的にではあるが決定的な役割を果したということができる」[12]という指摘をしている。いわゆる「ベトナム周辺地域」への輸出の急増は、1960年代後半の日本企業の輸出拡大にとって大きな意味を持った。ベトナム周辺地域とは、沖縄、韓国、香港、台湾、フィリピン、タイ、南ベトナムのことである。輸出という巨大な有効需要を自らの蓄積基盤とした日本の主力企業は、販売総額に占める輸出比率を決定的に高めていき、鉄鋼業、電気機械、輸送機械、精密機械、いずれも輸出比率を驚異的に増加させていったのである[13]。通産省の行政指導による官民協調という日本型ケインズ主義の確立は、輸出主導という日本経済の構造的定置をも意味したのであり、日米経済摩擦が激化する起点を形成したともいいうるだろう。

III 戦後米国の世界経済戦略構想
―― どのような世界経済システムを創ろうと考えたか

　戦後米国と日本との関係を論じるには、ニューディール期から戦後にかけて米国における経済思想がどのような状況であったのかについて見なければならない。既述のように、戦後日本の財閥解体、農地解放、労働組合の民主的改革の初期占領政策は、いわゆるニューディーラーと呼ばれるローズヴェルト政権下で重要な経済政策を実行してきたグループの訪日によって行われた。もちろん、この初期占領政策は、いわゆる「冷戦」の勃発によって急速に退潮していくのだが、日本経済の戦後の改革を実行した米国の政策がニューディーラーたちによって実行された事実は重要であろう。
　このニューディーラーといわれる人々の思想はもちろん一枚岩ではないが、少々歴史を遡って論じておくこととしよう。まず、対日初期占領政策に財閥解体を迫った思想に明確に現れているように、ニューディーラーの基本に、反独占という思想があることに注目しなければならない。いうまでもなく、米国には1890年にシャーマン反トラスト法が制定され、独占的行為は連邦レベルでも違法とされるに至り、1914年にはクレイトン法ができ、連邦取

---

12) 井村［2000］227頁参照のこと。
13) 井村［2000］267頁参照のこと。

引委員会 (FTC : Federal Trade Commission) が創設された[14]。戦後占領軍が独占禁止法を制定させ、FTCを模し、公正取引委員会を創設したのはよく知られた事実だが、市民革命の経験のない日本と違って、米国はフランス市民革命以来の思想である反独占という考えを受け継いでいた。ニューディール期に反独占思想として現実的力を有したのは、ブランダイズ＝フランクフルター哲学 (philosophy of Brandeis-Frankfurter) であった。ブランダイズ (Louis Dembitz Brandeis) は、1916年に、時の大統領ウッドロー・ウイルソンに任命されてから23年間、最高裁の判事を務めた法律家だったし、フランクフルター (Felix Frankfurter) は、ハーヴァード大学でいくたの駿英を育て、ローズヴェルト政権のブレーン・トラストの一員として活躍した。彼らの共通した思想は、非集中化 (decentralization) だった[15]。彼らによれば、真の政府の役割は、政治的民主主義の基礎として経済的民主主義を再生することであり、米国のような広大な国での経済計画は、民主主義社会とはなじまぬゆえ、価格・生産の統制を不必要とする諸条件が必要であると説いた[16]。しかし、こうした米国における反独占主義者たちは、自己の自由競争原理をたんに振り回すのではなく、他の経済思想との接点を有していた。

　その第1がアドルフ・バーリ (Adolf Berle)、ガードナー・ミーンズ (Gadiner Means) らの国民計画派 (National Planning) との連携だった。国民計画派は、米国における集中化された経済力は、長期にわたる管理価格の設定を可能とし、経済全体への分配の不平等、過度な貯蓄、大衆の購買力の増強の失敗、そして投資機会の減少を引き起こしていると断定する。しかし、彼らは反独占主義者と違って、集中化した経済力を破壊せよと主張するのではなく、技術者・専門家による科学的管理法による目的を持った経済運営を行うべきとするものであり、思想的にいうと、ソースタイン・ヴェブレン (Thorstein Veblen) らの制度学派的試行に基づくものだった[17]。

---

14) 米国の反トラスト法の史的展開については、Neal and Goyder [1960] pp.1-33参照のこと。
15) この両人についての詳細は、Olson ed. [1985] pp.60-61, 205-207参照のこと。
16) Hawley [1966] p.288参照のこと。
17) Hawley [1966] pp.174-176参照のこと。

その第2は、米国における反独占思想は、過少消費説と関連し、ケインズ主義的財政支出策を積極的に取り入れた点である。この時期の過少消費説によれば、米国経済は貯蓄が過度に進み、その貯蓄の多くが遊休し、外国に貸し付けられ、また投機に使用されているとするものだった。独占による価格の安定は、所得分配をいちじるしく歪め、少数者への過度な貯蓄形成となっているとも指摘された。したがって、これらを取り除くには、市場における有効需要の創出が望まれたのである。

フランクフルターは、多くの人が当時そうであったように、厳格な財政均衡主義者だった。しかし、1933年から34年にかけてのイギリス滞在中のケインズとの親交が彼を財政支出論者に変えた[18]。ブランダイズやフランクフルターをはじめ多くの反独占主義者は、ケインズ主義的分析を受け入れるようになり、財政支出政策と反独占諸施策との結合を試みるようになったのである[19]。レオン・ヘンダーソンはいう。「米国資本主義は、はじめから購買力創出という連邦政府の干渉によって支えられてきたのである」[20]と。

ところで、米国は1934年6月に互恵通商協定法を制定して以来、保護貿易主義から自由貿易主義への転換を図ってきた。当時世界経済がブロック経済によって分断化されるなか、自動車、電気機械など、19世紀末から1920年代にかけて急速に発展した米新興産業は、自由貿易主義的転換によって、輸出市場の拡大を望んだのである[21]。そして、第2次世界大戦は、第1次世界大戦で一気に債権国になりあがった米国が、世界経済の覇権をイギリスから奪い取る千載一遇の機会となった。米国は、1937年の中立法によって、武器援助を禁止していたのだが、1941年3月11日武器貸与法（Lend-Lease Act）を制定し、連合国への武器供給を認めた。そして、この武器貸与法に基づき英米間の武器供給の原則を取り決めた「相互援助協定（Mutual Agreement Act）」、とりわけその第7条は、米国がイギリスから覇権を奪取するのに重

---

18) Schlesinger［1960］p.236参照のこと。
19) もちろん、ケインジアンが一般に反独占論者であるということではない。ケインジアンは、むしろ独占の功罪については、あいまいである。詳細は、宮崎［1967］263頁以下参照のこと。
20) Hawley［1966］pp. 300-301参照のこと。
21) 1920年代の米国新興産業については、鈴木［1988］436-456頁、1934年互恵通商協定法による米国通商政策については、鹿野［1994］参照のこと。

要な鍵となる条項となった。なぜなら、この第7条では、米国の武器援助の代償を規定したのだが、スターリング・ブロックの解体を意味するともとれる内容を含んでいたからである。つまり、米国はイギリスに対して、国際通商における一切の形式の差別待遇の除去、関税およびその他貿易障壁の削減を要求したからだ。そして、この7条を具体化するために、米英両国は、国際通貨、国際貿易について、協議を進めることになったのだが、その過程で出された国際通貨にかかる米国のプランが、1943年4月7日に公表された国際安定基金案、通称ホワイト案であり、翌8日に公表されたのが、イギリスによる国際清算同盟案、通称ケインズ案だった。国際貿易に関しては、同じ年の7月にイギリスが多国間主義に基づく通商同盟案、通称ミード案を出したが、米国のまとめは遅れ、結局、戦後の世界経済の枠組みを決める協定としては、国際通貨システムについての協定交渉が先行した。米国とイギリスは、戦後の国際通貨と貿易に関する討論を1943年9月から10月にかけてワシントンで行い、そこで、両国は国際通貨システムはホワイト案により構築し、国際貿易システムはミード案を基礎にして構築するという、いわゆるワシントン原則を発表したのである。国際貿易システムの構築は遅れ、国際通貨システムの形成が先行し、1944年7月のブレトンウッズ会議において、連合国44カ国がIMF協定に調印したのである。

　国際通貨基金は、ブレトンウッズ協定によって成立したのだが、正式には、1945年12月27日にその協定を批准した29カ国によって設立された。IMF協定では、第4条で、「各加盟国の通貨の平価は、共通尺度たる金により、または、1944年7月1日現在の量目及び純分を有する合衆国のドルにより表示する」とし、金1オンス＝35ドルという交換レートがとられた。しかし、このことをもってIMFを金本位制ということはできない。なぜなら、この交換は、米国と各国通貨当局との間の約束事であり、民間の所有するドルが金と交換可能となったわけではないからだ。それでは、戦後IMFの国際通貨制度としての特徴はどこに求めればいいのだろうか。

　それは、IMFが固定相場制を採用し、経常収支取引の自由をその理想としたことに現れているといえるだろう。日本が戦後IMFに加盟したのは、既述のように1952年8月だったが、IMF14条国、すなわち、国際収支上の理由で経常取引を制限できる国としてであった。だから、米国は彼らの理想の

世界経済システム作りを早期に実現させるためにも日本を IMF 8 条国へ移行させる必要があったということになる。この IMF 体制においては、各国が自立的な金融政策がとれるように、国際資本取引、とりわけ投機的取引を完全に抑え込んだ。いわば、ケインズが理想とした世界システムを、米国ドルを基軸に成立させたものが、戦後1973年変動相場制に至るまでの国際通貨システムだったといえるだろう。

戦後の国際通貨制度は、まず、各国が高雇用を目指して、自主的な財政・金融政策を採用する際に一時的におちいるかもしれない国際収支上の困難を IMF からの資金援助によって防ぐことができるということに大きな意義があったといえるだろう。また、為替の安定は所得と雇用の国内の安定の結果として実現すべきであり、したがって、各国のファンダメンタルズにあわせて時々改定することを理想としたのである。決して未来永劫、たとえば1949年に決定された、1ドル＝360円が続くというわけではない。また、経常取引に付随して起こる短期資本移動と不均衡を助長する投機的短期資本を明確に区別し、投機的短期資本の規制を必要とした。したがって、戦後の世界経済において IMF は、1973年の変動相場制への移行までは、少なくとも1947年10月30日ジュネーブで成立した「関税と貿易に関する一般協定」（GATT: General Agreement on Tariffs and Trade）とともに、多角的自由貿易主義に基づく国際貿易の活発化に貢献し、戦後日本の高度経済成長を国際的に支えた制度的要因だったということができるだろう。

IV 米国のケインズ政策の特質——軍事ケインズ主義の確立

ニューディールを契機にして、米国の財政政策思想が大きく均衡主義から積極主義へと変化したことは、既述のとおりだが、戦後この財政面でのケインズ主義は、どのような特徴を持っていたのだろうか。米国国民経済における連邦財政の重要性は、大戦中に決定的に高まった。米国議会上下両院合同経済委員会におけるトレスコット（P. B. Trescott）の主張にあるように、「1930年代の連邦機能のいちじるしい拡張は、連邦経費の非常なる増加をともなうものではなかった」[22]からだ。ニューディールはたしかに財政政策思想の大きな変革をもたらしたし、制度的にも数々の改革をもたらしたのだ

が、量的意味における連邦政府の経済への介入は、第2次世界大戦とともに定着し、戦争直後一時緩和されたが、「冷戦」体制の展開とともにふたたび構造化していったのだ。国民総生産に占める連邦政府の財貨・サービス購入額は、1929年には、わずか1.2％だったが、戦後段階ではほぼ10％程度の高い比率を示している。しかも、その財貨・サービスに軍需製品が定着することによって、連邦財政における軍事ケインズ主義（Military Keynesianism）が確立した。

ところで、連邦経費における軍事関連支出が本格的に膨張しはじめるのは、民主党ケネディ政権下であった。日本では、既述のように、1960年アイゼンハワー政権末期に日米安全保障条約の改定があり、岸内閣から池田内閣に政権が移譲され、池田首相は、その年の12月に「国民所得倍増計画」を発表したが、それは、1961年1月に政権を発足させるケネディ政権のケインズ主義的経済政策の先取りでもあった。ケネディ政権は、発足早々、米国軍事戦略の大きな転換を図る。1962会計年度（1961年7月～1962年6月）において、国防費は朝鮮戦争期を超え、ついに510億9700万ドルを示した。就任早々のケネディ大統領が、国防省に対して、戦略的必要を満たすための「軍事組織」の開発を、財政シーリングを負わせずかつ効率的にという条件付きではあるが命じた結果がこの国防費の膨張だった[23]。共産圏封込め政策に照応する米国の戦略プログラムの完成ともいわれるこの軍事戦略は、何を意味したのだろうか。

この軍事戦略は、かつてアイゼンハワー政権期のニュールック戦略などに見られるように、世界戦争のみに対応する「核抑止力」に依存する戦略とは異なり、局地戦争から世界戦争に至るあらゆる脅威に対し、柔軟に対応できる新戦略を意味した[24]。すなわち、この新戦略の立案者は、「社会主義の野望は世界的であり、ソ連のフルシチョフも述べたように、戦争には、世界戦争、局地戦争、国民解放戦争と種々のものが現実的にありうるのであって、そのあらゆる戦争に対して米国が積極的に対応しなければ、世界資本主義の体制維持は不可能になり、それは米国の国家利益に反する」と考えたの

---

22) U.S. Congress［1957］p.67参照のこと。
23) U.S. Congress［1963］p.85参照のこと。
24) U.S. Congress［1963］p.86参照のこと。

だ[25]。こうして、軍事予算の組み方も従来の部局別予算に代わり、戦略任務別軍事予算方式が導入されることとなった。予算を大きく分けると、全面核戦争を想定した戦略経費と全面核戦争以外の全般目的部隊経費に分けることができる。後者は、陸軍戦闘部隊、海軍・海兵部隊、戦術空軍部隊がそれにかかわる。陸軍には、特殊ゲリラ戦用部隊も含まれ、空軍には、戦術戦闘機、ミサイルなどが配備される[26]。

ここで注目しなければならないのは、軍事経費が戦略部隊から戦術部隊へと重点の移動が行われつつあるということだ。すなわち、戦略報復部隊、本土対空・対ミサイル防衛部隊の軍事経費は、1962年から64年にかけて、112億ドルから91億ドルへと減少が予測されているのに対し、全般目的部隊、空輸および海上輸送部隊の軍事経費が、同じ時期、187億ドルから197億ドルへと上昇傾向が見積もられているからだ。

戦術部隊の充実ぶりについては、まず陸軍である。戦闘即応師団の増強と特別部隊の再編・強化である。戦闘即応師団は、64年度までに16師団に増強され、組織的柔軟性、非核火力、戦術的機動性の増強が図られる。特別部隊は、特殊ゲリラ戦用部隊の再編・強化であり、6特別部隊の編成が計画された。

海軍ではどうだろうか。ここでも緊急事態に対応可能な各種戦艦の配備が計画される。空軍では、戦闘機、偵察機、戦術ミサイルなど地上戦闘の陸軍部隊を支援する体制作りに主眼が置かれることになった[27]。

こうして、米国防省は、「現在の戦略、部隊性格、部隊水準における米国の軍事計画は、わが国へのあらゆる軍事的脅威に対応することを、かつてより一層可能としたのは当然のことである」と述べたが、これ以降、米国は、ベトナム戦争へと突き進んでいくことになる。戦略部隊経費から戦術部隊経費への重点の移動は、まさしくそうした米国の軍事政策の変化を示すものであった。

とりわけ、米国にとってベトナム戦争への介入は、60年代後半になると、既述のように日本へは、ベトナム周辺地域への輸出拡大の要因となり、日本

---

25) U.S. Congress [1963] pp.78-79参照のこと。
26) U. S. Congress [1963] p.87参照のこと。
27) U. S. Congress [1963] pp.87-88参照のこと。

を経済大国へと押し上げる役割を果たしたのだが、米国に対しては、とりわけ国際収支上の危機を醸成することによって、最終的には、戦後IMF体制を崩壊させる事態へのプレリュードとなっていく。ここで最後に、ダッドリー（Leonard Dudley）とパッセル（Peter Passell）の推計によるベトナム戦争が1967年米国国際収支に与えた影響について紹介しておこう。彼らは、ベトナム戦争が与えた、1967年米国国際収支への赤字額は、およそ40億ドルと推計した。ベトナム戦争が国際収支に与えた影響を3つの要因に分解して、それぞれについて統計的推計を行った。その第1は、直接的海外軍事支出、第2が軍需製品生産のための原材料・中間財への輸入支出、そして、第3が、軍需生産が輸出に与える間接的悪影響である。直接的海外軍事支出16億ドル、軍需生産用原材料・中間財輸入11.2億ドル、そして貿易への間接的影響12.9億ドル、あわせて40.1億ドルが国際収支へのマイナス要因とされた[28]。1967年の米国国際収支は、35億7100万ドルの赤字であったから[29]、もしベトナム戦争がなかったとすれば、67年の米国国際収支は黒字を記録してもおかしくはなかったのである。

おわりに

　日米経済関係を省みると、終戦直後の時期は、日本の戦前体制をニューディーラーが崩壊に導き、日本の民主主義的発展の基礎を築いたことはまず指摘しておかなければならないだろう。財閥の解体、農地解放、労働法規の民主的改革がそれを意味する。しかし、その後の「冷戦」期に逆コースのなかで、左翼勢力の鎮圧や労働組合の反共主義化などを米国が強権的に日本に押し付けた歴史的事実を否定することはできない。いわば、戦後の「冷戦」という事態のなかで、米国流民主主義の範囲のなかで、日本の戦後復興がなされたこともまた事実であったというべきだろう。日本の戦後復興は、朝鮮戦争がそのプレリュードとなったことにも明らかなように、つねに、そうした東西の政治的・軍事的対決のもとで展開されてきたというべきかもしれな

---

28) Dudley and Passell [1968] p.442参照のこと。
29) Lederer and Parrish [1969] p.34参照のこと。

い。

　しかしながら、戦後復興を遂げ、1960年代に入ると、戦後米国が世界戦略として敷いたケインズ的国際経済システムは、日本の高度成長に制度的サポートを与える役割を果たしはじめるといってもいい状況が生み出された。1964年、日本は、IMF 8 条国、GATT11条国となり、OECD 加盟をもっていわゆる「開放体制」に入ったのだが、日本型ケインズ主義の形成は、官民協調という独特の方式のもとで展開し、労使協調路線のもとで、オイルショック後の経済危機を輸出主導戦略で乗り切り、1980年代には、経常収支の大幅黒字の連続から世界最大の債権国にまで日本を押し上げたのである。いうまでもなく米国は、日本とはまったく逆に、経常収支の大幅赤字の連続から、世界最大の債務国へと転落するのだが、80年代から金融の自由化を柱に、新自由主義的転換を行い、対日交渉に臨んでくる。米国は、金融覇権を確立すべく、日本経済への構造改革を求めてくることになるのである。

【参考文献】

井村喜代子［1993］［2000］『現代日本経済論』有斐閣。

鹿野忠生［1994］「大恐慌期アメリカにおける貿易政策の転換」浜田正行編『20世紀的世界の形成』南窓社。

来生新［1996］『産業経済法』ぎょうせい。

佐藤定幸編［1987］『日米経済摩擦の構図』有斐閣。

鈴木圭介編［1988］『アメリカ経済史Ⅱ』東京大学出版会。

日米財界人会議40年史編纂委員会［2001］『日米財界人会議40年史』日米経済協議会。

萩原伸次郎［1996］『アメリカ経済政策史』有斐閣。

―［2003］『通商産業政策』日本経済評論社。

―［2011］『日本の構造「改革」とTPP』新日本出版社。

宮崎義一［1966］『戦後日本の経済機構』新評論。

―［1967］『近代経済学の史的展開』有斐閣。

Dudley, L. and Peter Passell［1968］"The War in Vietnam and the United States

Balance of Payments," *Review of Economics and Statistics*, Vol.50, No.4, November.

Hawley, E. W. [1966] *The New Deal and the Problem of Monopoly: A Study in Economic Ambivalence*, Princeton, N. J.: Princeton University Press.

Lederer, W. and Evelyn M. Parrish [1969] "The U. S. Balance of Payments : Fourth Quarter and Year 1968," *Survey of Current Business*, Vol.49, No. 3 , March.

Neale, A. D. and D. G. Goyder [1960] *The Antitrust Laws of the U. S.: A Study of Competition Enforced by Law*, Cambridge University Press.

Olson, J. S. ed. [1985] *Historical Dictionary of the New Deal: From Inauguration to Preparation for War*, Westport, Conn: Greenwood Press.

Robinson, H. J. [1961] *The Motivation and Flow of Private Foreign Investment*, International Development Center, Stanford Research Institute, California: Menlo Park.

Schlesinger, A. M. Jr. [1960] *The Politics of Upheaval*, Boston: Houghton Mifflin.

U. S. Congress, Joint Economic Committee, Papers Submitted by Panelists Appearing before the Subcommittee on Fiscal Policy [1957] *Federal Expenditure Policy for Economic Growth and Stability*, Washington, D. C.: U.S.G.P.O.

U. S. Congress, Joint Economic Committee, Staff Materials and other Submissions [1963] *The United States Balance of Payments: Perspective and Policies*, Washington, D. C.: U.S.G.P.O.

索引

A to Z

AFDC(児童扶養世帯補助:Aid to Families with Dependent Children) 109
ALBA(Alianza Bolivariana para los Pueblos de Nuestra América:米州ボリバル代替統合構想) 245, 251

CAFTA-DR(Dominican Republic-Central America-United States Free Trade Agreement) 247
CDE(Community Development Entity:コミュニティ開発会社) 187
CDFI 184
CDFIファンド 184
CDFIファンド(1994年)の設立 185
CFPB 204, 205
CSN(Comunidad Sudamericana de Naciones:南米共同体) 251

FOMC 41, 200, 201
FRB 153, 157, 200, 201, 202, 204, 205
FTAA(Free Trade Area of the Americas:米州自由貿易地域) 233, 241
FTAAP(Free Trade Area of Asia-Pacific:アジア太平洋自由貿易圏) 242, 252

GATT11条国 284, 285, 296
GATT12条国 284
GATTウルグアイ・ラウンド 57
GATTの原則 230

IMF14条国 284, 291
IMF8条国 284, 285, 292, 296
ISDS条項 247, 253

NAEP 70
NAFTA(North American Free Trade Agreement:北米自由貿易協定) 228, 241, 242

OASDI(高齢者遺族障害者保険:The Old-Age, Survivors, and Disability Insurance) 92, 99

PISA 69

TANF(貧困家庭一時扶助:Temporary Assistance Needy Families) 92, 111
TPA(Trade Promotion Authority:貿易促進権限) 248
TPP(Trans-Pacific Partnership、環太平洋戦略的経済連携協定) 63, 236, 241, 253

UNASUR(Unión de Naciones Suramericanas:南米諸国連合) 251

WTO(World Trade Organization:世界貿易機関) 229, 230, 241, 244

ア

アウトソーシング 51
アメリカ復興および再投資法 129

299

アメリカ例外論（American Exceptionalism）
　91
アンダーバンクト　197, 205, 206
アンバンクト　197, 205, 206
一般教書　124, 127, 142
医療サービス　55, 56
ウェルフェア・キャピタリズム　95
ヴォルカー・ルール　161, 162
ウルグアイ・ラウンド　228, 229
大いなる安定　37
大きな政府と大きな財政　12, 13
落ちこぼしのない教育法（NCLB法：No Child Left Behind Act）　80
オフショア・アウトソーシング　52
オフショア市場　261

グローバル化　14, 15, 16
ケア適正化法　108
経済安定9原則　280
経済報告　124
建国の理念　3
原罪　9
減税政策　120
現代保守派の財政思想　121
賢明な政府　134
国際金融仲介論　265
国際通貨特権　260
国民計画派　289
コミュニティ開発一括補助金　174
コミュニティ開発法人　170
雇用保険制度（UI）　92

■カ■

隠された手数料（hidden fees）　206, 207
完全雇用財政均衡　25
環太平洋戦略的経済連携協定（TPP）　63, 236, 241, 253
危機に立つ国家　76
競争的自由化（Competitive Liberalization）　241, 250
共和党　7
緊急経済安定化法（Emergency Economic Stabilization Act）　128
金ドル交換停止　258
金融派生商品（デリバティヴ）　158
グラス＝スティーガル法　147, 152, 157, 161
グリーン・ニューディール　60
クリエイティブ・クラス　68
クリエイティブ・シティ構想　196
クロウォード＝ピーヴン戦略　99
グローバル・インバランス　235, 269

■サ■

歳出自動削減　134
財政革命　168
財政の崖（fiscal cliff）　133
裁量的財政政策　132
サブプライム・ローン　158
サプライサイド経済学　30
サンフランシスコ講和条約　281
社会的恥辱（スティグマ）　110
社会の分断　7
社会保障制度　92
周縁的銀行業（fringe banking）　208, 209
自由裁量的財政政策（discretionary fiscal policy）　119, 129
住宅ローン関連証券化商品　271
消費者金融保護局（CFPB）　204, 205
初等中等教育法（ESEA：Elementary and Secondary Education Act）　75
所得控除　172
新古典派総合　25

新市場税額控除　187
新自由主義　15
シンボリック・アナリスト　68
信用履歴　205
スーパー301条　226
スタグフレーション　28
頭脳還流　86
スペシャル301条　226
税額控除　172
政策拡散理論（Policy Diffusion Framework）　250
政府抵当金庫（GNMA：通称ジニーメイ）　154
世界金融危機　234
世界的過剰貯蓄　269
1975年住宅抵当貸付公開法（Home Mortgage Disclosure Act：HMDA）　178, 181, 183
1977年コミュニティ再投資法　178, 179
1988年通商法　225
1946年雇用法　24
専門・ビジネスサービス　54
租税支出（tax expenditures）　95, 96

タ

第3の罪　9
大衆消費社会（アメリカ的生活様式）　47
代替的金融サービス機関　207
第2の罪　9
太平洋同盟（Alianza del Pacífico）　251
第4次M&Aブーム　50
中間支援組織　176, 183, 187
中米自由貿易協定　233
低所得者用住宅投資税額控除（LIHTC）　173
低所得層を対象とした所得保障（TANF）　92, 111
投機的短期資本　292
投資家対国家の紛争処理条項（Investor-State Disputes Settlement：ISDS条項）　243
ドッジ・ライン　282
ドッド＝フランク・ウォール街改革・消費者保護法（Dodd-Frank Wall Street Reform and Consumer Protection Act, ドッド＝フランク法）　60, 146, 161, 197, 204
トラスト　11
ドル残高　259
ドル体制　274
ドル不足　273

ナ

二重構造（dual structure）　91
2010年税軽減・失業保険再認可および雇用創出法　130
日米安全保障条約　283
日本型ケインズ主義　288, 296
ニューエコノミー　31, 32, 231
ニューエコノミクス　26
ニューディール（政策）　12, 13, 22
年金制度（OASDI）　92, 99
年次改革要望書　62

ハ

バイ・ドール法　76
バフェット・ルール　138
反独占思想　290
反トラスト運動　11
ピーヴンとクロウォード　98
非伝統的金融政策（大規模資産購入）　42, 202

ファニーメイ　127, 151, 160, 161
フェデラル・ファンド・レート　126
福祉国家の逆説　169
福祉爆発（welfare explosion）　109
ブッシュ・レポート　72
負の所得税　111
ブランダイズ＝フランクフルター哲学（philosophy of Brandeis- Frankfurter）　289
プリペイド式デビットカード　207, 208
フレディマック　127, 154, 160, 161
プロテスタンティズム　5
米国再生・再投資法（The American Recovery and Reinvestment Act）　60
米国通商代表部　227
米州自由貿易地域　233, 241
ペイデイローン　209, 210
ホームエクイティローン　33, 267
保守主義　6

マ

マネジドケア　56
マネタリズム　28
民主党　7
民族国家　5
メディケア（高齢者・障害者医療給付）　92
メディケイド（低所得者医療補助）　92
メルコスール　251
メルコスール・モデル　244

ヤ

ヤング・レポート　77
ユーロ市場　261
予算教書　124, 142
予算現金払い原則制定法（Statutory Pay-As-You-Go Act）　137

ラ

リエンジニアリング　50
リストラクチャリング　49, 50
リチャード・フロリダ　68
理念国家　5
リベラリズム　6
略奪的貸付け　197, 204
量的緩和（QE：Quantitative Easing）　37
レギュレーションQ　147, 153, 155
連邦公開市場委員会（FOMC）　41, 200, 201
連邦住宅貸付抵当公社（FHLMC：通称フレディマック）　127, 154, 160, 161
連邦住宅抵当公庫（FNMA：通称ファニーメイ）　127, 151, 160, 161
連邦準備銀行（連銀）　41, 200
連邦準備制度　42, 146, 147, 148, 151, 159
連邦準備制度理事会（FRB）　153, 157, 200, 201, 202, 204, 205
ロバート・B. ライシュ　67

ワ

ワシントン原則　291

執筆者紹介 （執筆順）

①生年、②最終学歴、③現職、④専攻研究領域

瀬戸岡 紘（せとおか ひろし）──────────────── 第1章
　① 1945年
　② 早稲田大学大学院商学研究科博士課程単位取得退学
　③ 駒澤大学名誉教授
　④ アメリカ経済論

宮﨑 礼二（みやざき れいじ）──────────────── 第2章
　　　　　　　　　　（奥付参照）

平野 健（ひらの けん）───────────────── 第3章
　① 1962年
　② 1992年 京都大学大学院経済学研究科博士後期課程単位取得退学
　③ 中央大学商学部教授
　④ アメリカ経済論

朝比奈（近藤）剛（あさひな（こんどう）たけし）──────── 第4章
　① 1972年
　② 2003年 一橋大学大学院経済学研究科博士後期課程単位修得退学
　③ 千葉商科大学人間社会学部教授
　④ アメリカ経済論

本田 浩邦（ほんだ ひろくに）──────────────── 第5章
　① 1961年
　② 1991年 一橋大学大学院経済学研究科博士後期課程単位修得退学
　③ 獨協大学経済学部教授
　④ アメリカ経済論

萩原 伸次郎（はぎわら しんじろう）───────── 第6章および終章
　① 1947年
　② 1976年 東京大学大学院経済学研究科博士課程単位取得退学
　③ 横浜国立大学名誉教授
　④ 現代アメリカ経済史、戦後日米経済関係史

西川 純子（にしかわ じゅんこ） ──────────────────── 第7章
　① 1934年
　② 1977年 東京大学大学院経済学研究科博士課程修了
　③ 獨協大学名誉教授
　④ アメリカ経済史・経済思想史

中本 悟（なかもと さとる） ────────────────────── 第8章
　　　　　　　　　　　（奥付参照）

大橋 陽（おおはし あきら） ────────────────────── 第9章
　① 1972年
　② 2002年 一橋大学大学院経済学研究科博士後期課程単位修得退学
　③ 金城学院大学国際情報学部教授
　④ アメリカ経済論、アメリカ経済史

増田 正人（ますだ まさと） ───────────────────── 第10章
　① 1960年
　② 1989年 東京大学大学院経済学研究科第二種博士課程単位取得退学
　③ 法政大学社会学部教授
　④ 国際経済論

田島 陽一（たじま よういち） ───────────────────── 第11章
　① 1969年
　② 1997年 立命館大学大学院国際関係研究科博士課程後期課程国際関係学専攻修了
　③ 東京外国語大学大学院総合国際学研究院教授
　④ 国際経済学、開発経済学、メキシコ経済論

飯島 寛之（いいじま ひろゆき） ──────────────────── 第12章
　① 1976年
　② 2006年 立教大学大学院経済学研究科博士後期課程単位取得退学
　③ 立教大学経済学部准教授
　④ 国際金融論

編者紹介
中本 悟（なかもと さとる）
1955年生まれ
1985年　一橋大学大学院博士後期課程単位修得退学
1985～88年　静岡大学人文学部助教授
1988～2003年　大阪市立大学経済研究所助教授を経て教授
2003～12年　大阪市立大学大学院創造都市研究科教授
2010～12年　同研究科長
2012年　立命館大学経済学部教授。京都大学博士（経済学）
現代アメリカ経済研究、国際経済論を専攻
（単著）『現代アメリカの通商政策』有斐閣、1999年
（編著）『アメリカン・グローバリズム』日本経済評論社、2007年
（共編著）田中祐二・中本 悟編『地域共同体とグローバリゼーション』晃洋書房、2010年

宮﨑 礼二（みやざき れいじ）
1965年生まれ
2000年　横浜国立大学大学院国際開発研究科博士課程後期修了（学術博士）
2001年　明海大学経済学部専任講師、2005年助教授を経て2007年准教授
世界経済論、アメリカ経済研究を専攻
（共著）新岡 智・板木雅彦・増田正人編『国際経済政策論』有斐閣、2005年
（共著）上川孝夫・矢後和彦編『新国際金融テキスト2　国際金融史』有斐閣、2007年
（共著）牧野富夫・村上英吾編『格差と貧困がわかる20講』明石書店、2008年

現代アメリカ経済分析──理念・歴史・政策
2013年9月25日／第1版第1刷発行
2020年2月25日／第1版第4刷発行

編　者　中本 悟／宮﨑 礼二
発行所　株式会社日本評論社
〒170-8474　東京都豊島区南大塚3-12-4
電話　03-3987-8621（販売）
　　　03-3987-8601（編集）
印刷　精文堂印刷株式会社
製本　井上製本所
装幀　林 健造

©2013 S. Nakamoto and R. Miyazaki 検印省略
Printed in Japan
ISBN 978-4-535-55760-4

JCOPY　〈（社）出版者著作権管理機構　委託出版物〉
本書の無断複写は著作権法上での例外を除き禁じられています。複写される場合は、そのつど事前に、（社）出版者著作権管理機構（電話 03-5244-5088、FAX 03-5244-5089、e-mail：info@jcopy.or.jp）の許諾を得てください。また、本書を代行業者等の第三者に依頼してスキャニング等の行為によりデジタル化することは、個人の家庭内の利用であっても、一切認められておりません。

経済学の学習に最適な充実のラインナップ

入門｜経済学 [第4版]
伊藤元重／著　　　　　　　　(3色刷) 3000円

入門 ゲーム理論と情報の経済学
神戸伸輔／著　　　　　　　　　　　2500円

例題で学ぶ 初歩からの経済学
白砂堤津耶・森脇祥太／著　　　　　2800円

例題で学ぶ 初歩からの計量経済学 [第2版]
白砂堤津耶／著　　　　　　　　　　2800円

マクロ経済学 [第2版]
伊藤元重／著　　　　　　　　(3色刷) 2800円

[改訂版] 経済学で出る数学
尾山大輔・安田洋祐／編著　　　　　2100円

マクロ経済学パーフェクトマスター [第2版]
伊藤元重・下井直毅／著　　　(2色刷) 1900円

経済学で出る数学 ワークブックでじっくり攻める
白石俊輔／著　尾山大輔・安田洋祐／監修　1500円

入門｜マクロ経済学 [第5版]
中谷 巌／著　　　　　　　　(4色刷) 2800円

例題で学ぶ 初歩からの統計学 [第2版]
白砂堤津耶／著　　　　　　　　　　2500円

スタディガイド 入門マクロ経済学 [第5版]
大竹文雄／著　　　　　　　　(2色刷) 1900円

入門 公共経済学 [第2版]
土居丈朗／著　　　　　　　　　　　2900円

マクロ経済学入門 [第3版]
二神孝一／著 [新エコノミクス・シリーズ] (2色刷) 2200円

入門 財政学
土居丈朗／著　　　　　　　　　　　2800円

ミクロ経済学 [第3版]
伊藤元重／著　　　　　　　　(4色刷) 3000円

実証分析入門
森田 果／著　　　　　　　　　　　3000円

ミクロ経済学パーフェクトマスター
伊藤元重・下井直毅／著　　　(2色刷) 1900円

最新｜日本経済入門 [第5版]
小峰隆夫・村田啓子／著 2500円 ※第6版：3月刊

ミクロ経済学の力
神取道宏／著　　　　　　　　(2色刷) 3200円

労働経済学入門
脇坂 明／著　　　　　　　　　　　2400円

ミクロ経済学の技
神取道宏／著　　　　　　　　(2色刷) 1700円

経済学入門
奥野正寛／著 [日評ベーシック・シリーズ] 2000円

ミクロ経済学入門
清野一治／著 [新エコノミクス・シリーズ] (2色刷) 2200円

ミクロ経済学
上田 薫／著 [日評ベーシック・シリーズ] 1900円

ミクロ経済学 戦略的アプローチ
梶井厚志・松井彰彦／著　　　　　　2300円

ゲーム理論
土橋俊寛／著 [日評ベーシック・シリーズ] 2200円

しっかり基礎からミクロ経済学 LQアプローチ
梶谷真也・鈴木史馬／著　　　　　　2500円

財政学
小西砂千夫／著 [日評ベーシック・シリーズ] 2000円

※表示価格は本体価格です。別途消費税がかかります。

〒170-8474 東京都豊島区南大塚3-12-4　TEL：03-3987-8621　FAX：03-3987-8590　**日本評論社**
ご注文は日本評論社サービスセンターへ　TEL：049-274-1780　FAX：049-274-1788　https://www.nippyo.co.jp/